Sarah L. Morrison ⚜ Zauberbuch für neue Hexen

Sarah L. Morrison

Zauberbuch für neue Hexen

Enthält alles, was Sie brauchen, um zu verzaubern und zu behexen und alles, was Sie sich im Leben wünschen, mit Hilfe okkulter Mächte zu erlangen

Langen Müller

Die Originalausgabe erschien 1971 im Verlag David McKay, Inc., New York, unter dem Titel „The Modern Witch's Spellbook“

Deutsch von Albertine Charlus

2. Auflage 1992

Deutsche Erstausgabe unter dem Titel
„Wie fange ich mir einen Mann?“

Neuausgabe

Schutzumschlaggestaltung:
Atelier Höpfner-Thoma, München
Druck und Binden: Wiener Verlag, Himberg bei Wien
Printed in Austria
ISBN 3-7844-2370-1

Für Ralph, meinen lieben,
langmütigen Mann, der in der
ständigen Furcht lebt, behext
worden zu sein

Inhalt

Einleitung

ICH persönlich finde die Idee, Hühner zu opfern und Kröten mit dem Kopf nach unten ans Kreuz zu schlagen, abscheulich. Schon der Gedanke, aus einem Kelch noch warmes Ziegenblut trinken zu sollen, dreht mir den Magen um. Eine verzärtelte Stadtpflanze, könnte ich mich weder auf diese, noch auf andere Bräuche einlassen, die zu einer richtigen schwarzen Zauberhandlung gehören, und vielen anderen geht es vermutlich genauso. Ich bin mir auch nicht sicher, ob es viele gibt, die mitternächtliche Zusammenkünfte auf abgelegenen Friedhöfen oder den Anblick des sich von einem flammenden Altar erhebenden Sabbatbockes aushielten.

Wenn Sie sich mit Schwarzer Magie abgeben, sind Sie eine sehr tapfere, abgehärtete und, wie einige Psychiater behaupten, psychotische Person. In Kulturen, in denen schwarze Zauberhandlungen zum alltäglichen religiösen Ritual gehören, ist es völlig normal, mit Teufeln umzugehen und böse Geister zu beschwören; in unserer westlichen Kultur dagegen wagen es allenfalls Außenseiter, Luzifer anzurufen, da sie wissen, daß man Teufel bei uns nicht nur mit Mißfallen betrachtet, sondern, außer in der Vorstellung von Psychopathen, auch gar nicht für real hält.

Glücklicherweise für den, der sich für Magie interessiert und sich damit beschäftigen möchte, ist die Schwarze Kunst nur *ein* Gebiet der Zauberei, wenn auch ein sehr weitläufiges und wichtiges. Es gibt auch eine weiße Magie, die, mit beinah denselben Prozeduren wie die schwarze, statt böser erbauliche Ziele verfolgt. Weiter gibt es Zigeuner- und andere Volkszauber, Gegenstände mit magischen Eigenschaften wie Amulette und Talismane, kurz, ein ganzes Spruch- und Zauberarsenal, das man unter dem Begriff der informellen Magie zusammenfassen kann. Das mühsame Verfahren sowohl der schwarzen wie der weißen formellen Magie verlangt den Gebrauch von Drudenfüßen, geweihten Zaubergerten und manchmal auch, daß man sich, gemeinsam mit anderen Hexen, nackt auszieht. Die ebenso wirkungsvolle informelle Magie dagegen kommt mit so leicht zu beschaffenden Dingen wie Kräutern oder etwas Wachs und so weiter aus – nicht zu vergessen freilich den guten Willen.

Die Anhänger der formellen Magie sehen auf uns moderne, unklassische Hexen mit unseren gewaltlosen Praktiken und gesitteten Gemütern von oben herab. (Unter Hexen verstehe ich ganz einfach Zauberinnen und nicht etwa Anhänger einer Hexenreligion.) Sie betrachten uns als harmlose Stümper, die von der Sache nichts verstehen; darüber hinaus betrachten sie uns, unserer Unwissenheit wegen, als gelegentliche Unheilstifter. Sie sagen, daß das nicht-klassische Hantieren mit Zauberformeln auf das gleiche hinausläuft, als wenn ein Laie mit unter Strom stehenden Drähten hantiert. Wir sind aber keine Stümper, und wir sind auch nicht harmlos. Was allerdings das gelegentliche Unheilstiften angeht, haben die klassischen Zauberer bis zu einem gewissen Grade recht.

Als ich an jemand meinen ersten Zauber versuchte, ging die

Sache schief. Ich arbeitete in einem Büro mit einem höchst ekelhaften Kerl zusammen und nahm mir vor, ihn zu behexen, damit er kündigte und sich einen anderen Job suchte. Innerhalb weniger Tage wurden alle im Büro von dem befallen, was man nachher „Kündigungsfieber" genannt hat, nur die Person nicht, um die es mir ging. Bis auf eine Handvoll alter Mitarbeiter hatten sich alle im Lauf des nächsten Monats neue Stellen gesucht, nur die Person nicht, die ich behext hatte, natürlich.

Einige Zeit darauf traf ich einen praktizierenden Zauberer und erzählte ihm die Geschichte. „Oh, damit müssen Sie rechnen", sagte er. „Das erste halbe Dutzend Zauberversuche, die ich gemacht habe, ging ebenfalls schief, und zwar mit den überraschendsten Resultaten; aber nach einer Weile kommt man drauf, was man falsch gemacht hat, und die Sache beginnt, so zu laufen, wie man beabsichtigt." Mein Rat ist daher, daß eine Novizin in der Hexenkunst sich vor allem klarmachen muß, daß es sich bei dem Zauber, den sie versucht, um ein durch lange Zeit erprobtes Rezept handelt und daß jedes Nichtbefolgen dieses Rezepts ein Durcheinander nach sich ziehen kann, für das sie kaum verantwortlich zeichnen möchte. Seien Sie also vorsichtig – das ist alles, was ein Neuling tun kann.

Gleichviel wie einfach oder kompliziert ein Zauberritual ist, die Kraft, die es wirksam macht, ist in allen Fällen die gleiche. Richtig zwar, daß neun Tage Fasten, wenig Schlaf und die berauschenden Dämpfe betäubender Kräuter, die man auf einem Altar verbrennt, einen zu jedem Dienst bereiten Teufel heraufbefördern können; aber auch das in ein paar Minuten konzentrierten Hassens, Liebens oder Begehrens zusammengefaßte Gefühl führt zu dem gewünschten Resultat. Denn die Kraft eines Zaubers gründet in der Stärke der auf eine Person oder einen Gegenstand gerichteten Gemütsbewegung.

Natürlich taugt dazu nicht jede beliebige Gemütsbewegung. Es gibt Grade des Gefühls, und in der Magie bewirkt nur die äußerste Gemütsbewegung etwas. Zur klassischen wie zur nicht-klassischen Hexenkunst gehört die Fähigkeit, enorme Gefühlsquanten aufzubringen, und es bedarf übermenschlicher Anstrengung, diese Gefühlsquanten entsprechend zu dirigieren. Es hat auch keinen Sinn, Hexe werden zu wollen, wenn man nicht über die Fähigkeit verfügt, vor seinem inneren Auge klare geistige Bilder entstehen zu lassen. Bedauerlicherweise denken viele nicht in Bildern, sondern in Worten, und sind so unfähig, sich ein fotografisch exaktes Bild der Person zu machen, die sie behexen wollen. Es ist wichtig, daß man sich geistig scharf auf den anderen einstellt, während man gleichzeitig in Gedanken starke Wellen von Gemütsbewegung auf ihn losläßt.

Was Zauberer tatsächlich tun, ist, eine Person telepathisch mit Wellen von Liebe oder Haß attackieren. Wir wissen inzwischen, welche Wirkung die Projektion starker Gefühle haben kann – z. B. auf Pflanzen, die sowohl auf unsere Liebe wie auf unseren Haß merklich reagieren. Die Science-fiction hält es für möglich, daß wir eines Tages soweit sein werden, uns telepathisch miteinander in Verbindung zu setzen und vielleicht sogar mit einem bloßen Blick einen Feind auf der Stelle erstarren zu lassen. Magie, die älteste Religion der Menschheit, hat seit je die Kraft des Geistes gefeiert, die Verhältnisse zu kontrollieren und zu verändern. Vielleicht wird in Zukunft einmal das Konzept der alten Magie unser ganzes Leben beherrschen.

Sumerer, Babylonier, Assyrer, Ägypter, Juden, Griechen und Römer haben die magische Tradition, die dann in Europa als Zauberei auftaucht, gepflegt und weitergegeben. Die Hexerei, eine ausgewachsene Religion, die von 1450–1750 einen gewissen Einfluß hatte, entstand aus der Zauberei, teilte sich aber in verschiedene Glaubensrichtungen. Hexen trafen sich an abgelegenen Orten zum Sabbat, beschworen Satan, verehrten ihn und verschrieben sich ihm für die Macht, Böses zu tun. Als Bezahlung dafür verhöhnten sie öffentlich Gott und Christentum. Herkömmliche Zauberer dagegen verleugneten Gott nicht; sie beschworen die Herren der Welt, bis diese auf ihren Anruf antworteten und erschienen; sie versuchten, mit Gottes Segen ihrer habhaft zu werden und ihre Macht zur Kontrolle der Welt zu benutzen.

Alle guten und schlechten Seiten des Menschen (Liebe und Haß, Freigebigkeit und Habsucht, Frömmigkeit und Begierde) glaubte der klassische Zauberer in den Herren des Kosmos verkörpert (menschliche Habgier z. B. in einem Gott des Geizes). Durch einen Prozeß der Bewußtseinserweiterung versuchte der Zauberer, diese Gottesmächte in sich zu fassen und seinem Willen zu unterwerfen. Beispielsweise versetzte sich ein Magier, nachdem er Gott angerufen hatte, seinen Leib vor den Teufeln, die er beschwören wollte, zu schützen, mittels einer bestimmten Zeremonie, bei der wahrscheinlich betäubende Kräuter verbrannt wurden, in Trance. Wenn dann sein Geist sich von seinem Körper gelöst hatte, ließ er ihn wachsen, bis er endlich die Kraft des Gottes, den er beschworen hatte, in sich faßte. Er wurde selber zu diesem Gott. Dann befahl er dem großen Geist, der er geworden war – Luzifer, Beelzebub oder Astaroth –, ihm zu Willen zu sein; beispielsweise trug er ihm (in seinem allmächtigen, frei über sich verfügenden Zustand) auf, einen Feind zu töten oder ihn zu einem verborgenen Schatz zu führen.

Um die Macht eines Gottes zu erlangen, suchte der Zauberer, wie Faust, immer mehr Erkenntnis und Wissen; wie der Mensch der Renaissance, strebte er danach, universal und ein Meister aller Dinge zu werden. Der Tradition König Salomos, des zeitlosen Meistermagiers, folgend, betete er zu Jehova um Schutz und Hilfe bei seinen Unternehmungen und schloß sich beispielsweise, wie ein altes europäisches Zauberbuch empfiehlt, für nicht weniger als sechs Monate ein, um zu meditieren, die heiligen Bücher zu lesen und sich auf sein magisches Werk vorzubereiten. Er fastete, übte sexuelle Abstinenz, erlegte sich endlose Stunden rituellen Gebets auf, fertigte magische Geräte an, weihte alles, was er machte, und bestickte seine seidenen Gewänder mit mystischen Symbolen.

Hinter den Glasfassaden New Yorker Apartmenthäuser, wie hinter den Mauern teurer europäischer Stadtwohnungen und Landsitze gibt es heute Zauberer, die ihr Leben lang eifrig Magie treiben.

Auch zahlreiche Gesellschaften moderner Hexen traditionellen Glaubens (allein in den Vereinigten Staaten gibt es mehr als 400) verbringen einen beträchtlichen Teil ihrer Zeit damit, den krummen linken Weg zu gehen. Die Popularität klassischer Hexerei mit ihrer Verehrung des Teufels nimmt bei den Jungen und Unzufriedenen ständig zu.

Einige Psychologen meinen, die Menschen wendeten sich der Magie in Zeiten der Unsicherheit zu, wenn die Bedeutung des einzelnen zu schwinden scheint und das Leben wertlos wird. Die Juden der Bibel wandten sich Moses zu, der als machtvoller Zauberer galt, damit er sie von den furchtbaren Ägyptern errette, und es ist durchaus möglich, daß das Christentum eben deshalb Erfolg hatte, weil die Menschen glaubten, der schützende Zauber Jesu (des vielleicht größten Magiers der Welt) sei stärker als der anderer jüdischer und römischer Zauberer. Eine reine Spekulation natürlich; aber der Bibel zufolge war Jesus mit magischen Operationen vertraut wie Tote-Auferwecken oder Durch-Auflegen-der-Hand-Kranke-Heilen. Weiter ist wahr, daß wir im Zeitalter der Superbombe und unter einer Behemoth-Regierung leben, deren Absichten der Öffentlichkeit nicht immer klar sind; jedenfalls nimmt die Anziehungskraft der Magie ständig zu.

Es gibt die verschiedensten Spielarten von Magie: zum Beispiel religiöse Magie wie den Wodu-Kult, oder die Volksmagie mit ihren Zaubertränken und -sprüchen. Was jede von ihnen dem, der sie praktiziert, anbietet, ist Macht: die Macht, Feinde zu töten, Liebe zu wecken, reich zu werden, das Schicksal zu beeinflussen. Es gibt unzählige Gelegenheiten im Leben, wo eine magische Handlung oder ein Zauberspruch von Nutzen sind; und es ist in diesen Augenblicken tröstlich zu wissen, daß der Gang der Ereignisse durch Zauber so weit wie möglich in eine günstige Richtung gelenkt worden ist.

Für welche Zaubermethode sich einer entscheidet, ist ganz und gar eine Sache seines persönlichen Geschmacks. Ich selber finde klassische Hexerei unappetitlich und sehe in der klassischen Zauberei nur einen zeitraubenden komplizierten Wirrwarr (formelle Magie, wie sie die wenigen authentischen Zauberbücher beschreiben, ist nur mit Hilfe eines auf Magie spezialisierten Gelehrten zugänglich). Wodu liegt mir ganz einfach nicht. Aber die meist noch in der klassischen Zauberei beheimateten Zauberformeln und Amulette, deren sich Dorfhexen, Zigeuner und Bauernmädchen bedienen und die zum

Teil schon bei den alten Juden und Ägyptern in Gebrauch waren, haben eine gewisse Vernunft und (im Fall bestimmter Liebeszauber) sogar einen Reiz, der mein modernes Empfinden anspricht. Ich finde, es hat keinen Sinn, eine Zauberzeremonie durchzuführen, die so abscheulich ist, daß sie mich abstößt; ich konzentriere mich dann nicht auf den Gegenstand des Zaubers, sondern werde durch die Widerwärtigkeit der Zeremonie abgelenkt. Ohne völlige Konzentration auf seinen Gegenstand aber kann kein Zauber wirken. Und Zauber *können* wirken.

Dieses Buch enthält magische Handlungen, die, soweit wie möglich, dem modernen Schicklichkeitsgefühl entsprechen (z. B. habe ich alle Zeremonien vermieden, die Tieropfer verlangen). Es ist eine Art Leitfaden für die moderne Hexe: eine Sammlung von Rezepten, die, wenn man ihnen sorgfältig folgt, zu beachtlichen Ergebnissen führen. Wo ungewohnte Zutaten zur Verwendung kommen, empfiehlt es sich immer, mit einfachen Rezepten zu beginnen. Ich habe sowohl solche Rezepte aufgeführt wie ein paar höchst komplizierte Zauberzeremonien.

Eine moderne Hexe, die mit ihrer Kunst Erfolg haben will, sollte über eine Reihe bestimmter Eigenschaften verfügen. Ihr Geist sollte nicht nur aufs äußerste geschult sein, sondern auch fähig, in Bildern zu denken. Ebenso sollte ihr Geist offen sein für neue Ideen. Weiter sollte sie Mut haben. Sich fragen, was die Büchse der Pandora enthält, und sie öffnen und ihren Inhalt untersuchen, sind zweierlei; eine Hexe muß fähig sein, die Furcht zu überwinden. Wenn Sie in allen diesen Punkten gut sind, werden Sie wahrscheinlich als Hexe Erfolg haben.

Teil I

Liebeszauber

Erstes Kapitel

Zauber und Zaubersprüche

Seit Adam zum erstenmal auf Eva fluchte, weil sie ihm das alberne Stück Obst vom Baum der Erkenntnis zu essen gegeben und damit erreicht hatte, daß beide aus dem Paradies geworfen wurden, ist wahre Liebe nur noch Wege gegangen, die holprig und voller Enttäuschungen waren. Selbst die mächtigen Götter des Olymps mit all ihren Zauberkünsten verloren die Fähigkeit, ihre Liebesaffären einigermaßen glatt und glücklich zu führen: der Hera z. B. blieb nichts anderes, als die Geliebten ihres Mannes in Kühe und andere wenig reizvolle Tiere zu verwandeln.

König Salomo, mit Zaubertalenten begabt, die ihn so unsterblich gemacht haben, wie ein Sterblicher nur sein kann, soll einmal ärgerlich gesagt haben: „Ich habe mehr als tausend Frauen, und keine von ihnen taugt etwas." Es gelang ihm nie, den geheimen Zauber zu entdecken, der ihm die vollkommene Gefährtin beschert hätte. Welche Enttäuschung!

Bis zur Regierung Ludwigs XIV. gab es keinerlei nennenswerten Fortschritt in der Lösung des Problems unglücklicher Liebesaffären und Ehen. Dann gingen dessen Höflinge und andere königliche Speichellecker dazu über, störende Ehemänner und -frauen zu vergiften. Diese Technik hatte jedoch einen Skandal zur Folge, der eine Unzahl von Wahrsagern, Grafen und Gräfinnen vor Gericht brachte. Dabei wurde aufgedeckt, daß sogar Madame de Montespan, die Mätresse des Königs, diesen zu vergiften geplant hatte – woraufhin man die Sache als schlechte Idee fallenließ.

Aber wie dem auch sei, jahrhundertelang haben überall in Europa die hellen und pfiffigen Bauern in der Stille einen Vorrat an Zauberhandlungen und -sprüchen zusammengetragen, die das, wozu sie gedacht waren, nämlich die Leiden und Nöte der Liebe zu lindern, auch tatsächlich bewirkten. Dort, auf dem Lande, haben Generationen von französischen, italienischen, rumänischen und Zigeunermädchen ihre untreuen oder leichtfüßigen Liebhaber durch Zaubergewalt kirre gemacht und zum Altar geschleppt. Und wir stümpern noch immer herum, indem wir uns allein auf unseren längst überanstrengten Verstand verlassen!

Es wird endlich Zeit, daß wir uns aufraffen und dem Volkszauber Beachtung schenken. Hunderte von Jahren haben sich die Dorfhexen derselben Formeln bedient, und wären diese Formeln nicht wirksam gewesen, wären sie uns nicht überliefert. Die Mütter würden ihre Töchter nicht angehalten haben, sich Zaubersprüche einzuprägen, wenn diese nutzlos gewesen wären; und die Töchter ihrerseits würden nicht wiederum ihre Kinder mit Rezepten zu Liebeszaubern geplagt haben, wenn diese nicht gewirkt hätten. Kräftige junge Burschen würden nicht kostbare Nachtstunden damit verbracht haben, aus Erd-, Pergament- und Wachsklümpchen Liebesfallen für ihre Damen zu bauen, wenn sich nie eine in einer solchen Falle verfangen hätte. Dorfhexen so gut wie afrikanische Medizinmänner würden längst arbeitslos sein, wenn ihre Tränke niemals ein Herz zur Liebe bewegt hätten. Erscheint es da nicht sonderbar, daß wir nichts von ihnen gelernt haben?

Aber wir leben in glasverpackten Wolkenkratzerstädten, stehen so aktuellen Problemen wie dem der Luftverschmutzung, der Überbevölkerung und der Armut gegenüber, und unser Geist ist zum nahezu gedankenlosen Resonanzboden geworden, der betäubenden Rock'n'roll, Fernsehreklame, Nachrichten von Kap Kennedy und den Bombast sich endlos über Straßenschlachten und Krieg verbreitender Politiker abstrahlt. Denken wir wirklich einmal an einen so entlegenen Gegenstand wie Magie, gehen wir auch ihn unter dem Gesichtswinkel künftiger wissenschaftlicher Wunder an: beispielsweise dem, einen Treibstoff zu erfinden, der die Geschwindigkeit unserer Raumschiffe auf Lichtgeschwindigkeit steigert, oder dem, einen menschlichen Körper auf der Erde zu entmaterialisieren und Sekunden später auf einem Lichtjahre entfernten Stern zu rematerialisieren. Unsere eigenen magischen Großtaten scheinen von denen mittelalterlicher Zauberei weit entfernt.

Aber zwischen den Zauberkünsten der Zukunft und denen der Vergangenheit gibt es ein Band. Der Zauberer wie der Wissenschaftler verfolgen beide ein ganz ähnliches Ziel: nämlich das, sich die Natur zu unterwerfen und sie nach Belieben zu lenken, und nicht nur die Natur, sondern auch Leib und Geist des Menschen. Wir brauchen nur unseren Unglauben an die Wirksamkeit traditioneller Magie aufzugeben, und wir können sie uns genausogut zunutze machen wie eine der modernen, bewußtseinserweiternden Drogen. Um scheinbar Unmögliches zu erreichen, kommt es nur darauf an, die Kräfte unseres Geistes zu erforschen, sie in die Gewalt zu bekommen und sie dann gebündelt auf ein Ziel zu richten.

Eine der schwierigsten Aufgaben scheint die zu sein, ein widerstrebendes oder gleichgültiges Herz zur Liebe zu bewegen. Und doch ist es leicht, wenn wir das eigene starke Gefühl mittels eines Zaubers zusammenfassen und wie einen Blitzstrahl auf die in Frage stehende Person lenken. Zauberei setzt Erfahrung, viel Anstrengung und Zeit voraus; wie bei allem anderen, darf man auch hier nicht sparen, wenn man Erfolg haben will.

Einer der Grundgedanken aller Magie, ob es sich nun um schwarze oder weiße, formelle oder informelle Magie handelt, ist der, daß nichts, was auf der Welt geschieht, zufällig geschieht. Dieser Gedanke entspringt der dem klassischen Zauberer geläufigen Auffassung der Welt als eines großen Puzzlespiels, in dem jedes Teil notwendig ist und jedes an seinem Platz auf alle anderen einwirkt. Eine Hand (die Hand Gottes) legt die Stücke aus und bestimmt das Muster. (Dieser Gedanke bildet, nebenbei bemerkt, auch die Grundlage der Astrologie.) Ein Ereignis, das jetzt stattfindet, kann helfen, zukünftige Ereignisse vorauszusagen, denn alle Teile des großen Puzzlespiels hängen zusammen.

Himmlische Ereignisse haben ebenso Einfluß auf das irdische Leben, wie irdische Ereignisse Einfluß auf solche in den luftigen Reichen des Himmels (denn es ist ein universales, kein bloß irdisches Puzzlespiel). Das ist natürlich nur möglich, weil beide Reiche von einem einzigen Spieler, der Hand Gottes, kontrolliert werden.

Wenn ein klassischer Zauberer Ereignisse auf Erden beeinflussen wollte, brauchte er dazu nur die Kräfte anzurufen, die deren himmlisches Pendant bildeten. Begierde, Haß, Hungersnot, Pest und was sonst immer sind je in einem bestimmten Teufel mit bestimmter Einflußsphäre verkörpert. Den jeweils richtigen Teufel zu materialisieren, beschwor ihn der Zauberer in einer eigens dazu ausgedachten Zeremonie, bis er erschien.

Natürlich war es nutzlos, eine Kraft zu beschwören, wenn man nicht einen ganz bestimmten Auftrag für sie hatte. Sollte der Teufel jemandem Schaden zufügen oder, weniger schlimm, Liebe einflößen, mußte eine körperliche Verbindung zu dem Opfer geknüpft werden, damit der Teufel wußte, wen man meinte. Diese Verbindung konnte in einem Büschel Haare, einem möglichst abgetragenen Kleidungsstück oder auch in einem Nagelschnitz der betreffenden Person bestehen. (Fast so, wie man einen Spürhund, bevor man ihn zur Verfolgung eines ausgebrochenen Gefangenen losschickt, einen Augenblick an dessen Hemd riechen läßt.) Allerdings kann man eine solche Verbindung auch dadurch herstellen, daß man ganz einfach über einem Stück Wachs oder Pergament sagt: „Dies stellt Soundso dar."

Aus der Magie ist der Gedanke der körperlichen Verbindung in zahlreiche volkstümliche Liebeszauber gelangt. Sie müssen es sich schon Zeit und List kosten lassen, um Dinge wie Haar oder einen alten Schuh des in Aussicht genommenen Liebhabers an sich zu bringen.

Wie fange ich mir einen Mann

Ein ausgezeichneter Liebeszauber, an dem die junge Hexe ihre Kunst erproben kann – er übt nämlich die Konzentrationsfähigkeit und verlangt, daß sich der Geist eine Zeitlang ganz auf das beabsichtigte Opfer einstellt –, ist der folgende. Er ist ziemlich leicht durchzuführen und zeigt den Gebrauch einer symbolischen Verbindung zu der zu verzaubernden Person.

Entnehmen Sie dem Fußabdruck des Mannes, den Sie lieben, etwas Erde. (Für Land- und Straßenhexen natürlich leicht; in der Stadt gehört schon einige Erfindungsgabe dazu. Vielleicht gelingt es Ihnen, den betreffenden Mann in einem Park zu erwischen oder da, wo er gerade geht, einen Blumentopf mit Erde fallen zu lassen.) Tun Sie die Erde in einen Topf und pflanzen Sie eine Sonnenblume hinein. Wenn die Sonnenblume aufblüht, wird auch seine Liebe zu Ihnen erblühen.

Die Erde aus dem Fußabdruck stellt natürlich die symbolische Verbindung zu *ihm* dar und ist ein wichtiges Ingredienz. Die Sonnenblume ist eine magische, in Europa wie in Amerika für ihre Kräfte bekannte Pflanze. Bräute im Sommer tragen sie im Hochzeitsstrauß; auch Kräutersammler brauchen sie. Weil die Blüte dem Lauf der Sonne folgt, absorbiert sie deren Stärke und Kraft.

Denken Sie daran, daß es wichtig ist, jedesmal wenn Sie nach der Pflanze sehen, ein hohes Maß an Gefühlserregung aufzubringen. Stellen Sie sich den betreffenden Mann bis ins einzelne vor und projizieren Sie Ihr Begehren auf sein Bild. Tun Sie dies oft, aber nur, wenn Sie ausgeruht sind; Sie müssen imstande sein, ein beträchtliches Maß von Gefühlsenergie auszugeben, ohne in den entscheidenden Augenblicken der Konzentration Ihre Mittel zu überanstrengen. Jeweils eine oder zwei Minuten sollten dafür genügen; aber setzen Sie Ihre Konzentration fort, wenn Sie auch nur das leiseste Gefühl haben, Ihre Projektion sei nicht stark genug gewesen.

Es sieht manchmal aus, als wären die bei Zauberhandlungen gebrauchten Ingredienzien von den gleichen diabolischen Geistern ausgesucht worden, die so neckische Zeitvertreibe erfunden haben, wie Nach-Schätzen-Suchen oder Jemand-einen-Streich-Spielen. Es muß jedoch daran erinnert werden, daß Zauberei ihre Wurzeln im Landleben von Hirtenvölkern hat; während Bäume für Stadtbewohner oft nur schwer erreichbar sind, sind sie für den Landbewohner nicht weniger leicht zu finden als Gras. Es sollte daher nicht verwundern, daß in Zauberhandlungen bäuerlicher Herkunft vor allem natürliche Ingredienzien eine Rolle spielen. In enger Verbindung zum Boden lebend, bevorzugten die Bauern für ihre Zauberzeremonien Bäume, Bäche, Kräuter und frische Eier; bemühte moderne Stadthexen, die sich solcher Zauberhandlungen bedienen wollen, sollten damit rechnen, gelegentlich aufs Land fahren zu müssen.

Wenn Sie nicht der stolze Eigentümer eines Gartens oder einer bepflanzten Terrasse sind, besteht wenig Hoffnung, daß Sie in der Stadt auf eine Weide stoßen. Solch ein Baum gehört aber zu dem englischen Zauber, sich einen Gatten zu angeln (übrigens ein Zauber, der ebenfalls für Anfänger geeignet ist).

Schleichen Sie sich an den Mann, den Sie lieben, heran und entnehmen Sie insgeheim seinem Fußabdruck etwas Erde. Tragen Sie diese Erde zu einer Weide und vergraben Sie sie sorgfältig in der Nähe des Stammes. Murmeln Sie dabei mit dem gehörigen Gefühl sowie der gehörigen Konzentration und Projektion folgenden Zauberspruch vor sich hin:

Grünes Gras und Weide
Seine gefangene Seele bringe ich dir
Laß wachsen seine Liebe, seine Liebe zu mir
So grün wie die Weide.

Ein etwas komplizierterer englischer Liebeszauber dieser Art (als solcher war der Fußabdruckzauber so ziemlich in ganz Europa verbreitet) sagt voraus, daß Sie den jungen Mann, hinter dem Sie her sind, bereits so gut kennen, daß er, ohne Fragen zu stellen und etwas von Ihren Motiven zu ahnen, von Ihnen irgend etwas Eßbares annehmen würde.

Entnehmen Sie seiner Fußspur etwas Erde; dann nehmen Sie ein paar Nagelschnitze von sich. Vermischen Sie beides mit Orangenessenz und bringen Sie ihn dazu, daß er es ißt.

Dafür, wie man dies diabolische Gemisch seinem Geliebten beibringt, gibt es keine besonderen Anweisungen; Sie können sich also selber etwas dazu einfallen lassen. Meiner Ansicht nach würde sich Gewürzkuchen gut als Verkleidung eignen, da die Gewürze ohnehin dunkle Flecken machen und ein paar mehr so nicht auffallen. In einem Film wurden einmal kleine, mit Hasch gefüllte Schokoladenkuchen fabriziert; auch sie sind brauchbar, Ihr Schmutzprodukt zu verhüllen. Ganz gleich, welche Art von Bissen Sie ihm anbieten, Ihr Einfallsreichtum wird sich lohnen.

Männer sagen immer, Liebe gehe durch den Magen. Sie würden dabei wohl nicht so selbstgefällig grinsen, wenn sie zwei, auf der gleichen Theorie beruhende, alte Zigeunerliebeszauber kennten. Wenn sie auch nur einen Augenblick lang dächten, daß ein solcher Zauber vielleicht auch an ihnen ausprobiert werden könnte, würden sie bestimmt nie wieder mit einer Hexe sprechen. Beide Zauber sind erschreckend.

Sie sind weder etwas für die empfindliche, noch für die unerfahrene Hexe; sie sind nur etwas für durch nichts zu schokkierende, mit allen Wassern gewaschene freie Geister. Wir betreten mit ihnen das Gebiet der Schwarzen Magie (oder nähern uns zumindest ihren Grenzen); Sie sollten deshalb erst etwas mehr über die Theorie der Magie wissen.

Nichts in der Magie ist mächtiger als eine Verbindung zu dem prospektiven Opfer, die Sie mit etwas von Ihrem eigenen Körper herstellen. Mittels einer solchen Verbindung unterwerfen Sie die betreffende Person direkt Ihrem Willen, und sie muß Ihrem Zauber auf Anhieb erliegen. Und so verfährt ein Zigeunermädchen dabei:

Suchen Sie nachts auf einem Feld einige frische Pilze. Nehmen Sie sie mit nach Hause, schneiden Sie sie in kleine Stücke und vermischen Sie sie mit zwei Tropfen von Ihrem Blut. (Sie können sich dazu mit einer Nadel in den Finger stechen.) Servieren Sie das Ganze dem Mann, den Sie sich zum Liebhaber wünschen, auf Kartoffelbrei.

Der andere Zauber ist noch einfacher zu bewerkstelligen; Sie brauchen dazu weder ein Feld noch Pilze.

Lassen Sie auf eines Ihrer gebrauchten Taschentücher (aber kein Papiertaschentuch, bitte) etwas Blut fallen und das Blut trocknen. Dann verbrennen Sie das Tuch und streuen ihm die Asche in den Salat. (Natürlich müs-

sen Sie beide Zauber mit der dazugehörigen Konzentration ausführen.)

Sollte sich übrigens herausstellen, daß der attraktive Mann ein Satyr oder sonst etwas Unerwünschtes ist, können Sie sein Interesse wieder von sich abwenden, indem Sie sich eines Kleidungsstückes von ihm bemächtigen und dieses verbrennen. (Sie können z.B. eine Socke nehmen.)

Moderne Hexen haben vor ihren Schwestern aus dem Mittelalter einiges voraus, weil Magie heute kein weitverbreitetes Studienobjekt mehr ist und so nur wenige wissen, was los ist, wenn man sie behext. Wer von uns zum Beispiel erriete die Absicht eines hübschen rotwangigen Mädchens, das, auf der Jagd nach Zauberingredienzien, ihrem Liebhaber eine Wimper aus dem Augenwinkel wischt („Guck mal, die hättest du beinah ins Auge gekriegt") oder ihn um eine Stoffprobe von seinem neuen Anzug bittet („Die Farbe ist wirklich großartig. Ich möchte mir gern ein Kleid draus machen lassen. Darf ich mir aus dem Futter ein Stückchen abschneiden?"). Auch an Haar ist leicht heranzukommen („Ich glaube, Afro-look würde dir gut stehen. Laß mich dich doch mal frisieren"); mit Fingernägeln ist es schon etwas schwieriger („Au, du hast mich gekratzt. Komm, ich schneide dir die Nägel"). Wenn er Nägel kaut, haben Sie natürlich kein Glück.

Noch schwieriger, es sei denn, Sie arbeiteten als Au-pair-Mädchen und hätten Zugang zu seinem Kleiderschrank, oder Sie wären die Sekretärin des Aufsichtsratsvorsitzenden oder eine gerissene Oben-ohne-Kellnerin, ist an das heranzukommen, was zu dem folgenden Zauber gehört, einen Mann zu erobern:

Stehlen Sie seinen Schlips und tragen ihn um die Taille.

Glücklicherweise brauchen sich Hexen nicht immer mit leichtem Diebstahl abzugeben. Manchmal kann man dem Mann die schicksalträchtige Zauberdosis auch direkt beibringen. Da heute niemand mehr Geschenke beargwöhnt, können Sie dabei ganz ruhig und zuversichtlich zu Werk gehen. (Das war früher anders. Denken Sie an den Vers: „Ich fürchte die Griechen, auch wenn sie Geschenke bringen.") Und so gehen Sie vor, um ihn zu bezaubern und zu verstricken:

Besorgen Sie sich ein Ei mit drei Dottern. Setzen Sie es ihm als Spiegelei vor. Er wird Sie unwiderstehlich finden.

Am unauffälligsten läßt sich dieser Zauber beim Frühstück oder bei einem verspäteten Abendessen praktizieren, es sei denn, Sie könnten etwas so Verrücktes, wie einem Mann ein Spiegelei mit drei Dottern vorsetzen, zu jeder Tageszeit.

Seit Urzeiten haben Frauen alles versucht, sich einen Mann einzufangen. Im Süden Amerikas tragen Mädchen, um Liebe anzuziehen, Hühnerfedern am Körper, und ich kenne ein Mädchen in Arizona, das zu demselben Zweck eine Klapperschlange als Haustier hält. Mit diesen und erstaunlich wenigen anderen Ausnahmen jedoch haben Frauen der Liebe der Männer methodisch mit Fallstricken und schlauen Tricks nachgestellt.

Sich einen Mann fangen, ist tatsächlich die Hohe Schule des weiblichen Geschlechts, und die Techniken dieser Hohen Schule werden sorgsam von Mutter zu Tochter immer neuen Generationen überliefert. Männer sehen vielleicht über Mauerblümchen hinweg, Frauen bezeigen ihnen offen ihre

Mißachtung. Ein Mauerblümchen sein heißt für sie, als Frau versagt zu haben, und keine Frau schätzt die rotgeränderten Augen des lebenden Beweises dafür, daß es auch ihr mißlingen könnte, einen Mann zu ködern. In einer Männerwelt, die alles darauf anlegt, Junggeselle zu bleiben, ist List die einzige Hoffnung der Frau. (Wir sollten hier der Women's Lib applaudieren, die mit dem albernen männlichen Junggesellensyndrom aufräumt.)

Weibliche List tut sich kund in den Bergen von über die ganze Welt verbreiteten Aphrodisiakarezepten. Die alten Römer servierten Trüffeln, bestimmte Pilze und Ingwer bei ihren Orgien, und noch immer nehmen arabische Frauen Datteln, zerstoßen sie und geben sie ihren Männern in Olivenöl als belebenden Morgentrank. Auch daß arabische Schönheiten sich mit Moschus beschmieren, ist keineswegs eine besondere Rasseneigentümlichkeit.

Liebeszauber spielen auf einer anderen, scheinbar weniger wirksamen Ebene. Versteht man sich nicht drauf, sind sie in der Tat unwirksam; richtig angewandt dagegen bilden sie die stärkste Waffe in der Rüstkammer der Frau. Nehmen Sie die Ingredienzien in dem folgenden englischen Liebeszauber. Rosenblätter ziehen Liebe an. Der Mond ist das Reich der Venus. Ein Blumengarten ist die Wohnung von Überfluß und Glück. Im Verein sind sie von machtvoller, Ihre telepathischen Kräfte bündelnder Symbolik.

Gehen Sie bei Mondschein nackt durch einen Blumengarten und werfen Sie Rosenblätter hinter sich. Sie werden damit den Mann, den Sie begehren, magisch anziehen.

Natürlich müssen Sie sich, während Sie diese Zeremonie

ausführen, mit aller Kraft auf das fotografisch genaue Bild des betreffenden Mannes konzentrieren.

Wie groß, meinen Sie, sind die Chancen, daß Sie einen reichen Mann heiraten? Jede Frau erträumt sich ihr eigenes (und nur selten kleinbürgerlich bescheidenes) Utopia; aber wie viele dieser Traumpaläste mit seidenbespannten Wänden, vergoldeten Möbeln, Marmortreppen und blitzenden Spiegeln werden Wirklichkeit?

Mehr, als Sie denken. Die Zahl legendär reicher Frauen wie Jackie Onassis ist zwar immer noch klein und wird auch immer klein bleiben. An der Spitze des großen Geldhaufens zählt keine Generation mehr als einen oder zwei weiblicher Ableger – obwohl der Reichtum, den sie brauchen, um Königin dieses Haufens zu sein, ständig größer wird.

Legion und überraschenderweise noch immer im Wachsen begriffen ist dagegen die Zahl von gewöhnlichen Sterblichen, die ein Landhaus, ein Apartment in der Stadt und eine Ferienwohnung am Meer besitzen. Die Männer dieser Spezies haben für gewöhnlich mit einem Lebensmittelgeschäft angefangen, und jetzt gehören ihnen fünfzig; oder sie haben eine Würstchenbude aufgemacht, und jetzt sind sie Herr einer Kette von siebenhundert. Kurz, die Chancen, einen reichen Mann zu heiraten, sind besser als je, und Ihr Traum von einem Palast hat alle Aussicht, sich zu erfüllen.

Der folgende Liebeszauber dient dazu, diese Chancen noch zu erhöhen. Aber zuerst müssen Sie sich den passenden Mann aussuchen: einen Mann mit normal funktionierendem Gehirn und ohne selbstzerstörerische Neurosen. Laden Sie diesen Mann, um ihn zu ködern, zum Abendessen ein. Aber vorher:

Bereiten Sie ein Ragout aus Rind- und Hammelfleisch, das Sie mit Majoran und Rosmarin würzen. Geben Sie drei oder vier Knoblauchzehen hinzu (um den bösen Blick abzuwenden), sowie eine reichliche Prise Salz (um auch alle anderen schädlichen Einflüsse auszuschließen). Feilen Sie dann über dem Ragout Ihre Fingernägel, so daß der Staub hineinfällt; reißen Sie sich des weiteren an jeder behaarten Körperstelle ein oder zwei Haare aus und mengen sie darunter (die Haare bilden die körperliche Verbindung zu Ihm, die Ihnen die Oberhand verschafft). Wenn das Ragout fertig ist, tragen Sie es wohlgemut auf. Er wird Ihnen hoffnungslos verfallen.

Die neuerliche Entdeckung, daß erfolgreiche Geschäftsmänner über größere ASW-Fähigkeiten verfügen als weniger erfolgreiche, überrascht mich nicht. (ASW = außersinnliche Wahrnehmung.) Viele erfolgreiche Geschäftsmänner sind sich klar darüber, daß sie sich bei wichtigen geschäftlichen Entscheidungen weitgehend auf einen sechsten Sinn verlassen. ASW hilft uns bei den verschiedensten Gelegenheiten. An den oft unser Leben bestimmenden unsichtbaren Kräften interessiert, habe ich selber einige Erfahrung mit ASW und natürlich auch Telepathie. Eben sie liefern die Impulse, die hinter jeder erfolgreichen magischen Operation stecken.

Wenn ich beispielsweise vor meiner Heirat wollte, daß mich ein bestimmter Mann anrief und einlud, versammelte ich vier oder fünf Freundinnen in einem verdunkelten Zimmer, zündete eine Kerze an, stellte sie auf den Boden, so daß wir im Kreis herumsaßen, und konzentrierte mich, während ich in die Flamme starrte, vier oder fünf Minuten lang auf den Namen des betreffenden Mannes. Die anderen übermittelten ihm telepathisch, daß er mich sofort anrufen solle, und er rief unweigerlich an. Das klappte bei uns allen. Nachdem ich zum Telefon gegangen war und eine Verabredung getroffen hatte, kehrte ich in den Kreis zurück, und wir wiederholten das Spiel für ein anderes Mädchen der Gruppe, bis auch sie einen Anruf bekommen hatte. Wir praktizierten das vielleicht ein- oder zweimal in der Woche, und es klappte immer.

Halten Sie sich nicht mit Zweifeln darüber auf, ob es Telepathie gibt. Wenden Sie das gerade Gesagte auf den folgenden alten amerikanischen Liebeszauber an:

> *Sagen Sie, wenn Sie den Mann, an dem Sie interessiert sind, sehen, im stillen wieder und wieder seinen Namen vor sich hin (aber rückwärts). Wünschen Sie sich, kurz bevor Sie zu Bett gehen, mit aller Kraft, ihn wiederzusehen (wobei Sie nicht vergessen dürfen, sich sein Bild vor Augen zu rufen). Sie werden ihn ganz bestimmt wiedersehen.*

Ihn halten

Mädchen bekommen in ihrer Jugend einfach nicht richtig beigebracht, sich in Liebesdingen nicht in die Karten gucken zu lassen und ihr Herz nicht auf der Zunge zu tragen. Männer dagegen lernen in gewisser Weise schon als Jungen alle möglichen Pferdehändlertricks und gehen entsprechend kaltblütig und mit unbeweglicher Miene an die Sache heran. Das ist der Grund dafür, daß immer nur die Frauen Jagd auf Männer zu machen scheinen und nicht umgekehrt. In Wirklichkeit tun sie das gar nicht; aber Männer verstehen sich nun einmal drauf, es so aussehen zu machen. Auch die Herzen von Männern schlagen rascher, wenn sie sich verlieben – sie tun dies nur nicht so offenkundig.

Es ist deshalb nur natürlich, daß von zwei ineinander verliebten Leuten die Frau für gewöhnlich im Nachteil ist. Sie ist der Teil, der in dauernder Unruhe lebt: „Wird er mich heute anrufen?“ „Was, wenn er plötzlich aufhört, mich zu lieben?“ Weil ihr Partner so kühl und gleichgültig erscheint, kommt es ihr gar nicht in den Sinn, daß er vielleicht nicht weniger unruhig ist als sie. Er ist ihr gegenüber psychologisch ganz einfach im Vorteil.

Wem paßt das aber schon? Hexen haben diese Benachteiligung seit je mißbilligt; ihr Wille, die Oberhand zu bekommen, drückt sich in dem folgenden zeitgenössischen amerikanischen Zauber aus, sich die Liebe eines Mannes zu erhalten.

Gehen Sie in eine Kirche und zünden Sie der Jungfrau Maria eine Kerze an. Flüstern Sie dann:

Mutter Maria, sei mir hold,
Mach, daß mein Liebster bei mir bleibt.
Ich liebe (hier sagen Sie seinen Namen)
Von ganzem Herzen
Und möchte, daß er mich nie verläßt.
Mutter Maria, gewähre mir das.

Aber die Schwierigkeiten, einen Mann, den Sie gekriegt haben, auch zu halten, werden täglich größer. Durch das Schwinden des früher mit einer Scheidung verbundenen gesellschaftlichen Makels leben die meisten von uns bereits in ehrlicheren, weniger auf ehelichem Pflichtgefühl als auf gegenseitiger

Liebe und Zuneigung beruhenden Verbindungen. Hören wir auf, uns zu lieben, lassen wir uns einfach scheiden. Das ist der allgemeine Trend.

Wir werden mit der Zeit akzeptieren lernen, daß es aller Wahrscheinlichkeit nach mehr als nur einen Lebensgefährten in unserem Leben geben wird. Wir leben rascher, anstrengender und länger, wir lernen mehr Leute kennen als die Menschen früher. Bei der ständigen Vermehrung unserer Interessen und der zunehmenden Klarheit über uns selber und das, was wir brauchen und wollen, wachsen wir schnell aus einer Bindung heraus. Wenn wir mit zwanzig Jahren heiraten und uns mit dreißig scheiden lassen, so oft deshalb, weil wir andere geworden sind. Eine Ehe funktioniert nur, solange die Übereinstimmung der Interessen und Ansichten anhält.

Frauenzeitschriften ermahnen Hausfrauen, die um die beständige Liebe ihrer Männer besorgt sind, sich ein Hobby anzuschaffen, zu lesen, sich am öffentlichen Leben zu beteiligen, kurz, noch etwas anderes zu tun als nur den Haushalt zu besorgen und die Kinder zu erziehen. (Da Ermahnungen Sie jedoch nur dann vor die Tür bringen, wenn Sie selber dazu entschlossen und bereit sind, taugt der Rat nicht viel.) Immerhin, die Hausfrau kommt aus der Mode; nichts als ein Muttchen zu sein, ist unmodern (und auch unpraktisch, wenn jederzeit eine Scheidung möglich und die zu erwartende Unterhaltssumme nur gering ist).

Aber auch wenn Sie eine vielbeschäftigte, an allem möglichen interessierte berufstätige Ehefrau sind, die sich mit ihrem Mann über wer weiß was unterhalten kann, bleibt noch immer die Notwendigkeit, Ihrer Beziehung die Liebe und Zuneigung zu sichern. Der folgende Zauber bewirkt, daß Ihr Mann in Sie verliebt bleibt:

Nehmen Sie ein paar Nagelschnitze von sich und von ihm und verbrennen Sie sie um Mitternacht. (Wenden Sie dabei die vorgeschriebene Konzentration an.)

Wenn Ihr Geist aufgeschlossen genug ist, sich mit Hexerei zu befassen, müssen Sie sich auch darüber klar sein, daß bestimmten (im allgemeinen geschenkten) Gegenständen, die Sie besessen haben, etwas ausgesprochen Widriges anhaftete. Vielleicht war es ein Kleid, das Sie sich gekauft hatten oder das ein Mann für Sie gekauft hatte: jedesmal, wenn Sie es anzogen, passierte etwas. Vielleicht auch war es ein Ring: jedesmal, wenn Sie ihn trugen, endete der Tag für Sie mit Tränen. (Ich setze das Ganze in die Vergangenheitsform, weil ich Sie für klug genug halte, sich von den betreffenden Gegenständen längst getrennt zu haben.)

Tatsächlich gibt es herkömmliche Geschenke, die Ihnen Unglück bringen, wenn sie Ihnen ein Mann macht. Halten Sie die folgende Liste griffbereit, und wenn Sie etwas geschenkt bekommen, das daraufsteht, streichen Sie es sorgfältig aus, bevor Sie es benutzen oder tragen. Besteht auch nur der leiseste Verdacht, daß etwas damit nicht stimmt, schenken Sie es weiter (an jemand, den Sie nicht leiden können, natürlich).

Jade- oder Türkisringe
Mit Perlen oder Granaten, Amethysten, Karneolen, Opalen, Katzenaugen, Smaragden besetzte Gold- oder Silberarmbänder
Ein Medaillon (mit seinem Bild drin)
Silberohrringe (es sei denn, sie trügen einen Glücksstein)
Eine Pfauenfeder

Ein lederner Schmuckkasten
Ein rotes Taschentuch
Straßenschuhe
Ein Ölporträt (von ihm)
Ein Spiegel
Ein Sonnenschirm
Rouleaus
Ein Fingernagelschnitz oder ein Kopfhaar von ihm
Eine Eiszange, ein Federmesser
Ein Notizbuch, ein Bleistift, ein Gänsekiel

Alle im folgenden aufgeführten Pflanzen und Bäume bringen Ihnen Unglück: alles, was kratzt, sticht oder brennt wie Kaktus, Brombeere, Nessel, Rose, Mohn, Löwenzahn; alles, was schlecht riecht, wie Hundskohl, und alle giftigen Pflanzen. Auch vor Nußbäumen und getrockneten Früchten müssen Sie sich in acht nehmen.

Passen Sie auf bei Essenzen von Jasmin, Zibet, Nelke, Moschus, Lavendel, Ilang-Ilang, sowie allen starken Parfums.

Ihn zurückgewinnen

Nehmen wir einmal an, Sie haben es mit Angriffslust und List fertiggebracht, daß sich der so anziehende Mann in Sie verliebt hat und sogar ernsthafte Heiratsgedanken hegt. Nun haben Sie den unter Liebesleuten üblichen Streit. Er wurde wütend, als er entdeckte, daß Sie nicht kochen können (das 15-Dollar-Filet, das Sie verdorben hatten, sah aber auch wirklich komisch aus!). Dann fingen, angeregt von dem allgemeinen Aufruhr, Ihre beiden Afghanen an herumzuspringen, zerrissen ihm die Hose, und er brüllte „Entweder ich oder sie“ und verschwand.

Nun gut. Reißen Sie sich zusammen und fassen Sie die Möglichkeiten ins Auge. Sie sind nicht bereit, Ihre beiden Afghanen aufzugeben, und werden wahrscheinlich auch niemals kochen lernen; Sie können ihn also wirklich nicht gut anrufen und auf sein verständnisvolles Verzeihen hoffen – zumindest eine Woche lang. Dabei sollten Sie am Wochenende mit ihm schilaufen gehen, und das Wochenende ist *morgen.* Aber lassen Sie sich nicht ins Bockshorn jagen.

Liebesleute haben sich schon immer so absurden Situationen wie dieser gegenübergesehen, und ein großer Magier des 16. Jahrhunderts hat einen Zauber entdeckt, der die süße Stunde der Versöhnung beschleunigt:

Nehmen Sie eine Nadel und stechen Sie damit in das Fleisch über Ihrem Herzen. Schreiben Sie mit dem Blut auf ein sauberes Stück weißer Seide so klein wie möglich Ihren eigenen und den Namen Ihres Liebhabers. Zeichnen Sie dann (mit Asche) einen Kreis um die beiden Namen. Falten Sie die Seide zusammen und vergraben Sie sie, sobald der Abendstern am Himmel erscheint. Haben Sie das getan, können Sie damit rechnen, daß Ihr Liebhaber nicht eher Ruhe findet, bis er Sie gesehen und sich mit Ihnen versöhnt hat. Aber sagen Sie keinem etwas von diesem Zauber, sonst wirkt er nicht oder macht Ihnen den Mann sogar endgültig abwendig.

Glücklicherweise kann derselbe Zauber auch von einem Mann ausgeführt werden. Er sollte sich nur, um an das Blut zu kommen, in seinen kleinen Finger und nicht in das Fleisch über seinem Herzen stechen. Vergessen Sie auch hier nicht, eine möglichst große Gefühlsdosis und die dazugehörige Konzentration aufzubringen.

Es gibt keinen, absolut *keinen* anderen Weg als Hexerei, um einen Mann zurückzubekommen, dessen Interesse an Ihnen erloschen ist. Ich persönlich bin zwar der Meinung, daß man einen Mann, der das Interesse an einem verloren hat, am besten laufen lassen und nicht zu sehr bestürmen soll, zurückzukommen. Vielleicht nämlich kommt er sowieso nicht zurück, oder wenn er zurückkommt, besteht die Wahrscheinlichkeit, daß er von neuem das Interesse an Ihnen verliert und so Ihren Kummer verdoppelt.

Aber manche Frauen verfallen den Männern und tun wer weiß was, um die Qual, sie schließlich doch aufgeben zu müssen, hinauszuschieben. Die psychiatrische Seite solcher Bindungen mag dahingestellt bleiben; ein Mädchen, das derart in der Luft hängt und vor den Kopf gestoßen wird, hat viel Kummer. Wie bei der Drogensucht kann ein scharfer Bruch weher tun als eine langsame Entziehung. Wenn das Ende ein wenig hinausgezögert wird, haben die Gefühle Zeit, sich wieder zu ordnen, sich aus der Abhängigkeit zu lösen und an den Kummer zu gewöhnen.

Einem Mädchen, das den Laufpaß bekommt und sich nie träumen ließ, daß es ihn bekäme, stehen viele einsame und melancholische Nächte bevor. Sie ist ein einziges Durcheinander, und ihr Herz ist so verletzt, daß schon der Gedanke an den Mann sie krank macht. Es gibt für sie weder Hoffnung, noch kann sie ohne ihn weiterleben. Das ist eine schlimme Zeit für sie: sie hortet Schlaftabletten, schärft Küchenmesser, schätzt die Entfernung von ihrem Fenster zur Straße, faßt einen nächtlichen Spaziergang zu einer Brücke ins Auge – und es sollte doch einen Weg geben, wenigstens einen noch übriggebliebenen Hoffnungsfunken wieder zum Leben zu erwecken.

Es gibt einen solchen Weg: einen Zauber, der die Möglichkeit bietet, einen Liebhaber tatsächlich wiederzubekommen. Ob der Zauber nun zum Guten ausschlägt oder nicht, schon das Wissen, daß man die Gefühle eines Mannes so beeinflussen kann, daß er zurückkehrt, ist für jede halbtote Frau Hoffnung genug.

Stechen Sie eine Nadel durch den Docht einer Kerze. Zünden Sie sie an, konzentrieren Sie sich und sagen Sie folgenden Zauberspruch auf:

Nadel in der Flamme, Feuernadel,
Bohre dich in seine Gedanken,
Laß ihn sich winden und Qualen leiden,
Bis sein Herz zurückkehrt zu mir.

Entsetzlich! Ihrer idyllischen Liebesaffäre widerfährt etwas ganz Schreckliches, und Sie haben keine Ahnung, was es sein könnte. Er kommt zu Ihnen, küßt Sie flüchtig, beinahe zerstreut, mit trockenen Lippen. Auf die Wange. Setzt sich auf die Couch und vertieft sich in die letzte Nummer des *Playboy*, den er vorsorglich mitgebracht hat. Sie geben ihm etwas zu trinken und fragen ihn, was er für einen Tag gehabt hat, und er sagt nur „Hmmm“.

Ob Sie vielleicht aus dem Mund riechen? Ob Ihr Deodorant nichts taugt? Ob Ihre durchsichtige Bluse nicht durchsichtig genug ist? Oder gibt es am Ende eine andere Frau? Was immer es auch ist, Ihre Beziehung ist entschieden in die Jahre gekommen, und es ist an der Zeit, sich zu fragen, wie Sie wirklich zu ihm stehen.

Wenn Sie zu dem Schluß kommen, daß die ganze Fragerei und der Playboy-Hmmm-Kummer ein bißchen langweilig sind, können Sie natürlich die Hinauskomplimentiermethode anwenden („Schade! Aber dieses Wochenende kann ich nicht. Ein Freund hat mich nach Acapulco eingeladen“). Aber was, wenn Sie feststellen, daß Sie ohne ihn nicht wirklich glücklich sein können und, falls es wirklich eine andere Frau geben sollte, aufs äußerste niedergeschlagen sein würden?

Eine Krisensituation, die energische Maßnahmen verlangt. Bringen Sie als erstes Ihr Spionagenetz in Gang und finden Sie heraus, ob er sich tatsächlich mit einer anderen trifft. Bieten Sie gleichzeitig Ihren ganzen Verstand auf und denken Sie sich etwas Amüsantes aus, das Sie mit ihm zusammen tun können, denn vielleicht langweilen Sie auch *ihn*. Wenn weder Ihr weiblicher Charme noch Ihre weibliche List ihn wachrütteln können und auch Ihr Spionagenetz nur Gerüchte, aber nichts Bestimmtes ergibt, dann versuchen Sie folgenden Zauber:

> *Nähen Sie eine kleine Stoffpuppe, die Ihrem Liebhaber ähnlich sieht. Nehmen Sie zu den Kleidern für die Puppe einen satten roten Samt. Streifen Sie einen (noch nicht getragenen) Trauring über ihren linken Arm. Dann tragen Sie die Puppe in eine Kirche und verstecken sie entweder direkt hinter dem Altar oder in der Nähe (im Chorgestühl z. B.). Diese Operation wird Ihren Liebhaber sogleich und für immer an Sie binden; aber befolgen Sie genau die Anweisungen, sonst wird er Ihnen keinen Heiratsantrag machen, sondern nur eine Ménage à deux vorschlagen.*

Vergessen Sie nie, daß der Mann, in den Sie sich verlieben, keineswegs immer der Wundermann sein muß, der Ihnen derart hypnotisch verfällt, daß er bei jeder sich bietenden Gelegenheit Blumen schickt. Viel größer ist die Chance, daß ihr Liebhaber ein sehr ungebundener Mann ist, der zum Wochenende auf die Ranch eines Freundes nach Kanada fährt und Sie oft tagelang nicht einmal anruft, um guten Tag zu sagen. Er ist der Mann, der Sie in Unsicherheit schweben läßt. Er versichert Ihnen zwar immer, wie sehr er Sie liebt – wenn er da ist. Aber wie, fragen Sie sich, kann er Sie lieben, wenn er so oft fort ist!

Ganz recht, Taten sind ein besserer Prüfstein für jemandes Gefühle als Worte; aber wenn Sie verliebt sind und blind für die Gefahr, sind Sie überzeugt, daß allgemeine Maximen über menschliches Verhalten auf Ihren Fall nicht zutreffen. So schlucken und schlucken Sie und lassen ihm durchgehen, was Sie nicht bereit sind, als empörend schlechte Behandlung gelten zu lassen (daß er zum Beispiel, während Sie traurig zu Hause sitzen, jedes Winterwochenende in Aspen beim Schilaufen verbringt). Für einen Mann, der behauptet, verliebt zu sein, ziemlich egoistisch und rücksichtslos! Machen Sie sich das klar, und Sie werden plötzlich einsehen, daß Sie ausgenutzt werden.

Wenn Sie fähig sind, sich lang genug Ihrem Liebestraum zu entreißen, um die Wahrheit zu sehen, und wenn Sie nicht gleich ärgerlich einschnappen, vielmehr entscheiden, daß es der Mühe wert ist, ihn kirre zu machen, wird Ihnen der folgende Zauber helfen (den Sie am besten mit einem starken Liebeszauber kombinieren):

Nehmen Sie eine Nadel, stechen Sie sich damit ins Handgelenk und schreiben Sie mit dem Blut auf ein Stück Per-

gament Ihren Vor- und Ihres Liebhabers Nachnamen. Ziehen Sie sodann ein Quadrat um die beiden Namen und tragen Sie das Pergament über Ihrem Herzen. Wo immer er sich herumtreiben mag, binnen einer Woche wird er Ihnen für immer in die Arme fliegen.

Daran, daß es immer wieder passiert, muß eins der komischen Naturgesetze schuld sein. Aber stimmt es vielleicht nicht, daß jedesmal, wenn Sie Ferien machen oder in einer anderen Stadt Freunde besuchen, der unangenehme Mann, den Sie dabei kennenlernen, nur einen Häuserblock weiter wohnt und der anziehende Mann unweigerlich aus einer so entlegenen Gegend wie Kalifornien stammt, falls Sie selber in New York leben, oder aus Frankreich, falls Sie aus Utah sind? Und ausgerechnet in diesen Mann verlieben Sie sich, und Sie wissen, daß Sie Ihr ganzes Leben damit verbringen könnten, ihn zu verwöhnen und für ihn zu sorgen. Aber für gewöhnlich ist er nach ein paar Tagen oder Wochen wieder verschwunden. Natürlich schreiben Sie ihm ein- oder zweimal, aber dann rät Ihnen Ihre bessere Einsicht, die Sache auf sich beruhen zu lassen, und Ihre Gefühle kühlen sich wieder ab. Sie betrachten die Sache als romantisches Zwischenspiel, als flüchtige Arabeske im farbenfrohen Muster Ihres Lebens.

Natürlich steht es Ihnen frei, diesen wunderbaren Mann zu besuchen, wenn Sie genügend Geld auf dem Konto haben. (Eine Freundin von mir tat das: sie verfolgte ihn ein Jahr lang durch ganz Europa und kehrte erschöpft, ohne Geld und mit wundem Herzen zurück. Ähnlich eine englische Freundin, die einige Monate, nachdem sie ihn kennengelernt hatte, einem Schweizer nachreiste, nur um zu entdecken, daß er zwei Wochen vorher eine südliche Schöne geheiratet hatte.) Wenn

Sie Geld haben, ist es von äußerster Wichtigkeit, daß Sie genau wissen, wie der betreffende Mann ist und was er für Sie empfindet, bevor Sie Ihrem Drang nachgeben, ihm zu folgen.

Bei weitem leichter und auch schonender für Ihre Gefühle ist es jedenfalls, Ihr Wunder von Mann dazu zu bringen, daß er seinerseits *Sie* besucht. Kommt er, so wissen Sie gleich, daß ihm an Ihnen liegt, und die ganze Suchjagd besorgt er. Sie haben ihn da, wohin Sie ihn haben wollen, und zwar zu Ihren Bedingungen. Aber wie bringen Sie den Mann dazu, aus einem fernen Land zu Ihnen zu kommen, wenn aller Wahrscheinlichkeit nach die Sache schon übermorgen nur noch eine schöne Erinnerung ist? Ganz einfach:

Streuen Sie vierzehn Tage nacheinander jeden Tag Salz auf Ihre Türschwelle und den Türrahmen. Schon bald danach wird Ihr Liebhaber sich bei Ihnen einstellen.

Ein Treue-Test

Es scheint, daß Keuschheitsgelübde in ein paar Jahrzehnten altmodisch sein werden. Priester kämpfen für die Abschaffung des Zölibats, damit sie heiraten oder sich Geliebte zulegen können. Niemand mehr verlangt von den Jungen und Unverheirateten, daß sie keusch leben (das heißt, sie selber verlangen es nicht mehr, und ihre Sitten werden sich durchsetzen). Immer weniger Verheiratete fühlen sich noch durch ihr Treuegelübde gebunden, und außereheliche Affären sind nachgerade eher die Regel als die Ausnahme. Treue, ob nun einer Idee oder einer Person gegenüber, ist einfach nicht mehr beliebt.

Vielleicht kommt es dahin, daß man eines Tages Ehen – falls man sie dann überhaupt noch so nennt – ähnlich führt wie im alten Europa. Die Männer werden wie früher Geliebte haben; aber diesmal werden auch die Frauen Liebhaber haben, und zwar ganz offen. Eine Eifersuchtsreaktion auf Untreue wird nicht einmal mehr vorstellbar sein.

Vorläufig allerdings verteidigen wir unsere verbrieften Liebesinteressen noch, und wenn wir uns betrogen fühlen, haucht uns das grünäugige Ungeheuer Rachegelüste ein. Wir sind noch nicht vertraut mit dem Gedanken, daß Liebe und sinnliche Begier zweierlei sein können (obwohl die Männer diesen Unterschied bereits seit dem Jahre eins ausgiebig praktiziert haben). Was also anfangen mit unserer Eifersucht? Ihr auch weiterhin freien Lauf lassen, natürlich (obwohl unsere Urenkel das wahrscheinlich nicht mehr tun werden).

Sie wissen also nicht genau, was Ihr Liebhaber treibt. Sie glauben, daß er noch anderweitig fixiert ist, wissen es aber nicht genau. Der nachstehende, aus dem Orient stammende Treue-Test wird Ihnen helfen, es herauszukriegen:

Zünden Sie ein Räucherstäbchen an und halten Sie es genau senkrecht. Wenn es drei Minuten lang brennen bleibt und die Asche nicht abfällt, ist alles gut; wenn nicht, führt er etwas im Schilde.

Mit ihm abrechnen

Nur wenige Erfahrungen sind so niederschmetternd wie die, daß einem jemand auf dem Herzen herumtrampelt. Wie konnte mir das passieren? fragen Sie sich. Sie waren immer so vorsichtig, haben den Garten der Liebe nur schüchtern und auf Zehenspitzen betreten und haben ihn methodisch nach jedem unter den Rosen verborgenen möglichen Dorn abgesucht. Trotzdem sind Sie von einem gestochen worden. Sie vertrauten ihm, und er hat Sie betrogen.

Was bringt einen Mann dazu, so teuflisch grausam zu sein? fragen Sie sich. Warum gibt er sich mit Ihnen ab, wenn er Sie gleich darauf fallenzulassen beabsichtigt – gleich nachdem er Sie überzeugt hat, daß die Rosen, die in seinem Garten wachsen, die schönsten sind, die Sie je sehen werden? Gestern nacht noch schwor er Ihnen ewige Liebe, und heute am Strand versucht er mit einer miesen Brünetten anzubändeln. Wieso kann er Gefallen an solcher Verräterei finden?

Sie brüten Rache. Wäre es nicht nett, wenn Sie ihn zumindest so lange zurückeroberten, daß nun Sie auf *seinem* Herzen herumtrampeln könnten? Es wäre wahrscheinlich weniger schlimm für Sie, wenn die Brünette wirklich hübsch wäre, mit Grübchen und sanften Kurven, wie Sie sie haben; aber sie ist dicklich, und das macht Sie doppelt wütend. Die beste Chance, bei diesem Rachespiel zu gewinnen, haben Sie dann, wenn Sie ihn von neuem verführen.

Aber wie wollen Sie das fertigbringen? Zunächst einmal, nehmen Sie sich zusammen und verbergen Sie Ihr gebrochenes Herz und Ihre Verachtung. Sie müssen überzeugend wirken. Stellen Sie sich vor einen Spiegel und üben Sie sich für das nächste Mal, wenn Sie ihn sehen, ein abweisend geheimnisvolles Lächeln ein. Nichts zieht einen unsteten Mann mehr an als ein solches Lächeln. Lehnen Sie alle Verabredungen, die er mit Ihnen treffen möchte, ab, aber tauchen Sie überall da auf, wo er auch ist – nach Möglichkeit mit jemand anderem. Wenn sich das nicht einrichten läßt, gehen Sie allein hin und flirten Sie auf Teufel komm heraus mit allen und jedem außer ihm. Er wird gekränkt sein, wird wissen wollen, was los ist, und Ihnen auf den Leim gehen.

Um sicherzustellen, daß Sie und er zur gleichen Zeit am gleichen Ort auftauchen, vollführen Sie, bevor Sie zu Bett gehen, folgenden Zauber:

Zünden Sie eine weiße Wachskerze an und blicken Sie tief in die Flamme. Konzentrieren Sie sich, so stark Sie können, auf sein Bild, und singen Sie wieder und wieder:

Mach, daß ich meinen Liebsten seh',
Bring ihn hin, wohin ich morgen geh'.

Ich habe noch nie erlebt, daß dieser Zauber versagt hat. Allemal, wenn Sie einem Mann etwas stricken – besonders etwas, das so viel Arbeit kostet wie ein Pullover –, verläßt er Sie plötzlich. Meistens verläßt er Sie, wenn Sie gerade bei den Rippen am Hals sind oder die Nähte vernähen. Zum Aus-der-Haut-Fahren! Aber für gewöhnlich machen Sie gute Miene zum bösen Spiel und schenken dem Dreckskerl den Pullover trotzdem; denn wer sonst ist schon zwei Meter zehn groß und könnte ihn tragen?

Auch das Stricken von Socken mit Schottenmuster ist lebensgefährlich. Dieses Sockenstricken hat mir zwei gebrochene Herzen eingetragen, bevor ich klug wurde. Beide Paar Socken waren als Weihnachtsgeschenk gedacht: eine doppelt gefährliche Kombination; wir alle wissen, daß Männer einen am liebsten kurz vor Weihnachten oder Neujahr sitzen lassen.

Wenn Sie also unklugerweise für Ihren Mann etwas gestrickt haben und nun feststellen, daß er sich wegmacht, halten Sie sich zurück, motten Sie Ihre Handarbeit ein und schenken Sie ihm etwas anderes zum Andenken.

Bestimmte Geschenke, die Sie einem Mann machen können, bringen ihm Unglück. Das hier ist die Liste:

Ein Münzetui
Ein Medaillon mit Ihrem Bild drin
Eine Krawattennadel
Ein Zigarrenabschneider
Ein Feuerzeug
Ein gemaltes Bild (von Ihnen)
Ein Schlips, eine Wollmütze, ein Seidenplastron
Ein Schlüsselring
Ein Hufnagel
Eine Pfauenfeder
Ein Gänsekiel

Und das sind Blumen, die, wenn Sie sie ihm schenken, ihm Unglück bringen: Mohn, Geranie, Feuerkolben, Narzisse, alle roten Blumen, alle schweren Parfums.

Seine Begierde anstacheln

Befürworter der sexuellen Emanzipation der Frau halten es für völlig normal, daß ein gesundes junges Mädchen einen Mann haben will und mit ihm schläft, vorausgesetzt daß es die Pille nimmt. Es braucht dazu nicht einmal mehr in den Mann verliebt zu sein. Die wildesten Träume unserer Großmütter sind Wirklichkeit geworden, und die Mütter von heute sind ausgesprochen eifersüchtig!

Schon lange vor dem viktorianischen Zeitalter der frigiden Frauen jedoch scheinen glückliche Bauernmädchen ihre Burschen mit magischen Mitteln zu hemmungsloser Begier gereizt zu haben. Bei dem uns noch immer umgebenden Dunstkreis viktorianischer Moralbegriffe ist nur schwer vorstellbar, daß es Zeiten gegeben hat, in denen sinnliche Begierde noch nicht verpönt war. Daß Mädchen tatsächlich um die Aufmerksamkeit der Männer warben, erscheint unglaublich. Aber das Verhältnis moderner Mädchen zur Sexualität steht dem der Damen vom Hof Ludwigs XIV. näher als dem ihrer Großmütter und wahrscheinlich auch Mütter. Es ist eine Schande, daß wir noch einmal einen Sexualkampf führen müssen, der längst gewonnen war. (Was freilich nicht heißt, daß es nicht in jedem Zeitalter Scharen von verkümmerten schwarzgekleideten weiblichen Wesen gegeben hat, die heiratsfähigen jungen Mädchen tadelnd mit dem Finger drohten und pfui riefen.)

Das Folgende ist ein von glücklichen Bauernmädchen geübter Zauber, um Männer lüstern und willig zu machen:

Suchen Sie am Strand nach einer ganzen Muschel (Muscheln sind ein weibliches Sexualsymbol). Nehmen Sie die Muschel mit nach Haus und konzentrieren Sie sich eine Woche lang auf sie, während Sie sich gleichzeitig sein Bild vor Augen rufen. Finden Sie dann einen Weg, die Muschel in seinem Schlafzimmer zu verstecken (am besten unter dem Bett). Sie können damit rechnen, daß er atemlos in Ihre Arme stürzt.

Wenn Sie schwanger zu sein glauben

Sie glauben also, daß Sie ein Kind bekommen? Wenn Sie verheiratet sind, werden Sie sich wahrscheinlich sämtliche Daumen drücken und sich über die Aussicht freuen. Wenn Sie dagegen nicht verheiratet sind ...

Haben Sie vor kurzem einmal eine leere Wiege geschaukelt? Oder sind Sie auf den Schatten eines Kindes getreten? Vielleicht haben Sie auch zufällig einen Kater gegen den Strich gestreichelt oder in einem leeren Zimmer Milch verschüttet! So gewiß man eine leere Wiege nie schaukeln soll – oder es wird schon bald etwas darinliegen –, Sie haben es nun einmal getan, und jetzt quälen Sie sich mit der Frage, was Sie als nächstes tun sollen.

Es gibt heutzutage die verschiedensten Lösungen für Ihr Problem. Sie können aus dem Fenster springen. Sie können sich von einem Ärztekollegium bescheinigen lassen, daß Sie einen psychischen Zusammenbruch erleiden werden, wenn Sie ein Kind bekommen. Sie können durch Vermittlung einer Freundin von einer Freundin einer Freundin ein altes Weib oder eine Hebamme oder einen etwas anrüchigen Arzt aufsuchen, die an Ihnen eine Abtreibung vornehmen, möglicherweise allerdings mit einer Stricknadel oder schmutzigen Instrumenten. Sie können so glücklich sein, in New York zu leben. Sie können das Kind sogar bekommen (in gewissen Kreisen gilt das heute als schick), und die Leute werden Ihren Mut loben oder zumindest, um nicht spießig zu erscheinen, ihre Mißbilligung für sich behalten. Kurz, Sie haben eine ganze Anzahl von Möglichkeiten.

Aber bevor Sie sich für eine von ihnen entscheiden, sollten Sie einmal daran denken, was englische Mädchen in einem solchen Fall tun. Angenommen, Sie waren noch nicht beim Arzt, dann wissen Sie nicht mehr, als daß Sie über Ihre Periode hinaus sind.

Um Ihre Periode herbeizuführen, umwickeln Sie Ihren Körper mit je einer Spule weißer und roter Seide. Dann setzen Sie sich in ein Bad, das zu gleichen Teilen Rosen-, Orangen-, Glyzinien- und Jasminessenz enthält. Bleiben Sie in dem Bad, bis sich die Fäden von selbst von Ihrem Körper lösen, und lassen Sie sie zusammen mit dem Badewasser abfließen. Wenn Sie dabei die notwendige magische Konzentration aufbringen, kann das Ihrem Zustand auf der Stelle abhelfen. (Ich persönlich allerdings empfehle den Gebrauch von empfängnisverhütenden Mitteln.)

Die neuen empfängnisverhütenden Mittel haben die Gesellschaft verändert. Ihnen ist die Geburt der neuen, der nichtverheirateten, emanzipierten Frau zuzuschreiben. Anstatt herumzusitzen und sich zu fragen, ob sie auch pünktlich ihre Periode haben wird, kann diese neue Frau eine Affäre haben ganz ohne die Sorge, daß diese Affäre einer Schwangerschaft wegen eines unzeitigen Todes stirbt. Sie kann sich ohne ängstliche Vorbehalte verlieben. Und da das Gekreisch der drohend über Sünde predigenden Priester auf ein kaum noch hörbares Gemurmel zusammengeschrumpft ist, wird die neue Frau in ein oder zwei Generationen auch ihre albernen Schuldgefühle verloren haben. Soweit das die neue Frau betrifft, natürlich sehr schön.

Aber wie steht es mit den noch immer nicht aufgewachten Mädchen, die blind im geschlossenen Umkreis bürgerlicher Konformität verharren? Auf sie muß man aufpassen (und sie sind bei weitem zahlreicher als die emanzipierten Frauen, die auf sich selber aufpassen). Sie sind so altmodisch, daß sie die Anwendung empfängnisverhütender Mittel für unromantisch halten. Sie sind der Mir-könnte-so-was-nicht-passieren-Typ und würden eher riskieren, ein Kind zu bekommen, als etwas so Geschmackloses tun wie ein Verhütungsmittel gebrauchen; sie würden damit ja zugeben, daß eine Notwendigkeit für diese Vorsichtsmaßnahme bestände. Sie sind fest überzeugt, daß sie im Grunde noch Jungfrauen sind – mit vielleicht einer gelegentlichen Entgleisung. Aber Entgleisungen sind keine Wirklichkeit für sie, und eben in solchen Entgleisungen liegt die Gefahr.

Für junge Damen, die sich nicht vorstellen können, daß sie schwanger sind, folgt hier ein alter italienischer Bauernzauber, um herauszubekommen, ob sie es nicht vielleicht doch sind (o Schreck):

Reißen Sie einer weißen Henne zehn Federn aus. Stechen Sie sich in das linke Handgelenk und tauchen Sie den Kiel jeder dieser zehn Federn in das Blut. Tragen Sie die Federn zur Mittagszeit an einen Ort, an dem es weder zu windig noch zu windstill ist, und legen Sie sie, mit den Kielen zur Mitte, in einen Kreis. Dann ziehen Sie mit Salz einen engen Kreis um die Federn, setzen sich hin und warten. Konzentrieren Sie sich auf die Federn und stellen Sie sich im Geiste vor, daß der magische Salzkreis sie für immer vor dem Wind schützt. Wenn es dunkel wird und keine der Federn sich bewegt hat, haben Sie Glück: Sie sind nicht schwanger. Wenn jedoch der Wind im Lauf des Nachmittags eine oder mehrere Federn aus dem magischen Kreis herausbläst, sind Sie in geseg-

neten Umständen. (Pech! Jetzt hilft Ihnen auch die Pille nicht mehr.)

Wenn Sie schwanger sind

In gewissem Maß praktizieren wir Zauberkünste auch an uns selber. „Ich kann heute abend wirklich nicht mit dir ausgehen, Robert. Ich bin so müde, daß ich kaum noch stehen kann." Die Aussicht, mit dem langweiligen Robert einen Abend verbringen zu sollen, hat Ihnen die letzte Kraft genommen. „Ich hätte dir so gern heute abend das versprochene raffinierte Essen gekocht, aber ich habe ganz verrückte Kopfschmerzen." Seit wann kochen Sie gern und dazu noch etwas Raffiniertes? „Ich bekomme den Schnupfen und sollte heute besser nicht ins Büro kommen. Tut mir leid, daß ich den versprochenen Bericht nicht fertigschreiben kann." Dabei war es nur ein Morgenniesen, aber der Gedanke an den elenden Bericht machte im Lauf des Tages eine regelrechte Erkältung daraus. Es ist bekannt, daß körperlich völlig gesunde Frauen sich unbewußt davor bewahren können, schwanger zu werden. Andererseits kommen falsche Schwangerschaften vor, mit echten Wehen und dann trotzdem keinem Kind.

Die einen nennen es psychosomatisch oder Suggestionskraft, die anderen sehen darin die Herrschaft des Geistes über die Materie. Aber die physischen Schlupflöcher, die wir uns schaffen, sind klare und reine Hexerei. Der Teil unseres Geistes, der in der Magie unseren Willen auf andere überträgt, kann auch in uns selber merkwürdige körperliche Veränderungen bewirken.

Fest steht, daß frühere Zeiten in manchem mehr von den

Rätseln unseres Geistes verstanden haben. Ihre Auffassung von seiner Kraft macht den nachstehenden Glauben an eine mögliche Schwangerschaftsunterbrechung verständlich:

> *Wenn Sie schwanger und unglücklich darüber sind, gehen Sie zu einem Grab, in dem eine Hexe liegt. Stellen Sie sich vor das Grab und sprechen Sie von hinten ein Gebet, dann werden Sie eine Fehlgeburt haben.*

Ein solcher Zauber wirkt natürlich nur bei Mädchen, die den Hexen und der Hexerei eine gewisse Macht zugestehen. Der Geist konzentriert sich mit Hilfe dieser dunklen Symbole auf die Zerstörung des Fötus. Wird er dabei von Zwischengedanken unterbrochen wie: „Das ist doch albern! Was soll ein Gebet von hinten sprechen schon bewirken?" wird das Kind mit Sicherheit überleben.

Haben Sie eine Ahnung, wieviel Arbeit ein Kind macht? Bedenken Sie die Verantwortung, Kinder aufzuziehen. Wer sagt Ihnen, daß nicht Taugenichtse aus ihnen werden? Und doch fahren Mütter fort, Kinder zu bekommen, ohne es sich auch nur einen Augenblick zu überlegen.

Was das betrifft, denken Sie einmal an die Unzahl von Männern und Frauen, die unaufhörlich heiraten, ohne sich auch nur einen Augenblick zu fragen, wie ihr jeweiliger Partner wohl um acht Uhr morgens oder an ruhigen Abenden zu Hause sein mag. Macht sich je einer die Mühe, darüber nachzudenken, was hinter dieser Heiraterei und Kinderkriegerei eigentlich steckt? Natürlich nicht. Die Natur hüllt den Sinn dieser lebenswichtigen Handlungen in einen Schleier von Euphorie, genauso wie sie, umgekehrt, unerträglichen Schmerz in Bewußtlosigkeit hüllt. Man kann wahrhaftig sagen, daß Unschuld in bezug auf Heiraten und Kinderkriegen ein Segen ist. Unschuld dem gegenüber, was gegen ein Vorhaben spricht – ob es sich nun um die Arbeit an einer die Welt verändernden Erfindung handelt oder darum, Kinder in die Welt zu setzen –, kann manchmal ein Wegbereiter für Genialität sein.

Wenn Sie schwanger sind und das Kind bekommen möchten, möchten Sie wahrscheinlich ein Genie zur Welt bringen (schon weil das auch Glanz auf Sie abwirft); aber werden Sie einen Jungen oder ein Mädchen bekommen? Da man sich die gleiche Frage viele Jahrhunderte lang gestellt hat, ist es nicht überraschend, daß die Zigeuner einen Weg gefunden haben, das Geschlecht eines Kindes zu erraten:

Gehen Sie in einen Garten, wo dicht beieinander weiße und rote Rosenbüsche wachsen. Drehen Sie sich vor ihnen mit geschlossenen Augen elfmal in Ost-West-Richtung um sich selber und strecken dann den Arm aus und pflücken eine Rose. Wenn Sie eine weiße gepflückt haben, werden Sie ein Mädchen bekommen, wenn eine rote, einen Jungen.

Wenn Sie gern schwanger würden

Es kommen allgemein zu viele Kinder zur Welt, zumal heute, wo sich Form und Auffassung der Ehe wandeln. Fachleute sagen voraus, daß es in hundert Jahren nicht mehr genug Nahrung für die Menschen geben wird, die dann leben; überall wird – Biafra in globalem Ausmaß – ein Massensterben einsetzen.

Warum aber, wenn das Gespenst einer allgemeinen Hungersnot uns so nah auf den Leib rückt, tolerieren wir noch immer religiöse Überzeugungen, die fahrlässig und zu jedermanns Nachteil den Gebrauch von empfängnisverhütenden Mitteln ablehnen? Was ist unmoralischer: eine Empfängnis verhüten oder den Keim sich zum Menschen auswachsen lassen, der dann vielleicht einen qualvollen Hungertod stirbt? (Holen Sie tief Luft und zählen Sie bis zehn.)

Weiter: Es ist gewissenlos, sich in den ersten Jahren einer Ehe Kinder anzuschaffen. Nur zu oft endet die Ehe, kurz nachdem das Kind auf der Welt ist, mit einer Scheidung.

Wenn Sie jedoch gern Kinder hätten und aus irgendeinem Grund unfruchtbar sind, gibt es einen Zauber, der in solchen Fällen helfen soll:

Leihen Sie sich von einer Freundin, die kleine Kinder hat, eine Windel. Binden Sie sich die Windel in der Art eines Bikini-Unterteils um. Lassen Sie dann vorn ein Mondsteinamulett hineingleiten. Gehen Sie ins Bett und konzentrieren Sie sich vor dem Einschlafen darauf, bald ein Kind zu bekommen.

Zweites Kapitel

Aphrodisiaka

Nichts ist aufregender und stimmt euphorischer als Liebe. Wie passend, daß schon der Klang des Wortes *Aphrodisiakum* Euphorie erzeugt! Alle Sinne werden in Gegenwart eines Liebhabers hellwach, jeder Nerv zittert voll Erwartung. Das Herz versinkt in einem Meer süßen Verlangens. Wie schade, daß für viele Liebespaare die Schauer, das Zittern und der Kitzel schon so rasch vorbei sind!

Es ist jedoch beinahe unvermeidlich, daß, wenn Geheimnisse bloßgelegt und die unbekannten Tiefen der Liebenden ausgelotet werden, die Herzen ihre Bereitwilligkeit, schneller zu schlagen, einbüßen. Aber auf wieviel unendlich grüneren Weiden hat der Mensch dieses Herzklopfen gesucht! Wie viele Sultane haben haremweise Odalisken gesammelt, deren einzige Aufgabe es war, ihnen Vergnügen zu verschaffen? Wie viele junge Drusinnen sind eigens dazu erzogen worden, den kräftigen Liebeshunger arabischer Männer zu stillen? Wie viele Europäer haben auf der Suche nach überschäumender Leidenschaft die Frauen gewechselt oder sich Geliebte zugelegt? Und was das betrifft, wie viele Frauen haben aus dem gleichen Grund die Männer gewechselt und sich Liebhaber zugelegt? Wie viele haben im familiären Einerlei mit der Hilfe bestimmter Kräuter und magischer Zaubertränke wenigstens etwas von der früheren Erregung zurückzuerobern versucht?

Viele, viele, viele. Lieber, als den jeweiligen Partner zugunsten eines aufregenderen neuen fallenzulassen, haben auf der ganzen Welt Menschen jeden Alters sich auf die stimulierende Wirkung von Aphrodisiaka verlassen. Von Anfang an waren die aphrodisischen Künste mit Magie verbunden; die wirksamsten Mixturen wurden immer von Dorfhexen, Zauberern oder Medizinmännern verkauft. Daran hat sich auch nicht viel geändert; im Norden Manhattans zum Beispiel stellen noch immer Adepten für die dort wohnende Bevölkerung solche Mixturen her. Bezeichnend in dieser Hinsicht ist, daß das Interesse an magischen Aphrodisiaka in allen Schichten unserer ja doch ganz und gar nicht magisch-orientierten Gesellschaft wächst. So hatte kürzlich ein Aphrodisiaka-Kochbuch außerordentlichen Erfolg: abermals ein Beweis dafür, wie weit verbreitet neuerdings die Tendenz ist, alte Ideen und Praktiken zu übernehmen.

Die umfangreiche Literatur über Aphrodisiaka, Magie und Verwandtes ist, milde ausgedrückt, ebenso schwierig zu sichten wie zu verstehen. Die moderne Medizin hat einigen der alten Rezepte ihre Wirksamkeit bescheinigt; es waren meist solche, die mit narkotischen Kräutern arbeiteten. Aber wer sagt, daß viele der heute verachteten Aphrodisiaka auf Griechen, Römer und alle möglichen anderen nicht gewirkt haben? Es erscheint mir vollkommen vernünftig, daß, wenn Penelope Odysseus sagt, in seinem Wein sei Alraunwurzel, Odysseus alsbald am ganzen Leib zu glühen beginnt und von Penelopes koketten schwarzen Locken bezaubert ist.

Es ist eine Schande, daß Ärzte eine so vorgefaßte Meinung über die Wirkung von Zaubertränken auf den Körper haben.

Sie übersehen das dabei beteiligte psychische Moment, obwohl sie einräumen, daß psychische Momente aus einem Gesunden einen Sterbenskranken machen können.

Aber wie dem auch sei, es ist für alle Platz, besonders für diejenigen unter uns, die intuitiv einsehen, daß es über die rein wissenschaftliche Erkenntnis hinaus noch eine andere Wahrheit gibt und daß die Menschen so verschieden sind wie Schneeflocken: jeder eine besondere Verbindung von Gehirnzellen, die seine Kräfte über die Gemeinplätze des normalen wissenschaftlichen Gesichtskreises hinaushebt. Wenn wir glauben, daß ein Zauber oder ein Aphrodisiakum wirken, und sie wirken tatsächlich, dürfen wir ruhig dem starren naturwissenschaftlichen und medizinischen Establishment eine lange Nase drehen. Sie stehen ohnehin erst auf der Schwelle des Wissens; beispielsweise doktern sie in einer erstaunlich großen Anzahl von Fällen an möglichen Kuren für Krankheiten herum, von denen sie nicht einmal die Ursache kennen.

Aber seien wir der modernen Medizin dankbar und üben wir Nachsicht mit ihrem Gehabe und ihren Schwächen. Fahren wir mit Lust in unserem Geschäft fort. Die Geschichte der Aphrodisiaka und der feste Glaube, daß sie wirken, werden uns Genugtuung und Erfolg bringen.

Ihn verführen

Angenommen, Sie haben augenblicklich eine schlechte Zeit; Sie haben gerade eine lange und schöne Liebesgeschichte hinter sich, die aber zum Schluß anfing, schal zu werden. Sie sind monatelang nicht ausgegangen und kennen praktisch niemand mehr. Wenn Sie ein Mann sind, steht kaum zu befürchten, daß Sie Ihren gesellschaftlichen Schwung verlieren, bevor – am Strand, in einer Singles-Bar oder einem Rock-Konzert – ein nettes Mädchen aufkreuzt. Sind Sie dagegen eine Frau, kann sich die Unterbrechung leicht zu einem Loch in Ihrem geselligen Leben auswachsen, es sei denn, Sie fingen an, am Strand, in Singles-Bars oder bei Rock-Konzerten herumzulungern.

Für welchen *modus operandi* Sie sich auch immer nach dem großen Bruch entschieden haben, wahrscheinlich ist nur ein Teil von Ihnen darauf aus, neue Menschen kennenzulernen. Der andere Teil ist damit beschäftigt, die verknoteten Fäden zu lösen, die Sie noch an Ihre Liebesgeschichte knüpfen – beispielsweise nicht mehr mit Ihren Lieblingslokalen die Gegenwart Ihres verflossenen Liebhabers zu assoziieren.

Wäre es nicht schön, wenn Sie in dieser, Sie seelisch anstrengenden Zeit eine Versicherung für künftige Verabredungen mit jemand abschließen könnten? Zum Beispiel mit dem gutaussehenden Mann, den Sie gerade kennengelernt haben? Sie haben zwar nicht den Mut, mit ihm ernsthaft in Kontakt zu treten, aber Sie wissen, Sie könnten sich für ihn erwärmen. Befolgen Sie die Anweisungen des nachstehenden Liebeszaubers, und Sie haben Ihre Versicherung (da der Zauber Magie und Aphrodisiakum kombiniert, mit doppelter Garantie sogar):

Bereiten Sie ein Gemisch, das zu gleichen Teilen aus Zukker zerstoßenen Maiglöckchen und Ingwer besteht. Während Sie die einzelnen Zutaten zerdrücken und zu einem Brei verrühren, sagen Sie wieder und wieder vor sich hin:

Er zu mir und ich zu ihm,
Daß wir immer eins bleiben.

Dann tun Sie die Mixtur in eine Phiole und geben bei nächster Gelegenheit ein Quentchen davon Ihrem Kandidaten in sein Getränk oder Essen. Sorgen Sie aber dafür, daß Sie bei der Zubereitung des Aphrodisiakums und wenn Sie es ihm ins Getränk oder Essen tun, die gehörige Konzentration aufbringen, sonst entfaltet es nicht seine volle Wirkung.

Ich kenne ein Mädchen, das so etwas wie eine Hexe ist, fest an Aphrodisiaka glaubt und sie auch benutzt. Sie ist etwas über Zwanzig, außergewöhnlich hübsch und hätte es darum eigentlich gar nicht nötig. Wie sie jedoch erzählt, gibt sie jedem Mann, der sie als möglicher Liebhaber ihre Phantasie anregt, schon gleich zu Anfang Aphrodisiaka zu essen oder zu trinken, um sicherzustellen, daß er an ihr interessiert bleibt. Sie fühlt sich nicht unsicher, was ihre Fähigkeit betrifft, mit einem Mann ein dauerhaftes Verhältnis einzugehen, sagt sie; aber da in der Liebe wie im Krieg alles erlaubt ist, gibt ihr das Aphrodisiakum einen Vorsprung vor dem Mann. Ich stimme ihren Argumenten bei. Alle Magie dient dazu, einem eine Art zusätzlicher Kontrolle oder Macht über jemand zu geben.

Meine Freundin erzählt, daß sie immer, wenn sie einen besonderen Gast hat, Tomaten zu den Getränken anbietet. Die Überlieferung will, daß Tomaten starke Liebesanreger sind (man nennt sie darum auch Liebesäpfel). Aber welche Macht Tomaten auch haben mögen, ich kann nicht für sie gutsagen: Scotch und Tomaten gehen für mich einfach nicht zusammen.

Was das Essen betrifft, so serviert meine Freundin einem Gast, an dem sie besonders interessiert ist, gedünstete Paprikaschoten mit Piment, in die sie als besonderen Pfiff noch schokoladeüberzogene Ameisen mischt. Sie nimmt die Ameisen so wichtig, daß sie Feinkostgeschäfte, in denen man welche kaufen kann, meidet und sie selber mit Schokolade überzieht.

Zum Kaffee und Kognak nach dem Essen bietet meine Freundin, wie sie sagt, Marihuana an, das sie selber züchtet. Das heißt, wenn sie ihren Gast auf der Stelle verführen will, tut sie das (aggressives kleines Biest!). Sie arbeitet auch mit Opiumpfeifen; ich schließe daraus, daß sie sich auskennt, wenn es zu wilden Liebes-Trips kommt. Einmal erwähnte sie auch noch andere, stärkere, ebenfalls aphrodisisch wirkende Drogen, spielte aber nur darauf an und sagte mir nicht, wie man sie braucht. Es waren gewisse, in allen Wäldern zu findende Pilze und eine Pflanzenart, die in der Gegend von Kap Cod wächst. Für die meisten viel zu gefährlich, meinte sie, und ich glaube ihr.

Es wäre vielleicht gut, wenn Sie sich angewöhnten, ständig das eine oder andere Aphrodisiakum bei sich zu tragen (stöhnen Sie nicht, schaffen Sie sich eine größere Handtasche an). Sie wissen nie genau, wen Sie plötzlich kennenlernen, und als Hexe müssen Sie auf alles gewappnet sein.

Aber tarnen Sie Ihre Aphrodisiaka so, daß Sie sie im gegebenen Augenblick Ihrem Patienten verabreichen können, ohne daß er Ihnen unbequeme Fragen stellt. Lernen Sie zum Beispiel Pfefferminzpastillen machen, unter Zusatz Ihres Aphrodisiakums natürlich, und tragen Sie immer einen kleinen Vorrat bei sich. Sollten Sie an einem regnerischen Abend mit einem attraktiven Mann unter einem Schirm stehen, bieten Sie ihm ein paar Pfefferminzpastillen an. Pfefferminzpastillen ißt beinah jeder.

Leeren Sie einige kleine Arzneikapseln und füllen Sie ein Aphrodisiakum hinein. Heute ist jeder mehr oder weniger pillensüchtig, und sollte Ihr reizender Mann mal niesen, holen

Sie Ihr Mittel hervor. Sagen Sie, es sei eine phantastische Anti-Schnupfen-Pille, und er klänge ganz, als ob er einen schlimmen Schnupfen kriegte.

Wenn er aufgesprungene Lippen, rauhe Hände oder einen Sonnenbrand hat, zücken Sie Ihre Pillen und sagen, es seien Vitamine, die Ihnen Ihr Hautarzt für Ihre gesprungenen Lippen, rauhen Hände oder den Sonnenbrand verschrieben habe, und sie hätten Ihnen über Nacht geholfen. Wird er da noch widerstehen?

Wenn Sie etwas für natürliche Narkotika übrig haben, tragen Sie immer das eine oder andere bei sich. Von einem pflanzlichen Mittel high zu werden, lehnt heute kaum noch jemand ab (mit chemischen Mitteln ist das anders, schon weil sie gefährlicher klingen). Die meisten narkotischen Pflanzen wirken ausgesprochen aphrodisisch (aber das brauchen Sie ihm ja nicht zu sagen).

Eines der Aphrodisiaka, die sich am besten in Kapseln füllen oder in Pfefferminzpastillen verarbeiten lassen, ist das folgende, von einem englischen Magier des 13. Jahrhunderts empfohlene: fein pulverisierte Schlangenhaut. (Es wird heute so viel Schlangenleder verarbeitet, daß überall leicht dranzukommen ist.) Der Autor empfiehlt, das Pulver in Kanariewein zu tun; aber wenn Sie gerade unterwegs oder im Kino sind, können Sie auch ein leichter zu beschaffendes Getränk nehmen. (Vergessen Sie nicht die gebotene Konzentration, wenn Sie die Schlangenhaut pulverisieren.)

Manchmal müssen Sie sich auch zu einem Kampf mit allen Finessen verstehen, um den Mann, hinter dem Sie her sind, zu verführen. Angenommen, er ist einer jener unterkühlten Junggesellen, die nur in einem Augenblick äußerster Schwäche heiraten, oder wenn der Vater des Mädchens bereit ist, ihn als Vizepräsident in seine Firma zu nehmen. Wenn solche Männer anziehend sind, sind sie für gewöhnlich von einem Schwarm williger Liebhaberinnen umgeben und können sich eine Heirat vorstellen erst, kurz bevor sie fünfzig werden. Wie dumm! Aber wenn Sie sicher sind, daß Sie sich mit einem derart verwöhnten (und meist auch eingebildeten) Mannsbild einlassen wollen, und wenn Sie keinen Vater haben, der bereit ist, ihn zum Vizepräsidenten von irgendwas zu machen, bleibt Ihnen nichts, als daß Sie sich daranmachen, ihn einzufangen.

Denn ihn einfangen werden Sie müssen. Sie müssen Ihr nirgendwo zu fassendes Exemplar vom Typ *homo sapiens* verzärteln und verhätscheln, das heißt ganz so behandeln, als sei er, um Sie mit seiner Gegenwart zu beehren, soeben vom Olymp herabgestiegen. (Haben Sie schon einmal daran gedacht, was es heißt, sitzen zu bleiben?) Dabei müssen Sie sich darüber klar sein, daß Ihre zarten Aufmerksamkeiten allein nicht die geringste Wirkung auf ihn haben werden, denn sein Harem behandelt ihn nicht weniger zart. Bleiben Sie trotzdem bei Ihrer Hätscheltaktik, wenn Sie ihn haben wollen; sie ist noch immer der beste Zug in diesem Spiel.

Natürlich müssen Sie es verstehen (und es sich irgendwie auch leisten können), sich hübsch anzuziehen und amüsante Sachen zu sagen. Die Konkurrenz ist hart, und wenn Sie die Grundregeln (ihn raffiniert verwöhnen, hübsch angezogen und charmant sein) nicht beherrschen, werden Sie ihn, ehrlich gesagt, wohl kaum kriegen. (Wie schön muß es sein, in einer Kommune zu leben und das ganze lausige Männerfangspiel zu vergessen!)

Wenn Sie trotzdem nicht aufgeben wollen und mit dem gesellschaftlichen Zauber einigermaßen zurechtkommen, kann das nachstehende Aphrodisiakum – vorausgesetzt, daß Sie's richtig zubereiten und dabei Ihre ganze Aufmerksamkeit auf sein Bild richten – den Kampf für Sie entscheiden.

Nehmen Sie eine Prise graue Ambra, eine halbe Prise Moschus und zwölf Apfelkerne. Zerstoßen Sie die Zutaten in einem Mörser und fügen Sie ein Viertelliter Rotwein hinzu. Kochen Sie das Ganze, bis drei Viertel der Flüssigkeit verdampft sind, und gießen es dann in eine verkorkbare Flasche. Verwenden Sie es in sparsamen Dosen in Gerichten wie klarer Fleischbrühe, süßen Getränken wie Ananassaft, oder Cocktails Pink Lady oder Banana Daiquiri.

Manche Mädchen behaupten, die beste Art zu leben sei die, so viele Männer zu haben, wie man Lust hat, aber ohne sich an einen von ihnen zu binden. Sie meinen, daß, wenn Sie eine Menge Männer haben, mit denen Sie regelmäßig ausgehen und die Sie in Bars, zum Essen, ins Kino, ins Theater einladen und zu Vernissagen mitnehmen, Sie nicht nur überall herumkommen, sondern auch annehmbare Liebhaber haben, wenn Sie Wert darauf legen. Ein solches Leben nimmt sich idyllisch aus, wenn Sie sie wirklich alle mögen und zu jedem von ihnen in einem freundschaftlichen, warmherzigen und uneigennützigen Verhältnis stehen.

Für gewöhnlich jedoch läuft dic Sache darauf hinaus, daß Sie in ein recht eigennütziges Tauschhandelsgeschäft mit Ihren Männern hineingeraten. Ihre Männer laden Sie ins Kino oder zu einem Drink ein, wenn sie danach mit Ihnen nach Hause kommen und mit Ihnen schlafen dürfen. Das ist ein entschieden unhaltbarer Zustand für Sie, es sei denn, Ihnen läge wer weiß was daran, ins Theater oder ins Kino zu kommen, und Sie wären nur zu glücklich, für den schönen Abend anschließend mit Ihren Reizen zu bezahlen. Wahrscheinlicher jedoch werden Sie zu der Einsicht kommen, daß Sie sich auf ein schlechtes Geschäft eingelassen haben. Sie sind sicher, daß Ihre Reize mehr wert sind als die fünf Dollar für das Bier in der Kneipe an der Ecke.

Darum ist es viel hübscher, wenn etwas Liebe mit hineinspielt. Sie haben dann nicht mehr den Eindruck, ständig zuviel zu geben und zuwenig dafür zu bekommen. Wenn an Ihren Beziehungen das Gefühl Anteil hat, können die mit Ihren verschiedenen Männern verbrachten Abende erfreulich, lohnend und erholsam sein, und Sie werden sich nicht mehr ausgenutzt fühlen, wenn Sie mit ihnen schlafen.

Verwenden Sie, um in Ihren Männern Liebe zu erwecken, das folgende Aphrodisiakum:

Mischen Sie ein Teil Zitronenöl mit einem Teil Patschuli. Geben Sie sechs Teile Alkohol und einige Blätter der Gartenraute hinzu. Nehmen Sie dann ein heißes Bad, so daß Sie rosig sind und dampfen, und reiben sich mit dem Parfum ein. Ihre Männer werden Sie faszinierend finden.

Ihre Liebesfähigkeit schützen

Viele der von Hexen und Magiern des vierzehnten und fünfzehnten Jahrhunderts überlieferten Rezepte sind, wie nicht anders zu erwarten, von Grund auf ekelhaft. Ich persönlich bin nicht der Meinung, daß man menschliche Exkremente zur Hilfe nehmen muß, um ein wirksames magisches Aphrodisiakum herzustellen; aber die Puristinnen unter den modernen Hexen meinen, man muß. Meine eigene Theorie geht dahin, daß die Kraft, der alle Magie ihre Wirkung verdankt, eine Form von ASW ist; von Zaubertränken und -sprüchen getragen, wird sie gebündelt und verstärkt. Die Traditionalisten dagegen meinen, daß die in Zaubern und Zaubertränken verwendeten Ingredienzien bereits als solche wirken, weil sie bestimmte Schwingungen abgeben; mit Hilfe von Beschwörungsformeln und starker Gefühlskonzentration werden diese Schwingungen dann dirigiert.

So kommen in alten Liebestränken oft so abscheuliche Zutaten wie Teile von menschlichen Leichen vor. Dem Glauben der Puristen nach hat nichts in der Magie größere Macht als Fleisch und Blut – insbesondere eines Menschen, der eines gewaltsamen Todes gestorben ist. Die Qualen, die Angst und der Haß des Sterbenden (meist ist es ein Kind) bleiben im Stoff seiner Leiche erhalten und werden mit dem Zaubertrank weitergegeben.

Ein aus dem fünfzehnten Jahrhundert überlieferter englischer Liebestrank basiert darauf, einem Erhängten, solange sein Körper noch warm ist und baumelt, den linken Zeigefinger abzuschneiden, ihn kleinzuhacken und mit Wermutblättern zu vermischen. Die kraftvollen Schwingungen dieses Lekkerbissens sollen die Potenz sichern und die süßen Qualen des Liebeskampfes verlängern.

Kaum weniger abstoßend ist ein klassisches Elixier zur Erhaltung Ihrer eigenen sexuellen Fähigkeiten, für den Fall, daß eine zufällig mit Ihnen bekannte und Ihnen übelwollende Hexe Sie plötzlich mit einem Zauber belegt hätte. Ein Magier und Alchimist des siebzehnten Jahrhunderts empfahl die Bereitung eines Tees, dem ein paar Tropfen Menstrualblut einer Jungfrau beigemischt wurden. Dieses Gebräu konnten Sie dann zum Abendessen trinken und wohlbehalten in die Zukunft sehen.

Eines der großen menschlichen Erlebnisse ist das Eintauchen in die süße Euphorie der aus zärtlicher Liebe geborenen sexuellen Vereinigung. Dann ist körperliche Liebe Glück, ein In-den-anderen-Eingehen oder Den-anderen-in-sich-Aufnehmen, ein warmes Geborgensein, eine sichere Zuflucht.

Und obwohl diese volkommene Vereinigung allen Liebenden erreichbar ist, gelingt sie leider keineswegs immer. Berge von Furcht stehen dem Liebeschenken entgegen, und um zur Liebe fähig zu sein, muß man der Liebe des anderen vertrauen und sich von ihm geliebt fühlen. Es ist nicht die Furcht, daß die Liebe des anderen zu Ihnen eines Tages aufhören könnte, es ist nur das Gefühl, im entscheidenden Augenblick wirklich geliebt zu werden. Und auch Ihr Liebhaber muß das Gefühl haben, daß Sie ihn lieben, da er nur frei sein kann, Sie zu lieben, wenn er frei ist von Furcht.

Wenn der Feind der vollkommenen Liebesvereinigung der Zweifel ist, müssen wir diesen Zweifel ausschalten. Und da immer schädliche Schwingungen am Werk sind, die diese Krankheit hervorrufen, müssen wir mit ihnen rechnen. Stellen Sie, bevor Sie Ihren Liebhaber empfangen, das folgende Parfum her und verbrennen es in Ihrem Schlafzimmer:

> *Nehmen Sie pulverisierten Moschus, Salz, Zibet, Sandelholz, und mengen sie sorgfältig durcheinander. Fügen Sie getrocknete Orangenblüten und Rosenblätter hinzu. Dann weihen Sie das Parfum, bevor Sie es brauchen, mit folgenden Worten:*

Herr des Himmels, der Erde
Und der weiten Wasser der See,
Heilige dieses Parfum,
So daß jeder, der es riecht,
Gereinigt wird von bösen Gedanken
Und einzig von Liebe träumt.
Segne die Blumen, die darin sind,
So daß ein Teufel, der ihren Duft einzieht,
Kein Unheil stiften kann.
Das erflehe ich von dir,
Herr des Himmels
Und der Erde
Und der weiten See.

Sie können sich jetzt sorglos Ihrer Liebe erfreuen.

Bei dem Geschrei, das um die moderne Frau und ihr angeblich problemloses Geschlechtsleben gemacht wird, könnte man meinen, soeben habe eine Wiedergeburt der Venus stattgefunden. Wenn man den Zeitungen und Zeitschriften Glauben schenkt, hat sich eine ganze Generation Frauen von den Moralvorstellungen ihrer Mütter abgewandt und zieht nun, büstenhalterlos, ent-viktorianisiert und demoralisiert, herum. Welch greulicher Unsinn! Es gibt heute genauso viele Nymphchen, die wohlverschlossene, aus den Ermahnungen ihrer Mütter gebildete Keuschheitsgürtel tragen, wie in früheren Zeiten. Sie sprechen nur nicht darüber – sexuelle Probleme zu haben, ist nicht *in*.

Machen Sie sich Spaß, machen Sie sich Spaß! Warum denn auch nicht? Es besteht kein Zweifel daran, daß Tausende von Frauen ihre Schuldgefühle überwunden haben und tatsächlich ihre Sexualität genießen. Das ändert jedoch nichts daran, daß bei weitem mehr Frauen den Kampf mit ihren Schuldgefühlen verlieren und – Schauspielerinnen wie ihre Mütter – trotzdem lächeln. Der Unterschied ist nur der, daß Frauen heute jede frigide Minute dieses großen Scheingefechts hassen – darin ungleich ihren Müttern, die ungeweckte Sexualität mit Respektabilität gleichsetzten.

Was für unglückliche Geschöpfe diese frigiden, „emanzipierten" Frauen doch sind! Während ihre Mütter nie mit sexueller Befriedigung rechneten und darum auch nicht enttäuscht waren, wenn sie ausblieb, rechnet die moderne frigide Frau damit; außerdem wagt sie, wenn sie enttäuscht wird, mit niemand darüber zu sprechen: es ist nicht mehr modern, frigid zu sein.

Für gewöhnlich wird bei solchen Störungen der Rat gegeben, zum Psychoanalytiker zu gehen; aber Psychoanalytiker sind teuer, und im allgemeinen ist unsere moderne emanzipierte Frau noch jung und kann sich das nicht leisten. Was also tun? Eine der größten unter den modernen Hexen schlägt vor, Verbenen zu nehmen und sie in einem weißen Seidenbeutel um den Hals zu tragen (sie schreibt ihnen die Kraft zu, die sexuelle Begierde zu steigern). Der Trick dabei ist natürlich der, daß, wenn Sie wissen, daß das Amulett wirken und (ungeachtet Ihrer Schuldgefühle) die Schleusen der Begierde öffnen wird, vorausgesetzt nur, daß Sie daran glauben, es auch tatsächlich wirkt. Frigidität hat (wie jede gute Hexe weiß) ihren Sitz in unserer Psyche.

Ihre Interessen zu sichern

Ich bin dafür, mich gegen Mißerfolge so weit wie möglich zu versichern. Wenn man etwas Neues wie die Zubereitung von Zaubertränken unternimmt, stehen die Chancen, daß man sie erfolgreich anwendet, so lange eher dagegen als dafür, bis man genügend Zeit und Energie mit Experimenten verbracht hat, die das Chancenverhältnis günstiger gestalten.

Das trifft auch auf die Herstellung magischer Aphrodisiaka zu. Sie müssen schon ein paar versuchen, um herauszubekommen, wie man sie zubereitet und anwendet, und dann müssen Sie noch ein paar Tricks lernen, um doppelt gesichert zu sein, wenn es darauf ankommt.

Nehmen wir einmal an, Sie hatten das Glück, einen phänomenalen Mann kennenzulernen und sich in ihn zu verlieben. Nehmen wir weiter an, daß Sie ihn zu sich eingeladen haben und, um sicherzustellen, daß sich daraus eine Liebesgeschichte entwickelt, die Überzeugungskraft eines Zaubermittels einsetzen wollen. Ich an Ihrer Stelle würde die Chancen zu erhöhen versuchen, indem ich einen oder zwei Liebeszauber ins Spiel brächte, ein wirksames magisches Aphrodisiakum zubereitete und mir, um ihn auf dreifache Weise auf Liebesgedanken zu bringen, auch noch ein aus aphrodisischen Gerichten bestehendes Essen ausdächte.

Fassen Sie beispielsweise als Hauptgang Boeuf Stroganoff, Lammkeule, eingemachten Fasan, Gans mit Pilzsoße oder junge Ente ins Auge (alles Gerichte, die die Potenz anregen). Auch Muscheln mit grünem Bohnensalat und als Dessert Baklava könnten Spaß machen (die Mittelmeervölker brauchen Honig schon seit langem als Stärkungsmittel). Auch Schellfisch oder etwas Amüsantes (aber schwer Aufzutreibendes) wie Seeohren wirkt aphrodisisch. Doch was immer Sie auftischen, vergessen Sie nicht, es reichlich mit Trüffeln zu garnieren, die schon seit Römerzeiten (wo man sie bei Orgien servierte) als zuverlässiges Stimulans galten.

Zwiebeln, Eier, Kokosnuß fördern alle süßes Schmachten; genauso die phallischste Frucht, die Banane. Rohe Zwiebeln, Blumenkohl und (natürlich) Wein haben ähnliche Wirkung, und ein ausgefallenes altes Rezept empfiehlt ein stärkendes Getränk aus Öl, Honig und geschabtem Bernstein (geben Sie es ihm, falls er dableibt, am nächsten Morgen). Ein anderes stärkendes Getränk, besonders vor dem Schlafengehen, ist eine Tasse Honig mit Datteln und Pinienkernen (beachten Sie: auf manche wirken Pinienkerne wie Ambrosia). Ein paar weiße Pfefferkörner oder eine Stange Zimt, wenn man sie kaut, haben galvanisierende Wirkung; desgleichen Weißwein mit Brennesselsamen. (Au!)

Von den aus dem Nahen und Fernen Osten stammenden Aphrodisiaka gehören einige, wie zu erwarten, zu den stärksten der Welt. Da ist beispielsweise der Mohn, der an den Hängen um Istanbul wächst (europäische Experten verbürgen sich für ihn). Auch Moschus und graue Ambra, wenn man sie in kleinen Dosen nimmt, verlängern die Dauer der Liebes-Trips (und auch hier stimmen die Experten überein). Streichen Sie sich, um die rechte Flirtstimmung herbeizuführen, etwas Moschus hinters Ohr: auch wenn Sie nicht nur eine Hexe wären, sondern sogar wie eine aussähen, würde kein Mann Ihnen widerstehen.

Bhang, das beliebteste indische Aphrodisiakum, besteht aus Hanfsamen, die man kaut und die einen langen, friedlichen und farbigen Rausch ergeben – nicht unähnlich dem des klassischen Aphrodisiakums, des Haschisch. Das japanische Lieblingsmittel ist *ninjin*; in Korea und China nimmt man Ginseng. Unsere eigenen Kanthariden (Spanische Fliege) gehören zu den besten Aphrodisiaka, die es gibt (aber seien Sie sehr vorsichtig mit der Dosierung, da zuviel davon zu Krämpfen und zu einem qualvollen Tod führen kann).

Wenn Sie sich tatsächlich an ihn heranmachen wollen, wäre es klug, für Ihren überstrapazierten Mann einige zum äußerlichen Gebrauch bestimmte Heilmittel bereitzuhalten. Wenn es junge Ente zum Essen gibt, heben Sie das Fett auf und kneten etwas Honig, Curry und Zucker hinein (als Duft geben Sie ein paar Tropfen Orangenöl oder Jasminessenz hinzu). Wenn er dann müde und erschöpft ist, wird er Ihr Einreibmittel zu schätzen wissen. Eine Mixtur aus zerstoßenen Gewürznelken, Ingwer, Olivenöl und frischgemahlenem Pfeffer ergibt ebenfalls eine anregende und wiederbelebende Salbe.

Sollten Sie aber im Lauf der Nacht die peinliche Feststellung machen müssen, daß *Sie* überstrapaziert sind, während Ihr Liebhaber allem Anschein nach noch lange nicht genug hat, können Sie, um seinen Eifer abzukühlen, ein Antiaphrodisiakum zusammenbrauen. (Zu einem derartig hinterlistigen Trick gehört natürlich Diplomatie; Sie dürfen ihm in keinem Fall sagen, was er da eigentlich trinkt, oder er wird einschnappen und beleidigt weggehen.)

Kein Mann jedoch wird an die Nebenwirkungen denken, die ein großes Glas Coca-Cola hat (Sie können ihm sogar sagen, es sei zu seiner Stärkung, und würden nicht einmal lügen). Ein frischgepreßter Fruchtsaft mit hohem Säuregehalt oder auch die Frucht selber werden ihn ebenso abkühlen wie ein Glas einfaches Eiswasser.

Wenn Sie ausgefallenere Antiaphrodisiaka wollen, können

Sie ein wohlschmeckendes Getränk herstellen, indem Sie gewöhnlichen grünen Salat oder (raffinierter noch)Gardenien in den Entsafter geben. (Wie paradox romantisch! Ich sehe Sie förmlich in Ihrem sommerlichen Penthouse-Apartment, wie Sie bei Sonnenaufgang über die Terrasse schweben, um von einem Gardenienstrauch Blüten zu pflücken. Daraus bereiten Sie dann einen Zaubertrank, seine Leidenschaft zu töten. Hexen müssen so was manchmal.) Weiße Nelken haben ebenfalls antiaphrodisische Wirkung; Sie können entweder den Saft auspressen oder sie ganz in ein Schwenkglas mit Eiswasser tun (wie dekorativ! wird er denken). Sie können auch aus einer Mischung von Orangen- und Zitronensaft, der Sie Grapefruitscheiben und Kirschen hinzufügen, ein köstliches niederschlagendes Getränk bereiten oder, wenn Sie sich noch stark genug fühlen, ein paar Sassafrasblätter pflücken und daraus einen starken Tee kochen. Senfkörner in Pfirsichsaft geben der Sache erst Pep (und ihm kaufen sie den Pep ab); genauso eine Tasse dicken schwarzen Kaffees.

Wenn ihn auch eine Kombination der gerade angeführten Antiaphrodisiaka nicht abkühlt, ist er wahrscheinlich ein Casanova, und dann kann nur eine gründliche Analyse oder ein machtvoller Zauberspruch seine Leidenschaft brechen. Jetzt haben Sie ihn am Hals, es sei denn, Sie erzählten ihm, daß Sie ihn mit allen möglichen Antiaphrodisiaka gefüttert haben. Diesen Wink wird er verstehen und gehen!

Gibt es etwas Schöneres in unserer betriebsamen Zeit als zwei oder drei freie Tage, die Sie mit dem Mann, den Sie lieben, verbringen können, wie und wo Sie wollen? Stellen Sie sich zum Beispiel eine sonnen- und mondbeschienene Bucht vor, mit einem komfortabel eingerichteten Haus, in das das Geräusch der Brandung und das Geschrei der Seevögel dringt, und außer Ihnen beiden niemand, die Sommernacht mit Gelächter zu stören.

Oder stellen Sie sich einen im Wald gelegenen stillen Teich vor, mit einem kleinen Haus und rings herum Blumen, und mittags zirpen die Grillen, und abends flöten die Amseln. Sie können dort stundenlang unter den Kiefern liegen, und in dem morastigen Wasser am Ufer können Sie Krebse fangen, und niemand stört Sie, wenn Sie morgens nackt schwimmen.

Auch in der Stadt, in Ihrer oder seiner Wohnung, erwarten Sie Freuden: Sie können den ganzen Tag herumliegen, lesen, Platten hören und sich chinesisches oder italienisches Essen bringen lassen. Sie können sich gegenseitig den Rükken mit Rosenwasser abreiben und ein mit Moschusöl parfümiertes Bad nehmen. Nichts zwingt Sie, aus dem Haus zu gehen: Nur essen, schlafen und zusammen sein.

Ganz gleich, wo immer Sie die Bühne für Ihre Liebe aufschlagen, Ihre Tage und Nächte werden aufs glücklichste ineinander verschmelzen, freudiges Miteinander-Schlafen wird das Zentrum Ihrer gemeinsamen Welt sein. Um sicherzustellen, daß keiner von Ihnen ermüdet und sich von diesem glücklichsten aller Zeitvertreibe zurückzieht, stellen Sie nachstehendes Aphrodisiakum her und nehmen es täglich mindestens einmal:

Kochen Sie drei Eier genau drei Minuten lang. Wenn sie fertig sind, vermengen Sie sie mit drei Eßlöffel Melasse. Dann essen Sie das Ganze zu geschrotetem Mais (aber vorsichtig mit dem Mais, sonst haben Sie keinen Platz mehr für den Eier-Melasse-Papp), und die Kraft zu süßen Spielen ist für den ganzen Tag gesichert.

Es wird behauptet, daß der Schmerzensschrei einer Alraune, die man ohne besondere Vorkehrungen aus dem Boden zieht, Ihnen das Herz bricht und Sie für immer verflucht sind. Wenn Sie jedoch mit der Spitze einer Weidenrute drei Kreise um die Pflanze ziehen und einen schwarzen Faden daranknüpfen, dessen anderes Ende Sie an das Halsband eines weißen Hundes oder das Joch eines Ochsen binden, sind Sie vor ihrer Verwünschung sicher, da das Tier sie auf sich nimmt. Sie werden gleichzeitig der Besitzer des vielleicht machtgeladensten Krautes in der ganzen Magie.

Die Alraune ist ein literarisches, ein gebildetes Kraut. Ihr Stammbaum ist tadellos, ihr Siegel riesig, und man trifft sie immer in den besten magischen Kreisen. Shakespeare hat über sie geschrieben, wie die meisten anderen großen Dichter auch, und ganze Bücher beschäftigen sich damit, ihre Rolle und Bedeutung in der Literatur zu untersuchen.

Den Spezialisten auf diesem Gebiet zufolge ist der Grund für die allgemeine Alraunomanie der, daß die Alraune, weil sie dem Menschen ähnelt, dem Einfluß außerweltlicher (meist böser) Geister ausgesetzt ist, und eine Pflanze, der diese Art von dämonischer Macht eignet, ist natürlich auch magisch wirksam.

Wenn Sie selber Alraunen ziehen wollen, müssen Sie wissen, daß es, magisch gesehen, zwei Arten gibt: männliche und weibliche. Sie sind hinter der weiblichen Art her, da deren Wurzel gespalten ist und wie ein Paar menschlicher Beine aussieht. Die männliche Spielart hat im Unterschied dazu nur eine einzige Wurzel. Vielleicht wollen Sie aber auch die ziehen, weil, der Legende zufolge, ihre Blätter, wenn man sie kaut, Visionen und religiöse Erfahrungen und andere Entzückungen hervorrufen. Mit der Wurzel, gleichviel welchen Geschlechts, seien Sie bitte vorsichtig, da die Alraune eine magische Pflanze ist, deren Mißbrauch zu Tobsucht, Geisteskrankheit und einem schrecklichen Tod führen kann.

Behandeln Sie Ihre Alraune gut, und sie wird sich als zuverlässiges, Sie vor jedem Ungemach bewahrendes Amulett erweisen. Sie wirkt auch als starkes Aphrodisiakum, wenn Sie sie pulverisieren und ein kleines bißchen davon in ein Glas Wein geben.

Drittes Kapitel

Wahrsagekunst

Ist es möglich, fragen wir uns, daß anscheinend zufällige Veränderung in unserem eigenen und im öffentlichen Leben in Wahrheit keineswegs zufällig, sondern Teil eines zusammenhängenden großen Plans in kosmischem Maßstab sind? Ich weiß, die Theorie der Prädestination! Diejenigen von uns, die außerhalb des Einflusses einer kodifizierten und organisierten Religion stehen, erklären oft, daß Begriffe wie „Gott“ und „Prädestination“ lächerlich seien und das Leben keinen anderen Sinn habe, als eben Leben zu sein. Leben um des Lebens willen! Es *gibt* Leben, und damit hat's sich.

Aber dann machen Sie Bekanntschaft mit der Astrologie und stellen fest, daß Horoskope viel von dem, was sich in einem Leben ereignet, mit erstaunlicher Genauigkeit vorauszusagen imstand sind. Diejenigen, die nicht an Prädestination glauben, stehen daraufhin da und fragen sich, wie alle anderen auch, ob sie denn nun wirklich alles wissen.

Die ganze Menschheit ist mit dem großen Fragespiel nach ihrem Ursprung beschäftigt. Als ob uns ein unbekannter Gastgeber auf seinen wunderschönen Landsitz – die Erde – eingeladen hätte, und sich noch immer nicht gezeigt und uns gesagt hat, wer er ist und warum er uns hier versammelt hat.

Wer könnte dieser sehr reiche und mächtige Gastgeber sein? fragen wir uns. Ist er ein Voyeur, der zu seinem Amüsement auf einem verborgenen Monitor unsere Possen beobachtet? Hat er vergessen, daß er uns eingeladen hat, und wir laufen hier herum ohne jeden Zweck? Oder beabsichtigt er, zu erscheinen, sich für sein Zuspätkommen zu entschuldigen und uns den Grund für seine Einladung zu verraten?

Wer kann das wissen? Nur über eins sind wir uns im klaren: diese Party ist alles andere als nur Vergnügen und Spiel. Menschen werden getötet; manche werden vor Furcht und Hunger wahnsinnig. Niemand weiß, was morgen sein wird, aber die Theoretiker versuchen es herauszubekommen. Wir haben Computer programmiert, Horoskope zu stellen. Unter den Spiritisten gibt es Medien, die Ihnen sagen können, daß, wenn Sie nach Hause kommen, zwei wichtige Briefe auf Sie warten, und wenn Sie nach Hause kommen, sind tatsächlich zwei wichtige Briefe im Kasten.

In den Kulturen des Nahen und Mittleren Ostens gab es geborene Wahrsager, die aus den Eingeweiden der Tiere die Zukunft lesen konnten. Sie glaubten, daß Zustände auf Erden den Willen der Götter im Himmel verkündeten. Beispielsweise konnten sie aus Färbung und Zeichnung einer Schafsleber ersehen, ob die Götter einem Unternehmen günstig gestimmt waren. Nichts in der Welt war für sie ein zufälliges Ereignis, nicht einmal die Geräusche, die ein Magen macht (diesen Zweig der Wahrsagekunst nannte man Gastromantik). Jedes Geschehen war für den Wahrsager Teil des natürlichen Weltplans und konnte benutzt werden, um zukünftige Ereignisse vorherzusagen, weil die Zukunft ja auch ein Teil des Plans ist. Prädestination! (Der Wahnsinn unseres Gastgebers könnte Methode haben. Aber wer und wo ist er?)

Später, in Europa, entwickelten sich Zigeuner und Bauern zu Adepten der Wahrsagekunst, und einige ihrer Methoden lassen sich bis in die Antike zurückverfolgen. In allen alten Kulturen des Mittleren Ostens las man die Zukunft aus dem Wasser (ein Brauch, der sich noch heute bei Orientalen findet). Selbst der moderne Magier blickt tief in ein wassergefülltes Gefäß, während ihm sein Kunde Fragen über die Zukunft stellt. Dann spricht er seine Zauberformeln, und ein Zeichen auf der Oberfläche des Wassers liefert die Antwort (wie beim Lesen aus den Teeblättern). Eine Abwandlung dieser Methode findet sich im römischen Rezept für eine Liebesprognose; es besagt: Wenn ein Mädchen wissen will, ob ihr Mann reich sein wird, soll sie in Rotwein baden und auf dem Grund der Wanne nach der Vision einer goldenen Morgendämmerung Ausschau halten.

Bei den folgenden Methoden, die Zukunft zu erraten, braucht man weder die Hilfe eines Altphilologen, noch eines Zauberers, noch eines Zigeunerexperten, obwohl einige davon gemeinsam mit anderen Hexen probiert werden sollten. Da die meisten Hexen, die ich kenne, am meisten daran interessiert sind, zu erfahren, wer ihr Mann oder Liebhaber sein wird, beschäftigen sich die meisten Zeremonien mit Sachen des Herzens. (Es wäre ja auch deprimierend, durch Wahrsagerei zu entdecken, daß Sie oder Ihre beste Freundin nur noch sechs Monate zu leben haben.)

Denken Sie daran, Ihr Wahrnehmungsvermögen aufs äußerste zu schärfen, wenn Sie Wahrsagekunst treiben, und hüten Sie sich davor, sich nicht mehr für sich verantwortlich zu fühlen, wenn Sie etwas erfahren, das Ihnen nicht gefällt. Wenn Ihnen bestimmt ist, einen Alkoholiker oder Rauschgiftsüchtigen zu heiraten, und Sie nicht alles tun, um zu vermeiden, daß Sie solche Leute kennenlernen, sind Sie selber schuld, wenn Sie einen heiraten.

Wie man die Gabe erwirbt

So merkwürdig es auch erscheinen mag, nicht jeder möchte die Geheimnisse der Zukunft wissen. Eine Freundin von mir drückte es einmal so aus: „Es ist wunderbar zu erfahren, daß dir wunderbare Dinge geschehen werden. Wenn du zum Beispiel wüßtest, daß du eines Tages reich sein wirst oder daß das Buch, an dem du gerade schreibst, veröffentlicht werden und dir einen Auftritt in der abendlichen Fernsehschau eintragen wird, würde dir das sicher einen gewaltigen seelischen Aufschwung geben.

Nehmen wir aber einmal an, du entdeckst, daß du die nächsten Jahre nicht nur Geldschwierigkeiten haben wirst, sondern daß auch die Zeit, die du auf dein Buch verwendet hast, verschwendet sein wird, weil es nie erscheint: wird dich das nicht so beeinflussen, daß, gleichviel wie fest du auch dazu entschlossen sein magst, das Buch trotzdem weiterzuschreiben und ein gutes Buch daraus zu machen, deine Depression über die Fruchtlosigkeit deiner Arbeit auf das Buch abfärbt und es *kein* gutes Buch und *deshalb* nicht veröffentlicht werden wird?"

Gegen ein so wohlüberlegtes Argument zu streiten, ist schwer. Die Menschen reagieren verschieden auf schlechte Nachrichten. Natürlich möglich, daß, wenn Sie erfahren, daß Ihr Buch nie erscheinen wird, Sie das dahinbringt, die Prophezeiung wahr werden zu lassen. Andererseits gibt es auch Schriftsteller, die, um gegen ihr vermutliches Mißgeschick anzukämpfen, in diesem Fall nur um so härter arbeiten würden. Worauf meine Freundin fragt: „Aber wenn Vorhersagen sich nicht zu erfüllen brauchen, welchen Sinn hat es dann überhaupt noch, zu erfahren, was die Zukunft für einen bereithält?"

Meine Antwort geht dahin, daß das Wissen um das, was die Zukunft für einen bereithält, einem helfen kann, einen bestimmten Kurs einzuschlagen. Sagt die Prophezeiung, Ihr Buch werde keinen Erfolg haben, und Sie fahren fort, es so zu schreiben wie bisher, wird es sich sicherlich nur schlecht verkaufen. Wenn Sie sich dagegen ernsthaft seine Mängel klarmachen und es noch einmal neu schreiben, haben Sie aus der Prophezeiung gelernt, und es gibt keinen Grund, warum sie wahr werden sollte. Zu wissen, was die Zukunft für Sie bereithielt, hat sich als hilfreich erwiesen und Ihnen zu Erfolg verholfen; das Bewußtsein drohenden Unheils hat dazu gedient, ihm zu entgehen.

Wahrsagekunst beruht, den Alten zufolge, auf einer Technik, die man lernen kann. Wenn Sie die Zungen von sieben Schlangen essen, die man ihnen herausgeschnitten hat, gleich nachdem sie erschlagen wurden, werden Sie die Gabe der Weissagung erlangen. (Augen zu und runter damit!)

Prophetische Träume

Was für eine Art von Mann werden Sie sich zum Heiraten aussuchen? Wenn Sie nicht in Panik geraten und den ersten besten heiraten, der Ihnen einen Antrag macht, nicht weil Sie ihn lieben, sondern meinen, ihn lieben zu *können*, wird Ihr Instinkt Sie wahrscheinlich eine angemessene Wahl treffen lassen. Nur zu oft suchen sich Mädchen ihre Männer nicht aus, sondern finden sich mit ihnen ab, wobei sie noch glauben, in bezug auf Liebe und Ehe einen abgeklärten und realistischen Standpunkt einzunehmen. Diese Mädchen sehen nicht, daß in so gefühlsbetonten und unrealistischen Dingen wie Sich-Verlieben und Heiraten realistisch sein wollen dem fruchtlosen Versuch gleicht, ein rundes Loch mit einem Vierkantzapfen zu verstopfen. Realismus und Liebe passen nun einmal nicht zueinander. Kein Zweifel, anfänglich starke Leidenschaft nimmt in der Ehe ab; aber sie wird durch andere, nicht weniger starke Leidenschaften ersetzt, die sich ebenso der Analyse entziehen wie alles andere, das einem das Herz bis zum Hals schlagen läßt. Wenn also ein Mädchen die Ehe mit einem vagen Ihren-Mann-Mögen und nicht mit heißer Liebe zu ihm beginnt, in was soll sich dann ihr Gefühl später verwandeln?

Allzu oft wird die Antwort heißen müssen: in nichts. Sie empfindet, so oder so, nichts für ihn. Wenn er sie bäte, sich scheiden zu lassen, würde sie wahrscheinlich, ohne Theater zu machen, einwilligen. Wenn ihr ein aufregender Mann begegnete, würde sie sich wahrscheinlich mit ihm auf eine Affäre einlassen und keine andere Gewissensregung dabei empfinden als eine aus dem Sechsten Gebot herrührende leichte Hemmung. *Kein* Gefühl verwandelt sich nur zu leicht in ein Gefühl des Widerwillens – nur noch mürrisch kümmert man sich um Abwasch, Wäsche, Haushalt und Kinder. Mürrischkeit aber macht, ähnlich wie Geiz, eine Frau zänkisch und gemein, und jedermann in ihrer Umgebung leidet darunter.

Vergewissern Sie sich, daß Sie Ihren Mann lieben, bevor Sie ihn heiraten. Vergewissern Sie sich, daß Sie genau das fühlen, wovon Ihre Mutter immer sprach: „Wenn er dir über den Weg läuft, weißt du sofort, daß er der Richtige für dich ist.“ Und es ist tatsächlich ein (tiefinneres) Wissen; Sie brauchen also keine Angst zu haben, daß Sie's vielleicht nicht merken. Damit Sie eine Idee bekommen, wie Ihr zukünftiger Mann aussieht, und nicht so töricht sind, einen blonden Mann zu heiraten, wenn die Zukunft für Sie einen brünetten bereithält, befolgen Sie nachstehendes Ritual:

Leihen Sie sich am Sankt-Andreas-Abend, am 29. November, von einer verheirateten Nachbarin eine Tasse Wasser und fügen Sie etwas Erde, die Sie dem Boden am Fuß einer Eiche entnehmen, sowie zwei Birnenkerne hinzu. Gegen Mitternacht trinken Sie dann die Mixtur und gehen zu Bett: Ihr Zukünftiger wird Ihnen im Traum erscheinen.

Fürchten Sie, sich an Ihren Wahrsagetraum, nachdem Sie sich so viel Mühe gemacht haben, vielleicht nicht erinnern zu können? Obwohl die meisten von ihren allnächtlichen Träumen am nächsten Morgen nichts mehr wissen: prophetische Träume sind – darin Albträumen ähnlich – so lebhaft, daß Sie keine Schwierigkeit haben werden, ihn sich ins Gedächtnis zurückzurufen.

Die Forschung beschäftigt sich zur Zeit sehr stark mit Traumproblemen; die aufregendsten Experimente in dieser Hinsicht führt das Maimonides-Hospital in Brooklyn durch. Die Wissenschaftler dort untersuchen im Traumlaboratorium, wie oft Träume telepathisch erzeugt werden, und es scheint, daß das tatsächlich bei einem hohen Prozentsatz der Fall ist; schlafende Personen greifen regelmäßig Gedanken auf, die die Wissenschaftler ihnen suggerieren.

Vor dem Schlafengehen eine Wahrsagezeremonie vollführen, trägt zur allgemeinen Bewußtseinserweiterung und zur Steigerung der Sensibilität bei. Solche Zeremonien verlangen äußerste, auf die Zukunft gerichtete Konzentration, durch angestrengtes Denken und ihr eigenes Drum und Dran. Wenn Sie zu Bett gehen und Ihr Geist auf den Empfang von Traumbotschaften programmiert ist, werden Sie wahrscheinlich auch welche empfangen. Wenn Telepathie Einfluß auf einen Schläfer hat, so auch Hellsichtigkeit und Vorherwissen, die denselben Quellen entspringen. Eben um Vorherwissen aber – was sich in der Zukunft ereignet – geht es bei der Wahrsagerei. Nehmen Sie, um im Traum Ihren zukünftigen Mann kennenzulernen, folgende alte französische Zeremonie vor:

Lassen Sie ein Bad einlaufen und setzen Sie ihm Verbenen- und Weißdornblüten zu. Überlassen Sie sich ganz dem Bad und seinem Duft. Lassen Sie sich – Leib und Seele – von diesem Duft durchdringen und lassen Sie Ihre Gedanken treiben und sehen Sie ihnen wie von oben zu. Wenn Sie anfangen, schläfrig zu werden, sich aber noch immer in jenem glückseligen Trancezustand befinden, trocknen Sie sich ab und reiben Rosenwasser auf Ihre Brüste. Dann legen Sie sich ins Bett und sagen:

Komm, mon amour,
Erfüll meine Träume mit dir,
Zeig mir heut nacht dein Gesicht;
Ich gebe mich dir,
Wenn wir nächstens uns treffen;
Sei mein heute nacht.

Der beste Abend für ein Mädchen, um zu entdecken, wer ihr zukünftiger Mann sein wird, ist, englischer Überlieferung zufolge, der 20. Januar, der Sankt-Agnes-Abend. Man kann an ihm englische Mädchen so verrückte Dinge tun sehen, wie im Mondlicht auf Händen und Knien auf verschneiten Feldern herumkriechen, um Wintergras zu sammeln, oder nackt im dunklen Busch herumtollen (allerdings nicht lange in der Winterkälte) und Zaubersprüche leiern, um die gute Heilige zu verlocken, ihnen im Traumgesicht die ihnen bestimmten Männer zu zeigen. Von Kerzenlicht erhellte Küchen, in denen Kessel mit Zaubersuppen dampfen, sind der Schauplatz anderer Versuche, die Heilige zu einem Dienst zu überreden, und die Kirchen sind an diesem Abend voll mit hübschen Mädchen, die direkt das Gipsbild der Heiligen anflehen. In der ihr gehörenden Nacht ist die heilige Agnes, ebenso wie der heilige Nikolaus, ein vielbeschäftigter Geist, und es ist ein Wunder, wie sie's fertigbringt, einer so großen Zahl von Mädchen gute Dienste zu leisten.

Die jungen Wahrsagerinnen, die den besten Zauberspruch kennen, die Aufmerksamkeit der heiligen Agnes zu erregen, sind natürlich die ersten, die drankommen. Wie immer in der Magie, ist das Mittel, durch das die konzentrierte Geisteskraft eine Antwort provoziert, auch hier die Zeremonie. Dabei hilft ein bewährtes Ritual der Hexe besser, die nötige große Kraft aufzubringen, als eins, das sie sich selber Punkt für Punkt ausdenkt.

Wenn Sie etwas über Ihren zukünftigen Mann erfahren wollen, dann befolgen Sie das nachstehende Sankt-Agnes-Abend-Rezept, das mir eine Hexe in London mitgeteilt hat:

Bringen Sie in einem Topf Salzwasser zum Kochen und

werfen Sie drei Knoblauchknollen hinein. Lassen Sie den Knoblauch eine halbe Stunde ziehen und nehmen ihn dann heraus. Essen Sie von jeder Knolle eine Zehe und nehmen Sie den Rest mit ins Bett (am besten tun Sie das nasse Zeug vorher in eine Plastiktüte). Dann legen Sie sich hin; aber bevor Sie einschlafen, sprechen Sie folgende Worte:

Liebe St. Agnes, hör mein Flehn.
Knoblauch hält Böses von dir fern.
Besuch mich mit einem Traum heute nacht
Von meinem geliebten zukünftigen Mann.
Liebe St. Agnes, erhör mein Flehn.

Dann warten Sie auf die Heimsuchung.

Es könnte sein, daß Sie gar nicht so schrecklich daran interessiert sind, wie Ihr zukünftiger Mann aussieht, wohl aber, welchen Beruf er haben wird. Werden Sie einen Klempner, einen Ingenieur, einen Berufsboxer, einen millionenschweren Playboy heiraten?

Da Sie eine Hexe sind, ist die Skala der Berufe, die Ihr zukünftiger Mann haben kann, endlos. Auch wenn Sie in einem Getto aufgewachsen sind, ob es nun ein Slum- oder ein Villenviertel war, besteht kein Grund, sich dadurch festgelegt zu fühlen. Wenn Sie eine arme Hexe sind, können Sie sich einen Bankpräsidenten aussuchen; sind Sie eine reiche Hexe, können Sie einen Rock-Sänger heiraten. Einfach jeder, den Sie wollen, liegt in Ihrer Reichweite, wenn Sie Zauberei anwenden.

Um nun herauszubekommen, was die Zukunft für Sie in

puncto Mann bereithält (und vergessen Sie nie, daß Ihre unmittelbare Zukunft sich ändert und verbreitert in direktem Verhältnis zu dem, was Sie aus sich machen), gibt es noch eine andere alte Weissagetechnik. Da es eine sehr alte Technik ist, verfügt sie natürlich über keine Symbole dafür, ob (oder ob nicht) es beispielsweise ein Großgrundbesitzer ist, und das gilt auch für die tausend anderen lukrativen modernen Berufe. Ich mußte darum ein bißchen improvisieren und habe, so gut ich konnte, einige der Symbole für Sie interpretiert (Musik z. B. steht zweifellos für einen Pianisten oder einen Rock-Musiker).

Gehen Sie zu einem Juwelier und kaufen Sie sich einen Schlüssel aus echtem Gold. Hängen Sie ihn an eine Goldkette und stecken ihn sich, kurz bevor Sie schlafen gehen, in den Mund. Wenn Sie von Reichtum träumen, werden Sie einen reichen Mann heiraten; von einer Kirche, einen Pfarrer; von einem Marktplatz, einen Obsthändler; von einer Schlacht, einen Soldaten; vom Fliegen, einen Verkehrspiloten; von Musik, einen duften Musiker.

Wenn Ihnen der Beruf, den die Weissagung Ihrem zukünftigen Mann zuschreibt, nicht gefällt, sollten Sie sich aufraffen und etwas Hexenkunst an sich selber üben, um Ihre Möglichkeiten zu verbreitern und Ihre Ziele höherzuschrauben.

Manchmal sieht es aus, als ob alle, die Sie kennen, plötzlich heirateten. Ihre beste Freundin hat gerade angekündigt, daß sie, statt durchzubrennen, wie sie immer wollte, eine ganz große Hochzeit haben werde – mit zehn Brautjungfern und anschließend einem Riesenempfang. Fabelhaft! Genau das, was Ihnen noch fehlte. Natürlich hat sie Sie als erste Brautjungfer gebeten, und das heißt, daß Sie die ganze Zeremonie, einschließlich des Empfangs, lächelnd über sich ergehen lassen müssen.

Und dann kamen Einladungen zu noch zwei Hochzeiten. Außer Ihnen werden alle dieses Jahr in ein eigenes Haus ziehen, und Sie haben nicht einmal eine Aussicht in dieser Beziehung. Natürlich könnten Sie eine schwarze Zauberhandlung vornehmen und, damit Sie nicht allein zurückbleiben, die glücklich verlobten Paare auseinanderbringen; aber das wäre ein bißchen hart. Oder Sie könnten sagen, daß Sie eine Reise um die Welt machen wollen und gar nicht im Land sein werden, wenn die jeweilige Hochzeit stattfindet – das würde Ihre verlobten Freundinnen sicher eifersüchtig machen, und Ihnen würde es die Qual ersparen, sie glücklich auf Hochzeitsreise gehen zu sehen. Sie könnten auch Ihre Koffer packen, nach New York fahren, sich einen Job suchen und eine lustige Junggesellin werden. Das heißt, vielleicht auch eine verbitterte Junggesellin oder, noch schlimmer, Alkoholikerin oder rauschgiftsüchtig. Alles ist möglich. Aber Himmel noch einmal ...

Das beste, was Sie tun können, ist doch wohl, den Kloß, der Ihnen im Hals steckt, herunterzuschlucken, sich mit Ihrem Schicksal abzufinden (durchaus denkbar, daß es interessanter ist als das übliche Leben mit eigenem Haushalt und Kindern) und im übrigen an den Hochzeiten Ihrer Freundinnen teilzunehmen. Immerhin haben Sie als erste Brautjungfer Ihrer besten Freundin eine gute Chance, ihren Hochzeitsstrauß zu fangen – besonders wenn Sie sie ein bißchen bestechen.

Außerdem bekommen Sie auf Hochzeiten Gelegenheit, jene Schachteln mit Hochzeitskuchen zu sammeln, die die Braut ihren Gästen mitgibt, damit sie darauf schlafen. Manchen Leuten kommt dieser Brauch komisch vor, einer alleinstehenden Hexe nicht. Sie weiß, daß Stücke von diesen Kuchen in der Geschichte der Wahrsagekunst eine wichtige Rolle spielen. So haben Bauernmädchen der verschiedensten europäischen Länder seit langem mit Brautkuchenzeremonien wie der folgenden etwas über ihre zukünftigen Männer zu erfahren versucht:

> *Wenn Sie auf einem Stück Brautkuchen schlafen (legen Sie es unter Ihr Kopfkissen), werden Sie von Ihrem zukünftigen Mann träumen. Oder lassen Sie sich, wenn Sie sie dazu bringen können, von Ihrer Mutter (oder einer verheirateten Freundin) die Hälfte mit den Fingern in den Mund stecken. Die andere Hälfte wickeln Sie in ein weißes Seidentuch und legen sie unter Ihr Kopfkissen. In der Nacht werden Sie dann von Ihrem zukünftigen Mann träumen. (Ich selber ziehe die letzte Zeremonie vor, da die Vibrationen durch das Füttern verstärkt werden.)*

Was Hexerei angeht, bin ich eine Einzelgängerin. Um einen Zauber zu wirken, ziehe ich die Abgeschlossenheit meines Zimmers und das Alleinsein einem verlassenen Friedhof und der Gesellschaft einer Schar von Freundinnen vor. Ich finde, daß ich zu stark abgelenkt werde, wenn ich mit anderen zusammenarbeite: Der Anblick der nackten Joan zum Beispiel, wenn sie, um den Teufel zu beschwören, daß er einen ihrer Feinde töte, ekstatisch einen Grabstein umarmt und den Mond anheult, wirkt auf mich umwerfend komisch. Das Schauspiel ist zu real; es rüttelt mich wach, und ich denke: Das kann sie doch nicht im Ernst tun! Im gleichen Augenblick aber ist für mich der Zauber gebrochen, und ich bin von keinerlei Nutzen mehr für die magischen Vorhaben der Gruppe. Ich werde sogar regelrecht zum Bremsklotz. Ich habe daraus die Konsequenz gezogen, nicht mehr hinzugehen, wenn mich die Versammlung zum Sabbat einlädt.

Aber ich kenne eine Menge Frauen, die geradezu wild auf solche Zusammenkünfte sind. Suzette, eine meiner besten Freundinnen, zum Beispiel erklärt, daß ihre Kräfte sich erst auf Sabbaten richtig entfalten und daß sie erst dann imstand ist, ihren Willen mit der Präzision eines Laserstrahls ins Ziel zu richten. Da ihr Wille jedoch bemerkenswerte Kraft hat, frage ich mich manchmal, ob sie nicht unbewußt mehr der Geselligkeit wegen an solchen Zusammenkünften teilnimmt. Suzette ist eine Hexe, die einem Feind, der zum Schilaufen geht, aus dem Handgelenk ein gebrochenes Bein anwünschen kann und so gut wie immer mit ihren Rachegelüsten Erfolg hat. Sie verfügt über den machtvollsten bösen Blick, den ich je gesehen habe.

Aber für weniger begabte Hexen und für Anfängerinnen hat Gruppenmagie schon ihren Sinn. Es kann kein Zweifel bestehen, daß, wenn mehrere Geister den gleichen Gedanken projizieren, sie leichter eine Zauberwirkung zustande bringen als ein einzelner, der noch nicht geschult genug ist, seine Kräfte entsprechend zu steigern. Nachstehend eine Gruppenzeremonie, um zu erraten, wer Ihr zukünftiger Mann sein wird:

Gehen Sie schweigend mit ein paar Freundinnen bei Vollmond auf eine Wiese, setzen Sie sich im Kreis und zünden Sie auf einem Silberteller Lorbeerblätter an. Wenn die Blätter brennen, muß jede von Ihnen eine Ringelblume in die Flamme werfen. Gehen Sie dann, noch immer schweigend, nach Haus und legen Sie sich ins Bett. In der Nacht wird jede von Ihnen von ihrem zukünftigen Mann träumen.

Eine der traurigen Begleiterscheinungen des Verheiratetseins ist die, daß man sich nicht mehr, wie früher, auf gelegentliche Liebesbriefe freuen kann. Keine Päckchen abgegriffenen Papiers mehr, die man mit einem Seidenband verschnürt, in eine Seifenschachtel tut und wegschließt. Kein Träumen mehr über Sätzen, die Ihr Herz Purzelbaum schlagen lassen und Ihnen das Blut in die Wangen treiben. Keine Nachtstunden mehr, um sich den Kopf zu zerbrechen, was man antworten soll, während man sich doch eigentlich dem Schönheitsschlaf hingeben sollte. Und, ganz traurig, keine Seelenfreundinnen mehr, die seine überschwänglichen Beteuerungen mit Seufzern oder mit Kichern begleiten.

Einem liebgewordene Liebesbriefe weiß man irgendwie immer auswendig. Als ich, in einem Augenblick äußerster Niedergeschlagenheit, einmal zu dem Schluß kam, daß Verheiratetsein offenbar nur etwas für andere Frauen, nicht aber für mich sei, fielen mir plötzlich ein paar Zeilen aus einem alten Liebesbrief ein. Er stammte von einem Mann, der zur selben Zeit, als er mir diese blumigen Erklärungen schrieb, mit einem anderen Mädchen verlobt war. Als ich mich nun an die Qual erinnerte, die mir die Entdeckung seiner Falschheit bereitet hatte, und wie verwundbar man doch ist, wenn man verliebt ist, floß mein Herz über vor Verständnis und Mitgefühl mit meinem armen, geplagten Mann, und ich verbrachte den Rest der Woche damit, mich für meine Dummheit und schlechte Laune zu entschuldigen.

Hätte ich damals gewußt, was ich heute weiß ... Für Mädchen, die lange Episteln in ihrem Briefkasten finden und wissen möchten, ob der Verfasser meint, was er sagt:

Stecken Sie den Brief (nachdem Sie ihn gelesen haben,

natürlich) in den Umschlag zurück und tauchen Sie ihn kurz in eine Lösung aus pulverisierter Veilchenwurzel und Myrrhe. Wenn er wieder trocken ist, schneiden Sie das Wort „Liebe", wo immer es auftaucht, heraus und reißen das Herausgeschnittene in möglichst kleine Stücke. Mengen Sie die Papierschnitzel dann in das, was Sie zum Abendessen haben, und gehen gleich nach dem Essen zu Bett. Wenn Sie von Blumen träumen oder von sonst etwas, das mit Natur zu tun hat (von Bäumen oder vom Meer, zum Beispiel), meint Ihr Liebhaber, was er sagt: er liebt Sie. Wenn Sie dagegen von Geräuschen oder Leuten oder der Nacht träumen, meint er kein Wort von dem, was er sagt, und Sie haben Glück, daß er so weit weg ist.

Die Zeit zwischen Januar und Mitte März (wenn es endlich wieder warm wird) ist entschieden die schlimmste Jahreszeit. Es ist die Zeit, in der Ihnen plötzlich alle Ihre Kleider unelegant und scheußlich vorkommen; in der alles, was Sie im Lebensmittelgeschäft kaufen, gleich aussieht und nach Pappdeckel schmeckt; und in der alle Männer, die Sie treffen, genauso grau im Gesicht sind wie ihre Anzüge.

Es besteht wenig Hoffnung, über diese schlimme Jahreszeit mit Anstand hinwegzukommen; aber wenn Sie sich etwas Interessantes vornehmen, kann es auch in ihr Lichtblicke geben. Ich selber zum Beispiel bin dafür, in der dritten Februarwoche Ferien zu machen und irgendwo hinzufahren, wo es warm ist. Die ersten beiden Wochen dieses gräßlichen Monats können Sie dann in Vorfreude verbringen und dazu benutzen, sich Freizeitkleidung zu kaufen, auch wenn Ihnen die Preise in den Schaufenstern zeigen, daß Sie sich höchstens einen Schal leisten können.

Dann ist da noch die Party, die Sie endlich geben können. Der März ist ein sehr guter Monat für Partys, da alle anderen es genauso satt haben wie Sie und die Aussicht auf ein kleines Fest und darauf, ein paar neue Leute kennenzulernen, schon im voraus dafür sorgt, daß alle kommen. Die Arbeit, die Sie sich machen, wird also nicht umsonst sein. Versuchen Sie, Champagner mit Weißwein zu mischen, und bieten Sie verschiedene Gebäcksorten, Pfefferminzplätzchen (vielleicht selbstgemachte, mit einem magischen Aphrodisiakum drin?) und Erdbeeren mit Schlagsahne an. Brennen Sie nur Kerzen, und wenn Sie eine Terrasse haben, stellen Sie dort für die Marihuanaraucher Heizöfen auf. Dank Ihrer Vorsorge werden alle in heiterste Stimmung kommen.

Den Abend des 20. Januars, den Sankt-Agnes-Abend, sollten Sie jedoch allein verbringen. Nehmen Sie zwei Nadeln und wickeln Sie um jede ein Haar von sich. Dann legen Sie die Nadeln unter Ihr Kopfkissen, und bevor Sie einschlafen, flüstern Sie:

Liebe St. Agnes, laß mich heut nacht
Meinen zukünftigen Mann sehn.

Sie werden darauf von dem Mann, den Sie einmal heiraten, träumen.

Wahrsagekunst mittels Materialisation

Anfängerinnen in der Hexenkunst sollten sich nach Möglichkeit zusammentun. Zu einer Gruppe zu gehören (es braucht ja nicht gleich eine ausgewachsene Hexenversammlung zu sein), gibt der Novizin die Möglichkeit, magische Probleme zu erörtern und zu hören, was andere über Zauberei denken. Außerdem sind die Mitglieder einer Gruppe gehalten, magische Formeln auszutauschen, und man kann sich so eine hübsche Sammlung anlegen. (Da an magische Formeln in ihrer authentischen, unentstellten Fassung nur schwer heranzukommen ist, machen Sie es sich zur Regel, die Quellen, aus denen Ihre Hexenfreundinnen sie haben, immer zu überprüfen; unbeabsichtigt bei einer Zeremonie unterlaufende Irrtümer können nämlich zu beträchtlichen Fehlschlägen führen.) Solche Gruppen veranstalten auch Übungen zur Bewußtseinserweiterung und zur Steigerung der Konzentration. Weiter üben sie sich in Projektion und können es sogar dahin bringen, sich durch Hexerei einen gemeinsamen Wunsch zu erfüllen (z. B. genügend Geld aufzutreiben, um zusammen nach Haiti zu fahren und dort Wodu zu studieren).

Eine Gruppe schon fortgeschrittener junger Hexen, die ich kenne, treibt eifrig Forschung und besitzt eine große Sammlung esoterischer Zaubersprüche aus so ehrwürdigen Quellen der okkulten Wissenschaft wie der Bibliothèque de l'Arsénal in Paris. Sie treffen sich jeden Sonntagabend, und nach Kaffee und Kuchen nehmen sie eine der faszinierenden alten Zauberhandlungen vor. Neulich haben sie erfolgreich das folgende Ritual vollführt, ihre zukünftigen Ehemänner zu erblicken:

Versammeln Sie so viele Mädchen, wie Sie wollen (ich selber allerdings meine, nicht mehr als dreizehn), und begeben Sie sich, wenn der Mond aufgeht, in ein ganz mit Weiß ausgeschlagenes Zimmer (Bettücher eignen sich sehr gut dafür). Dann bilden Sie in der Mitte des Zim-

mers einen Kreis und fassen sich an den Händen. Innerhalb Ihres Kreises muß sich ein zweiter Kreis aus weißen Kerzen befinden (für jede von Ihnen eine, die sie selber angezündet hat). Dann singen Sie, sich im Uhrzeigersinn im Kreis drehend, folgenden Zauberspruch:

Magischer Zirkel, keuscher weißer Ring,
Fang ein das Gesicht meines Eheliebsten heut nacht,
Laß ihn hervortreten aus der Flamme
In den vor Unheil sicheren Kreis,
Untertan diesem magischen Spruch.
Im Kreis ich mich dreh', im Kreis ich mich dreh',
Gefangen soll er sein,
Laß mich ihn sehn.

Dann setzen Sie sich, ohne die Hände loszulassen, eng im Kreis und warten, daß die Kerzen Ihnen eine Vision Ihrer zukünftigen Männer vorführen.

Nichts auf der Welt ist so eifrig und zielbewußt wie ein Mädchen, das aufs Heiraten versessen ist. Sie kann in der Verfolgung ihres Ziels ebenso systematisch und militant sein wie die moderne junge Frau, die ihre ganze Energie darauf verwendet, allein zu bleiben.

Heiratslustige junge Mädchen gibt es überall, vor allem aber in den großen Städten, wo sie sich meist in Gettos zusammenfinden (jede große Stadt hat heute ein Unverheiratetenviertel, mit Apartmenthäusern, die unfreiwillige Junggesellinnen förmlich anziehen).

Mädchen, die einen Mann suchen, haben für gewöhnlich eine Menge Freunde und Berufe, die ihr geselliges Leben nicht zu sehr behindern. Obwohl Stewardessen dauernd unterwegs zu sein scheinen, erklären sie, daß das ihre Chance, an den richtigen Mann zu kommen, erhöht. Sie sind tatsächlich überall und äußerst konkurrenzfähig. Die meisten von ihnen sind schon wenige Jahre, nachdem sie zu fliegen angefangen haben, verheiratet, und ein hoher Prozentsatz von ihnen heiratet reiche Männer. (Da reiche Männer dafür bekannt sind, in den meisten erdgebundenen Mädchen, die sie kennenlernen, nur Betthäschen zu sehen, muß die Eigenschaft, aus der Luft zu kommen, eine ihnen zu Kopf steigende, besondere Wirkung auf sie haben. Vielleicht hat diese Zusammenhänge niemand besser ausgedrückt als Frank Sinatra in seinem Lied *Come Fly with Me*.)

Lehrerinnen haben natürlich in den Sommerferien eine herrliche Gelegenheit, auf Männerfang zu gehen, aber als Konkurrenz kommen sie mit Stewardessen nicht mit. Viele von ihnen verschwenden auch kostbare Zeit damit, daß sie an den falschen Plätzen suchen. Eine Freundin von mir erzählt, daß auf einer Fahrt in die Antarktis das Schiff regelrecht vollgepfropft war mit Lehrerinnen, und eine andere Freundin mußte auf einer Safari feststellen, daß ihre Mitreisenden nicht, wie erwartet, grauhaarige reiche Männer waren, sondern hübsche junge Französischlehrerinnen aus Long Island.

Krankenschwestern gehen natürlich unter den am Krankenhaus beschäftigten Ärzten auf Kopfjagd und sehen in anderen Frauen, die sich ebenfalls für Ärzte interessieren, Eindringlinge in ihr persönliches Reservat. Sie neigen dazu, sich abzukapseln, und ausgesprochen bissig und gefährlich zu werden, wenn es um Ärzte geht.

Hier, ihr leidenschaftlichen Jägerinnen, sind zwei von rumänischen Bauernmädchen angewandte Zaubertechniken, um zu entdecken, wer Ihr zukünftiger Mann sein wird:

Gehen Sie am Johannistag, dem 24. Juni, kurz vor Tagesanbruch nackt zu einem ruhig gelegenen Weiher. Suchen Sie sich einen vollkommen runden weißen Kiesel, und wenn Sie ihn gefunden haben, werfen Sie ihn ins Wasser, wobei Sie folgende Worte sprechen:

Hübsch wird er sein, wenn ich einen Vogel schreien höre,
Häßlich wird er sein, wenn nur der Wind seufzt.

Dann lauschen Sie aufmerksam und erfahren Sie Ihr Schicksal.

Wenn Sie aber geschämig sind und diese Methode der Zukunftsschau für zu indiskret halten (was ich freilich nicht glauben kann), dann lassen Sie sich an die See einladen und versuchen es mit folgender Technik:

Suchen Sie sich am Strand drei unbeschädigte Muscheln und zerstoßen Sie sie zu Staub. Wenn der Abendstern am Himmel erscheint, nehmen Sie eine Prise davon und streuen sie aufs Wasser. Dann nehmen Sie eine zweite Prise und streuen sie auf den Sand. Eine dritte Prise tun Sie in ein Glas Wein und trinken es. Noch bevor der Mond verblaßt, werden Sie von Ihrem zukünftigen Mann träumen.

Wenn Sie ein Anhänger und Praktiker der Schwarzen Magie sind (bei der Ausführung magischer Riten in diesem Land kommen weit mehr Menschenopfer vor, als irgend jemand weiß), stellt der Abend vor Allerheiligen für Sie wohl kaum ein Problem. Wahrscheinlich werden Sie und Ihre Sabbatgefährtinnen sich versammeln, um den Teufel zu lobpreisen, und falls Sie es mit klassischer Zauberei halten, ist für diese Nacht wahrscheinlich auch vorgesehen, einen aus der Hierarchie der bösen Geister zu materialisieren, damit er in Ihrem Auftrag irgendein Unheil stiftet.

Für uns Hexen dagegen, die wir unsere Wünsche lieber mit Kräutern und Kerzen als mit magischen Dolchen und frischen menschlichen Herzen durchsetzen, kann der Abend vor Allerheiligen zum Problem werden. Wie läßt sich, wenn man weder den Teufel anbeten will, noch jemand den Tod wünscht, aus den in dieser Nacht tätigen Schwingungen Vorteil ziehen, ohne in Barbarei zu verfallen? (Wenn Sie freilich jemandem den Tod wünschen, ist das die gegebene Nacht, sich als Assistentin an einen Ihnen bekannten klassischen Zauberer zu verdingen – vielleicht, daß er Ihr Anliegen an den von ihm beschworenen und gefangengehaltenen bösen Geist weitergibt.)

Aber wie dem auch sei, es ist der gegebene Abend für Zukunftsschau. Es ist ein Abend, an dem es beinah leichtfällt, das Gesicht des zukünftigen Gatten zu materialisieren und, statt wie sonst nur für Sekunden, oft minutenlang festzuhalten. Geistererscheinungen aus der Zukunft sprechen am Abend vor Allerheiligen sogar – was sehr selten vorkommt – und verraten der sie beschwörenden Hexe, wann und wo sie damit rechnen kann, ihn kennenzulernen und zu heiraten. (Eine meiner Freundinnen erfuhr von ihrer Vision, daß sie sich am 12. Juli 1969 auf einem Karussell in der Umgebung von New York begegnen würden – natürlich sind sie inzwischen glücklich verheiratet.)

Wenn Sie am Abend vor Allerheiligen einen Wahrsagezauber ausführen wollen, habe ich hier ein gutes, wirksames Rezept für Sie:

Stellen Sie, etwas vor Mitternacht, vor einem Spiegel ein Opfer auf, das aus etwas Wein und drei Haaren von Ihrem Kopf besteht. Dann drehen Sie dem Spiegel den Rükken zu, und wenn die Uhr zwölf schlägt, horchen Sie, ob Sie eine Bewegung hören. Wenn Sie eine hören, drehen Sie sich um und blicken in den Spiegel. Sie werden darin eine Vision Ihres zukünftigen Mannes sehen.

Manche Zauberzeremonien sind überaus gefährlich, da, wenn irgend etwas dabei schiefgeht, das zu verheerenden Folgen führen kann – und zwar für Sie. Man behext sich, ohne es zu wollen, nur zu leicht selber. Allerdings ist auch richtig, daß Zeremonien, die mit einem hohen Risiko verbunden sind, entsprechend viel einbringen. Hat Ihre Hexenkunst Erfolg, sind die Resultate ebenso rasch wie wunderbar. Um solche Zeremonien auszuführen, müssen Sie aber eine ausgelernte Adeptin sein. Anfängerinnen und Hexen mit nur mittleren Kenntnissen sollten von Rezepten, von denen sie nicht genau wissen, daß sie ihnen gelingen, die Finger lassen.

Die Weissagezeremonie, die ich nachstehend beschreibe, ist tatsächlich äußerst gefährlich, weil die Hexenkunst dabei die Grenze zur bloßen Weissagung überschreitet und Sie wirklich Ihren zukünftigen Gatten herbeirufen. Die Hexe, die sie versucht, sollte sich bei der Ausführung mit allen Amuletten behängen, die sie auftreiben kann, einschließlich eines Talismans mit Salz drin, den sie die ganze Zeit über an oder auf ihrem Körper tragen muß. Salz ist das traditionelle Mittel, Teufel in Schach zu halten, und bei dieser Zeremonie muß das ganze Aufgebot von Teufeln davon abgehalten werden, ihren Verlauf, und sei es nur für einen Augenblick, zu stören. (Seien Sie übrigens vorsichtig und verschütten Sie von dem Salz in

Ihrem Talisman nie auch nur ein einziges Korn, weil sich sonst automatisch ein Unglück ereignet.) Und das hier ist die Zeremonie:

Legen Sie, eine Woche vor Vollmond, kurz vor Mitternacht in einen kleinen Silbersarg (es kann auch eine Silberdose sein) Schafgarbe, Thymian, ein Schneckenhaus und einen Pfennig mit einem Loch drin. Vergraben Sie den Sarg genau um Mitternacht vor Ihrer Haustür und legen Sie einen Kranz von Knoblauch um die Stelle. Gehen Sie, bis Vollmond ist, jeden Abend hin und sagen:

Wenn der Mond voll ist,
Wird er hier vor mir stehn,
Mein Liebster für immer und ewig.

Wenn Vollmond ist, graben Sie dann in der Nacht den Sarg wieder aus, stellen ihn auf Ihre Türschwelle und warten, daß Ihr zukünftiger Gatte zu Ihnen kommt.

Zu erfahren, daß Sie tatsächlich eines Tages heiraten werden, ist natürlich schön und gut; aber lauert in Ihrem Gemüt nicht die Frage: „Wie um alles in der Welt mag mein zukünftiger Mann wohl aussehen?"

„Ob es am Ende jemand ist, den ich schon kenne?" fragen Sie sich. „Und was, wenn es jemand ist, den ich nicht leiden kann und abstoßend finde?" Könnten Sie ihn doch nur kurz zu Gesicht bekommen, damit Sie wüßten, ob es der Mann ist, der Ihnen vorschwebt!

Die Zigeuner haben einen Weg entdeckt, das Bild des zukünftigen Ehemannes tatsächlich zu materialisieren. Es ist eine etwas knifflige Zeremonie, die Sie darum nicht gerade für den ersten Versuch benutzen sollten, in die Zukunft zu sehen. Ihre Ausführung verlangt auch, daß Sie aufs Land fahren, wenn Sie in der Stadt wohnen, und auch nicht jeder beliebige Landstrich eignet sich dazu. Sie müssen eine Gegend ausfindig machen, in der es einen munteren Bach gibt. Sie müssen auch einen Eimer, ein Ei, Staub von einer starkbefahrenen Straße, eine Nadel und, wenn Sie klug sind, etwas Watte und Jod mitnehmen.

Machen Sie sich am Vorabend des Sankt-Georgs-Tages (23. April) auf und begeben Sie sich zu dem Bach. An seinem Ufer vollführen Sie folgendes Ritual:

Schöpfen Sie, der Strömung entgegen, Wasser in Ihren Eimer. Dann schlagen Sie das Ei auf und lassen aus Ihrem linken Ringfinger etwas Blut hineinfallen. Dann werfen Sie das Ei in den Eimer. Anschließend streuen Sie den Staub von der starkbefahrenen Straße in einem Wirbel um sich her in die Luft und rufen über dem Eimer:

Aus dem Wasser, dem Staub, dem Blut und dem Ei
Der Schöpfung soll, aufgerufen aus den Schatten
Der Zukunft, eine Vision meines Mannes sich erheben.
Laß mich ihn sehn, sag' ich!

Stehen Sie ganz still und beobachten Sie, wie im Mondlicht langsam die Gestalt Ihres zukünftigen Gatten aus dem Wasser in dem Eimer steigt und langsam wieder verschwindet. Sie haben gerade Zeit, einen flüchtigen Blick auf sein Gesicht zu werfen. Ob Sie aber nun glücklich oder entsetzt sind über das, was Sie gesehen haben: vergessen Sie nicht, das Wasser in den Bach zurückzuschüt-

ten, weil sonst die Wassergeister böse werden. Ich habe sagen hören, daß sie einem Sterblichen, der sie aufgestört hat und nicht dem Frieden ihres Elements zurückgibt, den Tod schicken können.

Wahrsagekunst durch Zeichendeutung

Eine Vision Ihres zukünftigen Gatten heraufzubeschwören ist gut und schön, aber angenommen, Sie haben in den paar Sekunden, die Sie sein Gesicht sehen konnten, nicht darauf geachtet, ob er jung oder alt war?

Sie wissen, junge Mädchen heiraten ältere Männer; aber wenn Ihnen der Sinn nach einem jungen und kräftigen Mann steht, setzt Sie die Entdeckung seines Alters instand, sich davor zu hüten, reifere Männer kennenzulernen. (Wenn Sie beispielsweise auf einer Party sind, wo eine Gruppe von ihnen herumsteht und ihren Charme spielen läßt, gehen Sie einfach möglichst früh wieder weg.)

Denken Sie jedoch daran, daß ältere Männer als Ehemänner oft jüngeren vorzuziehen sind. Für gewöhnlich waren sie schon einmal verheiratet, so daß sie sich auskennen und mehr Verständnis für Ihre Schwächen haben – Ihr Unvermögen zum Beispiel, sich auch nur drei Schritte einem Herd zu nähern, ohne zu stöhnen. Wenn Sie einen Wutanfall oder Zustände bekommen, wird ein älterer Mann eher instinktiv freundlich bleiben und „Aber, aber“ sagen, als die Sache persönlich nehmen, dic Tür zuschlagen und mürrisch in die nächste Bar laufen. Junge Ehemänner sind oft ebenso leicht aufzubringen wie Sie selbst; ältere kennen das alles schon und bleiben im allgemeinen ruhig.

Das Ritual, das Alter eines Ehemannes zu erraten, ist nicht einfach. Es verlangt Hingabe, da eine Menge Lauferei damit verbunden ist. Es muß auch auf dem Lande ausgeführt werden, wo Bauernhöfe sind:

Sammeln Sie an einem Kreuzweg frischen Dung. Dann machen Sie sich auf den Weg und pflücken in drei verschiedenen Obstgärten von drei Bäumen Äpfel. Darauf besorgen Sie sich an sechs verschiedenen Stellen Wasser. (Das verlangt Erfindungsgabe und kann Sie einige Tage kosten. Wahrscheinlich werden Sie an verschiedenen Bauernhäusern anklopfen und um ein Glas Wasser bitten müssen. Nehmen Sie einen Plastikbeutel mit und schütten Sie heimlich etwas von dem Wasser hinein.) Wenn Sie alles zusammenhaben, vermengen Sie es untereinander (wenn Sie die Äpfel in Scheiben schneiden, geht es leichter). Nehmen Sie dann am Sankt-Georgs-Tag, dem 23. April, Ihren Dung-Apfel-Wasser-Patsch morgens mit zu einer Kirche, breiten ihn vor dem Hauptportal aus, ziehen sich zurück und warten. Wenn ein Kind vorbeikommt und hineintritt, werden Sie einen hübschen jungen Mann heiraten; wenn als erster ein Erwachsener hineintritt, wird Ihr Mann alt, aber weise sein.

Silvester ist in nördlichen Landstrichen immer eine der kältesten Winternächte. Es ist auch eine der besten Nächte, um zu erraten, wer Ihr zukünftiger Mann sein wird. Freilich werden Sie sich dazu schon Ihren Pelzmantel und Ihre wärmsten Stiefel anziehen müssen (denn der Ort der Zeremonie ist ein Park oder Hain).

Das Ritual stammt direkt von den Zigeunern und ist leicht

durchzuführen, wenn Sie Freundinnen haben, von denen – wie Silvester meistens der Fall – keine irgendwo eingeladen ist. Sie können aus der Sache sogar eine kleine Party machen. Laden Sie Ihre nichteingeladenen Freundinnen zu noch von Weihnachten übriggebliebenem Truthahnhaschee und viel Wein und ausgiebigem gekünsteltem Gelächter ein. Dann packen Sie sich alle warm ein, stecken ein paar Taschenflaschen mit Kognak zu sich (Hasch ist zu gefährlich, weil selbst mitten im Winter gerade in den Parks häufig Razzien stattfinden) und begeben sich zu den Bäumen.

Wenn Sie eine hinreichend abgelegene Stelle gefunden haben (sehen Sie jetzt, warum Sie sich warm anziehen und Kognak mitnehmen sollen), stellen Sie sich um einen Baum, der noch ein paar welke Blätter hat, und tun folgendes:

Bilden Sie einen Kreis und tanzen Sie, mit zurückgelegtem Kopf zum Himmel emporblickend, um den Baum herum. Dazu singen Sie nachstehenden Zauberspruch:

Sterne der Nacht,
Glitzernde Sterne der Nacht,
Macht, daß ein Wind weht,
Macht, daß die Blätter fallen.
Die, die eins fängt,
Wird bekommen, was sie sich wünscht.

Wenn während Ihres Gesangs ein Blatt fallen sollte, wird die, die ihm am nächsten ist, wenn es fällt, verheiratet sein, noch bevor das Jahr um ist. Wenn nichts passiert, sollte sie daran denken, rechtzeitig ihren Mietvertrag zu verlängern.

Eine Warnung: Wenn Sie und Ihre Freundinnen zu beschwipst waren, um während der Zeremonie ernst zu bleiben, geben Sie alle Hoffnung auf, daß Ihre Gruppenhexenkunst wirkt. Wenn trotzdem ein Blatt fällt, ist es Zufall und keine Weissagung.

Wenn Sie nicht verheiratet sind und allein in einer großen Stadt in der eigenen Wohnung leben, gibt es Zeiten, in denen die Welt über Ihnen zusammenzuschlagen scheint, als wollte sie Sie mit ihrer Riesigkeit erdrücken. Da draußen, auf den Straßen, ist pulsendes Leben, sind geschäftige, glückliche Menschen; und hier, allein und in Ihren vier Wänden gefangen, sind Sie, und keiner, den Sie gern sehen möchten, und nichts zu tun, und geradezu zerstörerisch unglücklich. Wenn Sie eine Mutter oder einen Vater haben, mit denen Sie sich gut verstehen, können Sie sie vielleicht anrufen und ihnen etwas vorjammern darüber, wie schlimm es doch ist, allein zu sein. Wenn Sie sie nicht gut anrufen können, bleibt Ihnen nur eine Wahl: entweder Sie gehen ins Bett und schlafen sich gründlich aus, oder Sie reißen sich zusammen und rufen ein Mädchen an, das Sie kennen, und laden es zum Abendessen ein.

Wenn Sie imstand sind, das Gewicht der lastenden Welt abzuschütteln und Ihre düstere Laune zu verscheuchen, habe ich eine kleine Zerstreuung für Sie, die Ihnen vielleicht ein Lächeln entlocken kann. Laden Sie drei oder vier Mädchen ein zu was Sie gerade dahaben, und wenn Sie hinreichend angeregt sind, vergnügen Sie sich mit dem folgenden englischen Hexenspiel:

> *Gehen Sie in den nächstgelegenen Park und nehmen Sie Weidenzweige und einen Ball aus dicht zusammengebundenen roten Pfingstrosen mit. (Wahrscheinlich kann Ihr*

Blumenhändler Ihnen so etwas besorgen.) Verbinden Sie sich mit Seidenschals die Augen und verteilen Sie sich, nachdem Sie vorher den Ball auf den Boden gelegt haben. Das Mädchen, das als erstes mit ihrem Zweig den Ball berührt und ihn anbringt, wird als erste heiraten.

Aber vielleicht sind Sie nicht in der Stimmung, zu hören, daß Susi und nicht Sie die Glückliche sind, und können sich auch nicht gut vorstellen, daß Sie und Ihre Freundinnen, um einen albernen Pfingstrosenball aufzuspüren, fröhlich im Park herumhüpfen; Sie können dann immer noch folgendes tun:

Blicken Sie, während Sie Ihr Haar in einen Zopf flechten, starr in den zunehmenden (oder vollen) Mond. Dann gehen Sie ins Bett und träumen von dem Mann, den Sie heiraten werden.

Es gibt alle möglichen Dinge, die Sie tun können, wenn Sie allein leben – Dinge jedenfalls, die samt und sonders wichtiger sind als herumsitzen, die Hände in den Schoß legen und stöhnen, wann Sie denn nun wohl endlich zum Heiraten kommen. So besteht keinerlei Notwendigkeit, daß Sie in einem Beruf arbeiten, der weder etwas von Ihnen verlangt, noch Sie zu etwas führt, nur damit Sie ihn rasch hinwerfen können, wenn Ihnen der richtige Mann über den Weg läuft. Aber sehr viele Mädchen tun das heute; es ist offenbar ein allgemeiner Trend. Statt in Berufen zu arbeiten, die Energie und Einsatz erfordern, ziehen sie es vor, das Leben leichtzunehmen, es in oberflächlicher Gesellschaft zu verbringen und auf den legendären Liebhaber oder Mann zu warten, der immer just um die nächste Ecke lauert.

Aber was bringt Ihnen das schon ein? Ich verabscheue die Idee, nur um des Geldes willen zu arbeiten – das ist genauso dumm, wie zu arbeiten, um sich die Zeit zu vertreiben. Wohingegen es höchst aufregend ist, an einem Job seine moralischen und intellektuellen Fähigkeiten zu erproben. Nehmen wir einmal an, Sie haben schon immer schreiben wollen, etwas sagen wollen, den Menschen Ihre Gedanken übermitteln wollen. Sie werden nie gut schreiben, anderen Ihre Gedanken durch das, was Sie schreiben, zu übermitteln lernen (es sei denn, Sie wären die Barbara Streisand der Literatur), wenn Sie in einer Kommune leben, in der niemand ernsthaft an etwas arbeitet. Sie müssen dazu da leben, wo Ihr Geist Gelegenheit hat, sich zu bilden und zu erweitern. Wenn Sie als Hippie leben und arbeiten, ohne ganz dabei zu sein, und immer nur fragen, wann endlich der für Sie bestimmte Mann kommt, geben Sie es ruhig auf. Sie werden immer nur reden, niemals handeln.

Ihnen dabei zu helfen, sich zusammenzureißen und über Ihr Wo-bleibt-er-denn-nur-Syndrom hinwegzukommen, führe ich hier ein Ritual an, mit dessen Hilfe Sie erraten können, wann er Ihren Weg kreuzen wird:

Kochen Sie einen kleinen Topf voll Wasser. Genau zur Mittagszeit gehen Sie mit dem Topf nach draußen und setzen ihn irgendwo nieder, wo die Sonne hineinscheinen kann. Dann nehmen Sie neun Mandeln und werfen Sie aus neun Schritt Entfernung eine nach der anderen in den Topf. Jedesmal, wenn Sie ins Ziel getroffen haben, ziehen Sie von neun eins ab. Die verbleibende Zahl sagt Ihnen, wie viele Jahre es noch dauern wird, bis Sie heiraten.

Ihr Liebhaber hat es Ihnen in der letzten Zeit also schwer gemacht? Er hat über das fade makrobiotische Essen geschimpft, das Sie ihm vorsetzten, und hat Sie angeschrien, Sie könnten ruhig ein paar Ihrer schlechten Gewohnheiten ablegen und wenigstens gelegentlich einmal die Wohnung putzen. Was versteht er schon davon? fragen Sie. Er hat nicht einmal begriffen, daß, solange Sie kochen müssen, Sie durchaus im Recht sind, ihm vorzusetzen, was Ihnen beliebt, und auch Anspruch auf ein paar neurotische Angewohnheiten haben. Schließlich ist er nur Ihr Liebhaber und nicht Ihr Mann, und wenn es ihm nicht paßt, sollte er machen, daß er weiterkommt.

Aber Sie sind sich nicht ganz sicher. Im allgemeinen ist er reizend, und es macht Spaß, mit ihm zusammenzusein, und die meiste Zeit weiß er auch Ihre Eigenarten zu nehmen. Vielleicht also hat er recht. Vielleicht sollten Sie wirklich öfter das Bett machen und mit dem Staubsauger über den Teppich gehen. Ein paarmal in der Woche Fleisch und Gemüse für ihn zu kochen, würde Sie auch nicht umbringen. Aber dann fragen Sie sich, was wohl Women's Lib dazu sagen würde.

Schließlich entscheiden Sie, daß alles davon abhängt, wieviel Wert Sie auf Ihre Eigenarten legen und wieviel Wert darauf, ihn um sich zu haben. Wieviel Wert legen Sie tatsächlich auf die Freiheit, innerhalb Ihrer Wohnung tun und lassen zu können, was Ihnen beliebt? Wie wichtig ist es wirklich für Sie, im Dreck zu leben, wenn Sie das wollen? Sie geben zu, Dreck ist nicht schön; aber Sie haben scheinbar ein Bedürfnis, im Dreck zu leben; zumindest haben Sie nicht das Bedürfnis, ihn wegzuräumen. Könnten Sie sich dazu bringen, Ihre gräßlichen Gewohnheiten abzulegen? Und ist er der richtige Mann, Ihnen dabei zu helfen? Es gibt in diesem Fall nur eins: Befragen Sie das Schicksal und finden Sie heraus, ob Sie sich sein dauerndes Nörgeln und die Flasche Möbelpolitur, die er Ihnen heute morgen präsentierte, gefallen lassen wollen:

> *Nehmen Sie einen Spiegel aus dem Rahmen und schreiben Sie auf die Rückseite seinen Namen. Dann lassen Sie den Spiegel auf einen Stein- oder Fliesenboden fallen. Wenn er nicht zerspringt, machen Sie sich auf eine mögliche Ehe gefaßt und fangen Sie an, die Möbel zu polieren.*

Neulich besuchte ich mit einer Freundin ein ganz wunderbares Medium, das ich kenne. Kaum saß meine Freundin in einem bequemen Sessel, als das Medium mit Bestimmtheit erklärte, meine Freundin werde noch in diesem Jahr heiraten.

Die Frau schob meiner Freundin ein Spiel abgegriffener Karten zu, bat sie, die Karten zu mischen und in drei Häufchen zu teilen – „immer zu sich hin, niemals von sich weg abheben!" Meine Freundin tat das, und das Medium drehte die drei Häufchen um und sagte: „Sehen Sie, ich habe es Ihnen ja gesagt. Da in den Karten steht es. Noch in diesem Jahr werden Sie heiraten."

Verblüfft, erkundigte sich meine Freundin, wer denn der Mann sein solle. Sie kannte jemand, den vielleicht zu heiraten ihr schon einmal in den Sinn gekommen war, aber sie war sich nicht sicher gewesen. Das Medium schob die Karten zusammen und forderte meine Freundin auf, aufs Geratewohl zehn herauszuziehen. Dann nahm sie die Karten, drehte sie um und studierte sie aufmerksam. Langsam sah sie auf und sagte: „Es ist jemand, den Sie kennen. Sind Sie in jemand verliebt?"

„Ein bißchen. Aber ich weiß nicht recht."

„Jedenfalls ist es jemand, den Sie kennen. Sehen Sie her,

diese Karte da sagt es mir. Wenn Sie einen Mann kennen, der Sie interessiert, dann besorgen Sie mir sein Geburtsdatum, und ich werde Ihnen sagen, ob er der Richtige ist.“

Meine Freundin bedankte sich, und wir gingen. Die Vorhersage hatte sie so durcheinandergebracht, daß ich ihr vorschlug, nach Hause zu gehen und, um Näheres zu erfahren, folgende Zauberzeremonie zu versuchen:

Nehmen Sie beliebig viele runde Wachskügelchen und schreiben Sie auf jedes die Anfangsbuchstaben eines möglichen Ehepartners. Dann legen Sie, wie es gerade kommt, aus den Wachskügelchen einen Kreis, verbinden sich die Augen und spießen mit einer Nadel eins der Kügelchen auf. Der, dessen Anfangsbuchstaben daraufstehen, ist Ihr zukünftiger Mann.

Der Frühling kommt, und schon der erste Anhauch seiner von süßen Gerüchen schweren Luft zerrt an Ihrem Herzen und katapultiert es sehnsuchtsvoll himmelwärts. Das ist nicht die Zeit, in der Stadt Benzindämpfe einzuatmen; hinaus aufs Land, um auf einer Wiese herumzutollen oder stundenlang an einem stillen Teich zu sitzen.

Da gibt es Wälder, die erforscht sein wollen, wenn die Sonne hoch am Himmel steht – mit ostereierfarbenen Krokussen, in den kriechenden Efeu eingesprengten Feuerkolben und zartstengligen duftenden Veilchen. Mühsam arbeiten sich kleine Käfer durch das frische Gras, und die ersten Baumgrillen lassen sich hören.

Da gibt es Bäche, in denen Sie barfuß waten können, mit Schwärmen von Kaulquappen am Ufer und sanft im Wind nickenden Ried und Weiden. Frühling, das bedeutet Freiheit und unter einem blühenden Apfelbaum liegen und zusehen, wie die rötlich-weißen Blütenblätter davonfliegen. Es bedeutet ein Märchenland mit Obstgärten und Parks mit samtenem Rasen, und niemand sollte verlassen in der kalten Stadt zurückbleiben.

Liebe ist Frühling, und jedes Herz sollte sich davon verführen lassen. Sie finden zusammen Maßliebchen und zupfen wie Kinder die Blätter ab, um zu sehen, ob Ihre Herzen auch treu sind. Sie schenken sich gegenseitig Blumenkränze, küssen sich unter Bäumen und gehen im Mondschein spazieren. Die Luft prickelt in Ihrem Blut, und Ihre Hand auf seinem Arm ist leicht.

Wollen Sie im Frühling wahre Liebe finden und heiraten? Gehen Sie in den Wald, schließen Sie die Augen und sagen Sie:

Wenn bald ich einen Liebsten haben soll,
Dann laß mich Portulak sehn!
Wenn demnächst ich heiraten soll,
Dann laß mich Veilchen sehn!
Wenn ich eine alte Jungfer werden soll,
Dann laß mich Feuerkolben sehn!

Die Blume, auf die zuerst Ihr Blick fällt, wenn Sie wieder die Augen öffnen, sagt Ihnen, was von diesen dreien Ihnen bestimmt ist.

Seit Urzeiten hat der Mensch geglaubt, daß die Zukunft in gewissem Sinn vorherbestimmt sei, und indem er sie befragte, konnte er den für sein jeweiliges Vorhaben günstigen Zeitpunkt wählen. Die Alten, ganz gleich, worum es ging, um einen auf dem Markt zu tätigenden Kauf oder um eine Schiffsreise in ein fernes Land, erbaten sich für alles von den

Göttern ein Zeichen. Wir heute sprechen von Glück oder Pech, um eine gute beziehungsweise schlechte Entscheidung zu erklären, und versuchen, dem Glück mit Aberglauben nachzuhelfen, indem wir uns zum Beispiel an einem 13., und besonders an einem 13., der auf einen Freitag fällt, in acht nehmen. (In wie vielen Apartment- und Bürohäusern, meinen Sie, gibt es keinen 13. Stock?)

Mehr und mehr Menschen heute ziehen von Adepten oder Computern berechnete Horoskope zu Rat (in Amerika ein 200-Millionen-Dollar-Geschäft jährlich). Astrologie beruht auf der Annahme, daß eines jeden Zukunft vorherbestimmt ist (was aber nicht heißt, daß für unsere Zukunft vorhergesagte Ereignisse sich durch entsprechendes Verhalten nicht abwandeln lassen). Eine wachsende Anzahl von Menschen scheint also mehr der Ansicht zuzuneigen, daß alle unsere Handlungen vorherbestimmt sind, als der, daß wir sie selber bestimmen. Von da zu dem inzwischen weitverbreiteten Glauben an Reinkarnation ist nur ein Schritt. Die Idee, daß unser bewußter Gedanke – Sie können es auch Seele nennen – ständig wiedergeboren wird (so wie Regentropfen erst fallen, dann verdampfen und zu Wolken werden und von neuem fallen), scheint mit der Theorie der Prädestination immer besser in Einklang zu bringen sein. Interessant in diesem Zusammenhang ist die Meinung eines Wissenschaftlers, der sich jahrelang mit Menschen beschäftigt hat, die schon vorher einmal gelebt zu haben glauben, und der sagt, daß er die Wahrscheinlichkeit, daß es so etwas wie Reinkarnation gibt, für größer halte als das Gegenteil.

Der Versuch, in die Zukunft zu sehen, hat dementsprechend aufgehört, der amüsante Zeitvertreib zu sein, der er einmal war, und die Erforscher des Okkulten werden jetzt nicht mehr, wie früher, verspottet, sondern sind gesucht. Der Zufall erscheint nicht länger mehr so zufällig, und der Glücksfall wird untersucht. Wenn Ihnen zufällig ein einzelner Würfel in die Hände kommt, werfen Sie ihn und unterrichten sich so, was Ihnen als nächstes bevorsteht:

Wenn Sie ein Auge werfen, bekommen Sie Besuch. Wenn Sie zwei Augen werfen, werden Sie ziemliches Pech haben. Drei Augen verheißen Ihnen einen vergnüglichen Tag. Vier Augen, Glück. Fünf Augen bedeuten, daß Sie vielleicht einen Unfall haben werden; passen Sie also auf. Sechs Augen, Glück oder, wenn Sie Spieler sind, eine Glückssträhne.

Für gewöhnlich habe ich nicht viel übrig für Mädchen, die mit zwanzig oder einundzwanzig in Panik geraten darüber, ob oder ob nicht sie je einen Mann finden und heiraten werden. Solche den Krallen ihrer Furcht ausgelieferten Mädchen verfallen meistens in alle möglichen unangenehmen Angewohnheiten, die nicht nur die Männer abstoßen, die sie kennenlernen, sondern auch die Frauen.

Kürzlich traf ich ein Mädchen, das mir geradezu als Prototyp weiblicher Torschlußpanik erschien. Ich traf sie auf einer Party, und nach einem knappen, fast schon unhöflichen Hallo stürzte sie sich von neuem in die Unterhaltung mit einem Mann, den sie im wörtlichsten Sinn an die Wand gedrückt hatte. Ich rangierte sie unter die Leute, an deren Bekanntschaft mir nichts liegt, und ging weiter, um angenehmere Zeitgenossen kennenzulernen.

Einige Zeit später bemerkte ich, daß der Mann, den das Mädchen mit Beschlag belegt hatte, sich jetzt mit einer ausgeglichen wirkenden hübschen Blondine unterhielt; von dem Mädchen war nichts mehr zu sehen. Da ich mir die Lippen nachmalen mußte, ging ich ins Schlafzimmer, um meine Handtasche zu holen, und da auf dem Bett saß sie, stieren Blicks und total erledigt, und dicke Tränen liefen ihr über die Wangen. Ich konnte mich nicht mehr unbemerkt zurückziehen, also fragte ich sie, ob ich etwas für sie tun könne.

Darauf bekam sie einen so schweren hysterischen Anfall, daß sie geraume Zeit außerstand war, zu sprechen. Ich klopfte ihr den Rücken und wartete. Schließlich erzählte sie mir, daß sie ein völliges Wrack sei, weil jeder Mann, den sie kennenlernte, sich nahezu im gleichen Augenblick vor ihr in Sicherheit brachte. Sie war darüber so verstört, daß auch der Psychiater, bei dem sie seit sechs Monaten in Behandlung war, sie noch nicht von ihren Angstzuständen hatte befreien können. Ich riet ihr, es neben der Psychiatrie doch einmal mit der Hexerei zu versuchen, und teilte ihr folgende zwei Rezepte mit, die, obwohl sie so einfach aussehen, mit der erforderlichen Konzentration und Projektion angewandt, höchst wirkungsvoll sind:

Kochen Sie ein Ei hart und hängen Sie es, zusammen mit einem Lorbeerzweig, über Ihre Wohnungstür. Der erste annehmbare Mann, der die Schwelle überschreitet, wird Sie heiraten.
Nehmen Sie eine Geißblattblüte und tragen Sie sie in Ihrem Handschuh. Der erste annehmbare Mann, dem Sie in dem Handschuh die Hand geben, wird Sie heiraten.

Ich habe eine Freundin mit bemerkenswert scharfen Augen, die sie ständig übt, indem sie auf der Straße nach interessanten

Abfällen Ausschau hält. Mit ihr spazierengehen, ist ein Erlebnis und ein Ausflug in eine neue Dimension. Ich habe gesehen, wie sie Dollarscheine von Kanalrosten aufhob, an denen Hunderte achtlos vorbeigegangen waren, und wie sie für ihr Goldfischglas bunte Glasbrocken fand, in denen ich nur schmutzige Steine gesehen hatte.

Wohinter meine Freundin aber vor allem her ist, das sind Nägel, 2 x 4-Zoll-Nägel, wie sie die Tischler benutzen. Meine Freundin sagt, sie seien schrecklich teuer, jedenfalls in den Mengen, in denen sie sie braucht (ihr Hobby ist, deckenhohe Regale für ihre riesige Büchersammlung zu bauen), und sie lägen haufenweise auf den Straßen herum. Ich habe sie in einem einzigen Häuserblock nicht weniger als zehn Stück finden sehen.

Da sich meine Freundin neuerdings auch mit Hexerei abgibt, habe ich ihr beigebracht, die Augen auch für andere Gegenstände offenzuhalten. Die Menschen verlieren auf der Straße die erstaunlichsten Dinge; so fand meine Freundin neulich einen schönen geschnittenen Stein mit einem Buddha. Sie trägt ihn jetzt als Amulett. (Natürlich haben wir ihn uns erst eine Zeitlang angesehen, um sicher zu sein, daß er auch glückbringende Vibrationen hat.)

Wonach sie jedoch vor allem Ausschau hält – und auch Sie sollten das tun –, das sind kleine Stücke buntes Band und Kordel. Wenn Sie auf einem Spaziergang auf ein Stück rotes Band oder sonst irgend etwas Rotes stoßen, heben Sie's auf und tragen es als Amulett, Sie werden dann nie einen Feind haben. (Denken Sie aber daran, wenn Sie es aufheben, zu sagen: „Rotes Zeug, halt mir Ärger fern; mach, daß mein Leben mit jedem Tag schöner wird.") Wenn Sie auf etwas Weißes oder eine weiße Blume stoßen sollten, können Sie damit rechnen, einen Brief mit guten Nachrichten zu bekommen oder einen einflußreichen Mann kennenzulernen. Eine blaue Blume bedeutet, daß Ihr Gemüt sieben Tage lang Frieden haben wird.

Wie der Ewige Jude durchwandern die Zigeuner Europa und treffen sich jedes Frühjahr in der Camargue, um zu singen, zu tanzen, zu schmausen und ihre Heiligen zu verehren. Sie waren immer Ausgestoßene und werden es wohl auch immer bleiben.

In Spanien stürzen sich die Zigeunerweiber nach einem Stierkampf auf die Zuschauer und halten ihnen ihre kleinen Kinder entgegen. Die Kinder schreien, die Mütter weinen und betteln um Peseten. Aber die Gesichter der Menge bleiben leer; die Zigeunerinnen werden mit dem Ellbogen beiseite geschoben, nicht beachtet, ja nicht einmal verlacht. Troglodyten gleich im Schatten der Alhambra oder an einem der umliegenden Hänge in Höhlen lebend, überdauern die Zigeuner, pflanzen sich fort, stehlen sich Nahrungsmittel und wirken Zauber gegen die, die sie quälen. Trotz erschreckender Armut und dem schlimmsten aller Übel, der gesellschaftlichen Ächtung, bleibt ihnen noch Zeit für Lachen, Tanzen, Hoffnung und junge Liebe.

Seit sie – vor langer Zeit – aus Indien herüberkamen, sind die Zigeuner immer das Schatten-, das Nicht-Volk gewesen. Sie blieben zwar nie lang genug an einem Ort, um physisch versklavt zu werden; trotzdem ist ihre Freiheit illusorisch. Wie der Ewige Jude sind sie von haßerfüllten Bürgern zu ewiger Wanderschaft verurteilt.

Aber was ist mit der Hoffnung und der jungen Liebe, von der ich sprach? Sie findet sich in den Zauberhandlungen der Zigeunermädchen – beispielsweise dieser, die aus Irland stammt und Ihnen sagen soll, ob in naher Zukunft für Sie ein Mann in Sicht ist:

> *Gehen Sie am Weihnachtsabend, wenn die Uhr zwölf schlägt, nach draußen und suchen Sie sich in den obersten Zweigen von drei Bäumen drei Blätter aus. Schütteln Sie sie herunter und kochen Sie sich, wenn Sie wieder im Haus sind, daraus einen Tee. Wenn ein Hund bellt, während Sie den Tee trinken, werden Sie im Laufe des Jahres heiraten.*

An Männer, die wir für heiratsfähig halten würden, ist heutzutage immer schwieriger heranzukommen. Wenn ich „wir“ sage, meine ich die von uns, die Hexen sind. Für ein Großteil der Männer, in die wir uns früher vielleicht verliebt hätten, ist Hexenkunst etwas, worüber sie lachen, und ein Mann, der uns auslacht, wird natürlich automatisch unannehmbar.

Wie in so vielen anderen Dingen, scheiden sich auch hier die Geister. Ich bin von zu vielen mir einmal freundlich gesonnenen Bekannten als rückständig aufgegeben worden, um nicht die frostige Einstellung weiter Kreise dem Übernatürlichen gegenüber zu kennen. Ein Künstler, mit dem ich bis vor kurzem befreundet war, vertrieb mich meines Glaubens wegen, daß unser Leben noch von anderen als den Naturgesetzen regiert sein könnte, bei einem Abendessen, zu dem wir zusammen eingeladen waren, fast vom Tisch. Umgekehrt hatte ich bei einem anderen Abendessen einen Finanzmagnaten als Tischnachbarn, der intuitiv für magische Dinge Verständnis zeigte, obwohl ich nur ganz flüchtig darauf anspielte, weil ich die anderen Gäste nicht langweilen wollte. Die Menschen, die Sinn für Magie haben, fallen nicht unter eine klar abgegrenzte

Kategorie; ausgerechnet ein wuschelköpfiger Grafiker, dem man ein Organ dafür zutrauen möchte, kann sich als Mann herausstellen, der Zauberei für mittelalterlich hält.

Halten Sie sich von Männern, die Magie kurzerhand ablehnen, möglichst fern, nicht nur, weil sie sich Ihnen gegenüber feindlich verhalten (und darum für eine Heirat nicht in Frage kommen), sondern mehr noch, weil sie in vielfacher Hinsicht an Gehirnschwund leiden. Sie gehören zu den Das-muß-ich-erst-sehen-bevor-ich's-glaube-Leuten. Seien Sie also vorsichtig, wenn Sie die nächste Zauberzeremonie vornehmen, um Ihren zukünftigen Gatten zu entdecken; das heißt, nehmen Sie sie nur in einer Gegend vor, wo es die größtmögliche Anzahl von Kandidaten gibt, die sympathisch sind:

Zünden Sie, sieben Abende hintereinander, eine weiße und eine rote Kerze an und stellen sie auf Ihr Fensterbrett (aber nehmen Sie jeden Abend neue Kerzen). Der erste annehmbare Mann, dem Sie am Morgen des achten Tages begegnen, wird Sie heiraten.

Mehr noch als Neujahr ist Weihnachten ein Feiertag, den man nicht gut allein verbringen kann. Ihn allein verbringen heißt, sich eine Welle von Selbstmitleid und Depressionen einladen, in der jede Hoffnung, je wieder einen glücklichen Augenblick zu erleben, ertrinkt. Weihnachtsdepressionen gehören zu den schlimmsten; das Mißbehagen, das die meisten Menschen in dieser Jahreszeit empfinden, kann in schweren Fällen sogar zum Selbstmord führen. Das klingt zwar übertrieben, aber wenn Sie einmal gesehen haben, wie selbst durchaus gesunde und vernünftige Leute, wenn sie zu Weihnachten keine Einladung haben, herumflattern, um jemand aufzutreiben, der sie doch noch einlädt, werden Sie verstehen, daß ein ernstlich deprimierter Mensch unter dem Druck, mit niemand zusammensein zu können, überschnappt.

Sorgen Sie also, falls Sie die Feiertage nicht bei Ihrer Familie verbringen, beizeiten für die eine oder andere Zerstreuung. Wenn Sie keine Party wissen, zu der Sie sich einladen können (obwohl das unwahrscheinlich ist, da zu Weihnachten das Partynachrichtennetz besonders gut funktioniert), geben Sie selber eine. Schicken Sie die Einladungen frühzeitig weg; aus den Antworten können Sie dann sehen, wer an dem elenden Tag dazubleiben vorhat. Sie brauchen dann nur noch herauszufinden, wem es Spaß machen würde, am Nachmittag mit Ihnen schlittschuhlaufen und am Abend mit Ihnen ins Kino zu gehen, und – das Wichtigste von allem – wer auf dem Trockenen sitzenden Damen das Weihnachtsmahl serviert. Sie sehen, das Geheimnis der Jahreszeit heißt, sich tummeln.

Aber es kann sein, daß Sie sich trotzdem am späten Weihnachtsabend deprimiert fühlen. Ihre Erinnerung schweift in die Kindheit zurück, und Sie denken an Nikolaus und an die Strümpfe, die Sie Weihnachten immer an den Kamin hängten. Sie sollten dann, um sich zu zerstreuen und Ihre Stimmung zu heben, eine magische Zauberhandlung vornehmen. Eine Hexenfreundin von mir bezeichnet die folgende Zeremonie als für diesen Abend besonders geeignet:

> *Legen Sie ein Stück Kohle, einen Stechpalmenzweig und einen Tannenzapfen unter Ihr Kopfkissen. Gehen Sie zu Bett, und noch bevor der Morgen dämmert, wird Ihr zukünftiger Mann Sie im Traum besuchen. Am Morgen werden Sie ihn dann an Ihrem Haus vorbeigehen sehen. (Rennen Sie ihm aber nicht nach, sonst kriegen Sie ihn nicht.)*

Es kann sein, daß, wenn Sie eine Zeitlang Hexerei getrieben haben, Ihnen eines Tages aufgeht (das ist schon vielen passiert), daß Sie sich in einem normalen Leben, mit dem sprichwörtlichen ordentlichen Mann zum Beispiel, den dann seine Versicherungsgesellschaft zum Bezirksdirektor macht, nie wohlfühlen würden. Die Aussicht, am Dienstagnachmittag mit irgendwelchen Damen Bridge spielen zu müssen, langweilt Sie schon jetzt zu Tod, und mit dem Golfklub steht es nicht viel anders.

Damen, die Hexenkunst treiben, sind durch die Bank unkonventionell und neigen, ob verheiratet oder nicht, zu einem Leben voller Abwechslung. Das, und ihr Unabhängigkeitsdrang, macht es ihnen schwer, zur Ruhe zu kommen und Hausarbeit zu tun, wenn sie statt dessen draußen sein könnten und einen Zauberspruch auftreiben, der ihnen das Geld für eine Reise um die Welt verschafft, oder die Stadtväter behexen, die so wichtige Probleme wie das der Umweltverschmutzung und der Armut vor sich herschieben.

Hexen können auch nicht gut mit spießigen Männern verheiratet sein, die in der Frau nur ein schmückendes Beiwerk sehen. Hexenkunst ist alles andere als ein oberflächlicher Zeitvertreib. Eine Hexe, die einen Mann der alten Schule heiratet, wird ihm über kurz oder lang feind werden – ein gefährlicher Zustand. Hexen, die sich geringgeschätzt fühlen, belegen ihre sündigen Ehemänner, ohne lange zu fackeln, mit einem Zauber.

Um zu vermeiden, daß Sie spießige Männer kennenlernen, halten Sie sich von spießigen Wohngegenden am besten fern. Leben Sie auch nicht in Kleinstädten; leben Sie in einem lebhaften Viertel einer Großstadt, und gehen Sie auch nicht zu oft in Singles-Bars, denn dort treffen Sie doch nur altmodische junge Rechtsanwälte, Börsenmakler und smarten Managernachwuchs. Finden Sie heraus, wo sich *Ihr* Typ von Mann herumtreibt (die netten und klugen Männer hängen nämlich genauso zusammen wie die spießigen).

Wenn Sie sich mit einem Kreis vernünftiger und vorurteilsloser Freunde umgeben haben, warten Sie den Sankt-Valentins-Tag ab, um zu erfahren, wann Sie Ihren modernen Mann heiraten werden:

> *Gehen Sie am Sankt-Valentins-Tag frühmorgens aus dem Haus. Wenn das erste Tier, das Sie sehen, ein weißer Hund ist, werden Sie in sieben Monaten verheiratet sein. Wenn Sie als erstes eine schwarze Katze sehen, heiraten Sie womöglich nie.*

Es gibt Situationen, die automatisch Verderben über eine Ehe bringen; die am häufigsten vorkommende hat etwas mit Geld zu tun oder vielmehr mit Geldmangel. Bevor Sie heiraten, ist es deshalb äußerst wichtig für Sie, sich über Ihr Verhältnis zum Geld klarzuwerden. Sie brauchen dazu nur sich selbst gegenüber ganz aufrichtig und offen zu sein. Geld ist weder etwas Schmutziges, noch Verabscheuenswertes. Aber wenn Sie sich eingeredet haben, daß Sie über Geld erhaben sind, und das gar nicht stimmt, dann passen Sie auf, wenn Sie einen Mann mit bescheidenen Mitteln heiraten.

So kenne ich ein Mädchen, das kein Geld nötig zu haben meinte; sie ist jetzt dreizehn Jahre mit einem ziemlich armen Kerl verheiratet. Aber jeder Augenblick dieser dreizehn Jahre ist für sie die reine Hölle gewesen, und aus ihr ist ein bissiges Ungeheuer geworden, an dem alles Frustration verrät. Da sie nicht sonderlich attraktiv ist, vermute ich, daß sie Angst davor hat, sich scheiden zu lassen. Sie glaubt wahrscheinlich, daß sie nie wieder heiraten wird – einfach nicht hübsch genug, um sich einen anderen Mann zu angeln. Dächte sie doch wenigstens einmal an das Unheil, das sie rings um sich her anrichtet! ...

Nachstehend eine Wahrsagetechnik, um zu entdecken, welchen Beruf Ihr zukünftiger Mann haben wird. Wenn Ihnen der Beruf nicht paßt, sollten Sie sich in hochgestocheneren und besser betuchten Kreisen umsehen.

Nehmen Sie ein Kartenspiel und mischen es gründlich. Dann legen Sie die Karten aus und achten darauf, welche von den im folgenden aufgeführten Karten als erste erscheint (sie verrät Ihnen nämlich den Beruf Ihres Mannes):
Herz-As: ein Geistlicher; Pik-As: ein Dieb; Kreuz-As: ein Taugenichts; Karo-As: ein Millionär; Herz-König: ein Philosoph; Pik-König: ein Spieler; Kreuz-König: ein Künstler; Karo-König: ein Angestellter; Herz-Bube: ein Professor; Pik-Bube: ein mieser Playboy; Kreuz-Bube: ein Träumer; Karo-Bube: ein gewöhnlicher Arbeiter.

Viertes Kapitel

Ein paar Zauber für Männer

Meine erste Reaktion auf die Idee, dieses Kapitel zu schreiben, war ganz und gar negativ. Ich hatte das Gefühl (das sicher auch Sie haben werden), einem gefährlichen Störenfried Einlaß zu gewähren. Da habe ich uns Frauen mit allen möglichen Künsten ausgerüstet, die Männer dahin zu bringen, wo wir sie haben wollen, nämlich unter das Gebot unseres Willens, und nun gehe ich hin und belehre sie, daß sie die gleiche Macht über uns ausüben können! Aber ich habe lange darüber nachgedacht, und ich meine, ich sollte auch den Männern ein bißchen helfen (beachten Sie bitte, in einem ganz kurzen Kapitel und nur was Liebessachen betrifft; Zauberhandlungen, um einem Feind zu schaden – der möglicherweise ja Sie sein könnten –, kommen darin nicht vor).

Männer entweder als Liebes- oder als Haßobjekte zu betrachten, ist leicht (der Akzent liegt auf „Objekte"). Aber Männer sind lebende menschliche Wesen und nicht die Bilder, die wir von ihnen heraufbeschwören und auf die wir uns in unserem Geist konzentrieren. Sie sind Wesen mit aufrichtigen Gefühlen und Empfindungen und nicht die gefährlichen zweidimensionalen Kreaturen, die wir aus ihnen machen. Sie sind auch nicht notwendigerweise darauf aus, uns fertigzumachen, sondern ebenso imstande, weise und in guter Absicht Magie zu treiben, wie wir.

Bei näherer Überlegung ist der Gedanke, daß ein anziehender Mann den Wunsch haben könnte, uns mit einem Liebeszauber zu bestricken, gar nicht so unangenehm. Das ist ein Grund mehr, warum ich dieses Kapitel geschrieben habe. Nehmen wir einmal an, Sie haben einen aufregenden Mann zum Essen eingeladen, und auf einem Tischchen liegt dieses Buch, und Sie sehen, wie er darin blättert und in dem Abschnitt *Liebesmagie für Männer* zu lesen beginnt. Wenn er dann noch Papier aus der Tasche zieht und sich, während Sie in der Küche sind, um Kaffee zu kochen, heimlich Notizen macht – offenbar doch, weil er Sie behexen will –, würde Sie das nicht begeistern?

Natürlich kann genausogut ein nur sehr wenig anziehender Mann auf Ihr Zauberbuch stoßen und Sie verzaubern. Ich rate darum, Ihr Zauberbuch verschlossen zu halten und nur dann hervorzuholen, wenn Sie einen Mann zu Gast haben, dem Sie es in die Hand spielen wollen. Kurz, die Sache liegt ganz in Ihrer Hand.

Ein anderer Haken dieses Kapitels – dem ich aber Rechnung getragen habe – ist der falsche Gebrauch, den Männer von diesen Liebeszaubern machen könnten. Die meisten magischen Handlungen sind nur etwas für Fortgeschrittene; Anfänger, die sich an ihnen versuchen, können sich in ernste Schwierigkeiten bringen. Liebesmagie, die fehlschlägt, entwickelt Bumerangeffekte und verwandelt jede Frau, die der Magier trifft, in eine Salzsäule. Für den Zauberer, der einen Fehler macht, gibt es keine glückversprechenden Verabredungen mehr. Schon bei dem Gedanken, mit ihm einen Abend verbringen zu sollen, rennt jedes hübsche Mädchen weg.

Einige der hier angeführten Liebeszauber – um die Hexen nicht zu sehr zu begünstigen – sind für Anfänger. Der Kniff ist der, mit den leichten anzufangen, da bei ihnen Fehlschläge nicht so schlimm sind. Anschließend können Sie sich dann an schwereren versuchen, die Ihnen dauerhaftere Verbindungen oder sogar eine Frau eintragen.

Denken Sie immer daran, daß die Grundlage aller Magie die Fähigkeit ist, in Ihrem Geist ein vollkommenes Bild der gewünschten Person heraufzubeschwören (üben Sie diese Fähigkeit, indem Sie sich vertraute Umgebungen oder die Gesichter von Freunden vorstellen). Weiter müssen Sie beträchtliche Quantitäten Gefühl aufbringen und auf die gewünschte Person projizieren können, wobei Sie deren geistiges Bild als Brennpunkt benutzen. Die Zaubersprüche helfen Ihnen dabei, Ihre Kräfte mobilzumachen, sich zu konzentrieren und Ihren Willen gebündelt auf sein Ziel zu richten.

Erstaunlich hübsche Mädchen sind erstaunlich oft zu Hause, wenn man bei ihnen anruft, weil kein Mann sich auch nur eine Sekunde lang vorstellen kann, daß derartig großartige Geschöpfe nicht dauernd auch ebenso großartige Männer um sich haben. Tatsächlich haben selbst außergewöhnlich gut aussehende Frauen oft Schwierigkeiten, jemanden zu finden, der sie auch nur an die See mitnimmt. (Haben Sie schon einmal daran gedacht, daß hübsche Blondinen nur deshalb so dumm sind, weil niemand sie zu einem Spaziergang oder ins Kino einlädt und sie keine Gelegenheit haben, das geringste zu lernen?)

Ein wirklich großartig aussehendes Mädchen, das ich kenne, geht zwar gelegentlich aus, klagt aber darüber, sehr oft allein zu sein, worauf kein Mann kommen würde (und Frauen auch nicht, die, nebenbei, hemmungslos boshaft sein können, wenn sie über ein hübsches Mädchen reden, das sie für hochmütig oder reserviert halten). Dahinter steckt, daß die meisten Männer, wenn sie mit einem hinreißend schönen Mädchen zusammen sind, nur dessen Schönheit und nicht die Frau hinter ihrem Gesicht und Körper sehen. Ein hübsches Mädchen wird nur zu oft als Objekt ohne Persönlichkeit behandelt, und natürlich merkt es das und ist verletzt. Solche Mädchen lernen meist rasch, mit ihren Verletzungen fertig zu werden, und ziehen sich oft für immer in ein Schneckenhaus zurück oder werden schrecklich schüchtern und scheu. Andere wiederum reden sich ein, daß Hübschsein irgendwie Sünde ist, und laufen herum und haben ihrer Gesichter und Körper wegen Schuldgefühle.

Aber wie dem auch sei, es gibt nur wenige wirklich bübsche Mädchen, die den Männern über den Weg trauen, und sie verbringen viel Zeit damit, sich zu fragen, ob man ihnen nun ihrer Seele oder nur ihres Körpers wegen den Hof macht. Wenn Sie ein wirklich hübsches Mädchen kennenlernen, das Sie reizt, weil sie noch etwas mehr als nur ein hübsches Gesichtchen ist, probieren Sie an ihr folgenden Zauber aus (für Anfänger sehr geeignet) und versuchen Sie, ob Sie ihr Herz gewinnen können:

Nehmen Sie eine Kartoffel und tun Sie sie in einen Glasbehälter mit reichlich Wasser. Schwören Sie dabei dem Mädchen ewige Liebe. Sehen Sie jeden Tag nach, ob die Kartoffel schon gewachsen ist, und sagen Sie dabei:

So, wie die Geister des Wassers dieser
Wurzel Leben bringen, soll
Meine Liebste zu mir kommen.

Denken Sie daran, sich das Bild Ihrer Schönen vor Augen zu rufen, wenn Sie die Kartoffel in das Wasser legen und Ihre tägliche Beschwörung darüber sprechen.

Sie haben sie an einem Juniabend auf einer Strandparty kennengelernt; die Luft war still und mild, und sanft leckten die Wellen den Sand hinauf. Sie kam und setzte sich neben Sie ans Feuer, und die Flammen sprühten Licht über ihr Gesicht und schlugen Goldfunken aus ihrem Haar. Sie brachten kein Wort heraus, starrten sie an, und die Zeit stand still.

Als Sie wieder zu sich kamen, lächelte sie Sie an, und Sie rückten näher und verliebten sich, in ihre Stimme, ihr Lächeln, ihre Gelöstheit, und wünschten sich, sie von der Gesellschaft trennen zu können und mit ihr im Mondschein spazierenzugehen und sie zu küssen.

Und alles das kam schließlich, und Sie wußten nicht, ob sie wirklich war oder ein Sie zu behexen ausgesandter Geist oder eine Ausgeburt Ihrer überhitzten Phantasie. Aber Sie waren sicher, daß sie lebte und atmete und sogar aussah, als ob sie ebenfalls in Sie verliebt wäre. Sie sagte sofort ja, als Sie sie fragten, ob sie am nächsten Tag mit Ihnen aufs Land fahren wolle.

Sie waren noch nie zuvor einer Liebe auf den ersten Blick erlegen, aber an diesem Abend überließen Sie sich der nackten Leidenschaft; und in den Wochen die darauf folgten, sahen Sie, wie sehr Sie sich selber aus der Hand geraten und wie verwundbar Sie geworden waren. Wenn sie Sie jetzt verließ, würden Sie verloren sein: ein Schiff, dem man die Taue gekappt hat. Aber Ihre Liebe behielt die Oberhand; Ihre Gefühle, die in Einklang mit der Sonne, dem Mond und den unendlichen Schönheiten dieser Erde schwangen, waren nicht mehr zu zügeln, und Sie streiften alle Vorsicht ab, warfen sich dem vollen Leben in die Arme und gehörten ihr.

Diese totale Befreiung von den das Herz beschützenden Wällen der Selbsterhaltung könnte Ihr Ruin sein. Solch große Leidenschaft endet oft in ebenso großer Pein. Aber es gibt einen englischen Zauber, der Sie beschützen kann, wenn Sie sich so weit vorgewagt haben, daß es kein Zurück mehr gibt:

Nehmen Sie ein Blatt von einem Baum (am besten von einer Esche) in den Mund und sagen Sie, der Sonne zugewandt, folgenden Spruch:

Sonne aus Hitze, Sonne aus Licht,
Bind fest meiner Liebsten Herz.
Laß niemals sie mich verlassen, damit
Unsre Liebe ewig dauert.

Dann nehmen Sie das Blatt und schneiden es in dreizehn Stücke, die Sie Ihrer Dame unters Essen mischen. Wenn sie auch nur ein einziges davon ißt, wird sie zu ebenso großer Liebe bewegt werden, wie Ihre Liebe ist.

Es gibt keine Frau, die nicht mit dem Traum groß wird, einmal einen Märchenprinzen zu heiraten. Er trägt heute in ihrer Vorstellung zwar durchaus lässige Kleidung: Overalls oder Cordjeans; aber er ist trotzdem der Märchenprinz. Er kann Künstler sein oder zum Establishment gehören, aber für alle Frauen, quer durch die Geschichte, sind seine Augen verträumt, sein Lächeln himmlisch und seine Küsse Seelenküsse, die zittern machen.

Dieser imaginäre Mann bringt immer Blumen mit, wenn er sie besuchen kommt: eine Rose oder ein paar Vergißmeinnicht und Veilchen. Er ist gütig, galant und respektvoll. (Wenn sie etwas Dummes oder Falsches sagt, geht er drüber hinweg und korrigiert sie dann freundlich. Wenn sie in einem eleganten Restaurant ihr volles Glas fallen läßt, ergreift er ihre Partei und stellt die Sache als Pech hin oder gibt dem Glas die Schuld.)

Wenn er mit ihr schläft, ist er ganz bei ihr. Er denkt nicht an die anderen neunundneunzig, teils häßlicheren, teils hübscheren Mädchen, die er im vergangenen Jahr kennengelernt hat. Wenn sie Angst hat, spricht er zwischen zwei Küssen mit ihr und gibt ihr seine Leidenschaft zu erkennen, bis sie sicher ist, daß ihre Liebe ihm etwas bedeutet. Dann ist er glücklich, für sie und für sich selbst.

Mit einem Wort, dieser Mann ist phantastisch. Er ist echt, warmherzig und menschlich. Er ist nicht der raffgierige Sammler, der seine Dame als Cocktaileroberung betrachtet; er ist der Mann, der ja sagt zum Leben und zu den Menschen und in der Frau nicht die Chiffonphantasie eines Voyeurtraums, sondern das fühlende menschliche Wesen sieht.

Schade, daß es nur so wenige von diesen phantastischen Männern gibt. Sie sind weder Blumenkinder, noch Papagalli, noch verschwommene Revolutionäre. Sie sind jene seltenen Liebhaber, die bis ans Ende der Welt gehen, um ihre Liebe zu nähren. Sie sind jene großartigen Männer, die folgenden Zauber versuchen dürfen:

Stehlen Sie dem Mädchen, das Sie lieben, einen Ohrring. Tun Sie ihn, zusammen mit einer Windenblüte und etwas Haar von Ihrer Oberlippe, in ein blaues Samtbeutel-

chen. Tragen Sie das Beutelchen um Ihren Hals, und sie wird augenblicklich Ihre Geliebte werden.

Nach den Leserbriefen zu urteilen, die der *Playboy* veröffentlicht, hat es nicht jeder Mann leicht, jede Frau, die ihn anzieht, auch zu verführen. „Wir sind jetzt zwei Jahre lang zusammen gegangen, und jedesmal, wenn ich ein bißchen leidenschaftlich werde, schiebt sie meine Hände weg und sagt, sie möchte noch Jungfrau sein, wenn sie einmal heirate." Der *Playboy* antwortet in solchen Fällen für gewöhnlich: „Wirklich ein Problem, das Sie da am Hals haben. Warum versuchen Sie nicht einmal, mit anderen Mädchen auszugehen?"

Ein solcher Rat stammt natürlich aus der Annahme, daß alles, was ein Mann von einem Mädchen will, ein bißchen körperliches Vergnügen ist; die bei weitem frustrierendere Situation – daß nämlich aller Wahrscheinlichkeit nach der Mann in das Mädchen verliebt ist – wird außer acht gelassen. Er hat das Pech, eine zu lieben, die nicht modern ist und der es nicht in den Kopf will, daß man mit einem Mann, nach dem man verrückt ist, auch schlafen kann. (Altmodische Damen verstehen einfach nicht, daß Gott nicht einen Blitz auf sie herabschickt oder daß nicht plötzlich ihr ganzer Körper mit Warzen bedeckt ist, wenn sie Sex gehabt haben.)

Wenn Sie in ein Mädchen verliebt sind und erfolglos alles, aber auch alles versucht haben, sie zum Nachgeben zu bewegen, dann versuchen Sie einmal, sie mit der nachstehenden magischen Zeremonie zu überwältigender Leidenschaft zu erwecken. Sie wird rasch ja sagen lernen:

Kneten Sie in Wachs die Figur eines Mädchens mit deutlich ausgebildeten Brüsten. Der Mund sollte dem Ihres

Mädchens so ähnlich sehen wie nur möglich. Quer über die Brust der Puppe schreiben Sie ihren Namen und auf ihren Rücken malen Sie einen Kreis mit einem fünfzakkigen Stern darin. Dann sprechen Sie über die Puppe:

Laß wachsen ihre Leidenschaft für mich,
Laß sie ihr Herz überschwemmen,
Laß (ihr Name) sich meinen Wünschen fügen.

Nun nehmen Sie die Puppe und bohren ihr vorsichtig eine Nadel ins Herz. Wenn Sie ins Bett gehen, nehmen Sie sie mit und legen sie neben Ihrem Gesicht auf das Kopfkissen. Am nächsten Morgen waschen Sie sie mit Wasser, einmal im Namen des Vaters, einmal im Namen des Sohnes und einmal im Namen des Heiligen Geistes. Dann tauchen Sie sie in Rosenwasser und setzen sie draußen in die Sonne zum Trocknen. Wenn Sie die Begierde des Mädchens erregen möchten, nehmen Sie die Puppe in beide Hände und projizieren Sie heftige Leidenschaft darauf. Sie wird völlig ungehemmt in Ihren Armen liegen, wenn Sie das nächste Mal zusammenkommen.

Eine der großartigsten Eigenschaften der Männer ist ihr nahezu unbegrenzter sexueller Appetit. Einer prachtvollen Frau gegenüber zögern sie nicht lange und betrachten ihre Reize zurückhaltend und von fern, sondern drehen auf und stürzen sich mit glänzenden Augen, jede Drüse ihres Körpers in Alarmbereitschaft, hinein. Die Werbung ist unglaublich aggressiv, die Erfüllung rückhaltlos. Und ist ihre Lust gestillt, ist es nur eine Sache von Minuten, sie aufs neue zu erregen.

Frauen dagegen zögern („Will er wirklich mich oder nur meinen Körper?“) und fallen einem lästig mit ihren „Ich-bin-nicht-so-eine“-Antworten und ihren tausend Ausflüchten. (Die wenigen Damen, die inzwischen einfach tun, was ihnen gefällt, wenn es ihnen gefällt, haben es gut.) Es ist alles andere als schön, ein puritanisch prüdes, von Schuldgefühlen gehemmtes Mädchen zu sein, dessen innere Konflikte schon beim Küssen beginnen und sich beim Gestreichelt- und Betastetwerden noch steigern, von mehr gar nicht erst zu reden. Und obwohl es durchaus in Ordnung wäre, wenn die Frauen endlich über ihre Nonnenträume, in denen sie von der Madonna und von ihrem Gewissen geplagt werden, hinwegkämen und zu sich selber und zu ihrem Recht auf Lust ja sagen lernten, ist das noch immer nicht der Fall. (Wie kommt es eigentlich, daß man nicht auch den Männern mit der Hölle droht, wenn sie hinter Frauen herlaufen?)

Sie Dummkopf haben sich in eine schlanke, afro-haarige Schönheit verliebt, die – was ganz neu ist – kneift. Was Sie tun müssen, ist, die Range aus ihr herauskitzeln, und so können Sie das:

Leihen Sie ihr bei der ersten Gelegenheit eins Ihrer Taschentücher. Wenn Sie es – gebraucht – zurückbekommen haben, wickeln Sie eine Ginsengwurzel hinein. Dann füllen Sie frische Kohle in ein Becken und verbrennen das Taschentuch mit der Wurzel. Sagen Sie dabei:

Laß (ihr Name) gelüsten nach mir so,
Wie diese Flamme höher leckt.

Konzentrieren Sie sich auf ihr Gesicht, während Sie das

sagen, und noch bevor der Mond wechselt, wird sie die Ihre sein.

Über die Fähigkeit zu verfügen, wen immer man wünscht mit einem Zauber zu belegen, ist eine fabelhafte Sache. Allerdings muß, wie bei der Ausübung jeder Macht, auch hier ein gewisses Maß Verantwortung dabeisein. Macht, die einer unüberlegt und aufs Geratewohl gebraucht, schlägt leicht auf ihn selbst zurück und bringt ihn zu Fall. Wenn wir das Gleichgewicht der Natur stören, büßen wir dafür; wenn wir Macht mißbrauchen, büßen wir dafür. Der natürliche Zustand des Universums ist Harmonie; Dissonanzen werden unweigerlich beseitigt. Wenn wir durch Machtmißbrauch Unordnung schaffen, setzen wir uns allen möglichen schrecklichen Rückwirkungen aus.

Ich habe einen Freund, einen blendend aussehenden blauäugigen, goldhaarigen jungen Zauberer, der sich, aus welchem Grund auch immer, eines Tages in den Kopf setzte, aus jeder ihm begehrenswert erscheinenden Frau, die er kennenlernte, seine Sklavin zu machen. Er hätte sich dazu gar nicht erst anzustrengen, geschweige denn Magie zu bemühen brauchen, da es nicht viele Sterbliche gibt, die mit dem Gesicht und dem Körper eines Apoll herumlaufen. Trotzdem wandte er an rund fünfzig Mädchen den weiter unten angeführten Zauber an, und jede kroch ihm zu Füßen. Seine Wohnung floß über von Frauen. Eine tat nichts als seine Schuhe putzen. Eine andere verbrachte Stunden damit, seine Socken zu bügeln. Eine ganze Phalanx von Mädchen stand in der Küche und bereitete die feinsten Delikatessen, bis er nicht mehr konnte. Andere badeten ihn, rieben seinen Körper mit Öl ein und verzärtelten ihn, bis ihm ganz schwach wurde von soviel Aufmerksamkeiten.

Da lernte er eine dunkelhaarige Frau kennen; es war Begehren auf den ersten Blick, und auch sie sollte seinen Zauberkünsten erliegen. Er praktizierte sie, und am Abend kam sie zu ihm. Eben wollte er sie in die Arme nehmen, da begann sie einen Singsang, sprang wie besessen auf, schleuderte ihm Flüche entgegen und rief die Statthalter Satans auf, ihn zu vernichten. Die Frau war eine Hexe; er war erledigt.

Und kaum war der Zauber gebrochen, drängten sich seine nun befreiten Sklavinnen um ihn, verfluchten ihn, zerkratzten ihm mit ihren Nägeln das Gesicht, während mein Freund, außerstand sich zu schützen, auf dem Bett lag. Ihre Wut wuchs; ich kam hinzu, als ihm eine rasende Blonde gerade an die Kehle fuhr. Ich warf mich sofort auf sie und riß sie weg. Ich kreischte eine Zauberformel, und eine nach der andern ging weg.

Mein Freund ist seitdem nicht mehr derselbe. Er hat alle Freude am Leben verloren. Wenn er sich überhaupt noch einmal etwas wünscht, ist es ein Produkt seiner übersättigten Phantasie. Er tut wenig mehr als im Bett liegen. Ein freundliches Mädchen sieht jeden Tag nach ihm und sorgt dafür, daß er etwas ißt, aber er ist ausgebrannt und zu nichts mehr fähig. Ich hoffe, ihn eines Tages zu einem Psychiater schleppen zu können, um zu sehen, ob sich nichts für ihn tun läßt.

Es ist wichtig, daß Sie wissen, was Sie tun, wenn Sie den nachstehenden Zauber anwenden. Wenn Sie vorher noch nie Magie praktiziert haben, fangen Sie bitte nicht ausgerechnet mit ihm an. Novizen sind nicht erfahren genug, Frauen zu ihren Sklavinnen zu machen. Sollte der Zauber nach hinten losgehen, kann er Sie töten.

Nehmen Sie ein Stück neues Pergament und zeichnen Sie

darauf drei konzentrische Kreise. In den Mittelpunkt dieser Kreise schreiben Sie mit einem in Asche getauchten Gänsekiel den Namen der Frau, die Sie begehren. Dann stechen Sie sich mit einer Nadel in den linken Daumen und zeichnen mit dem Blut in den inneren Kreis in gleichen Abständen sieben fünfzackige Sterne. In den nächsten Kreis zeichnen Sie (wieder mit Blut und ebenfalls in gleichen Abständen) sieben offene Augen samt Pupille, und in den äußersten Kreis zeichnen Sie (abermals mit Blut) sieben Viertelmonde, deren Zipfel nach Westen zeigen.

Nun falten Sie das Pergament zweimal in der Mitte und gehen damit nach draußen. Nehmen Sie eine schwarze Kerze und ein Hufeisen mit. An einem geschützten Platz (einem Garten, einer Wiese oder so) stellen Sie die Kerze auf die Erde und zünden sie an. Dann knien Sie vor der Kerze nieder und verbrennen das Pergament in der Kerzenflamme, während Sie mit der linken Hand das Hufeisen zum Mond emporhalten. Sprechen Sie dabei laut die folgende Beschwörung:

Herr der Nacht, des Monds und der Sterne,
Allsehendes Auge,
Hör mich.
Großer Luzifer, Beelzebub,
Und alle gefallenen Engel,
Hört mich.
Ich befehle euch, hierherzukommen
Und auf mich zu hören.
Nehmt (hier sagen Sie ihren Namen)
Und bringt sie mir her.

Treibt sie mir zu,
Nehmt ihre Seele und gebt sie mir.
Herr der Nacht, großer Luzifer,
Tu, was ich dir sage,
Oder ich will dich mit den Engeln und
Dem ewigen Himmelslicht plagen.

Wiederholen Sie die Beschwörung, dann nehmen Sie etwas Asche von dem verbrannten Pergament und zeichnen damit ein Kreuz über Ihr Herz. Vergraben Sie das Hufeisen und die Kerze da, wo Sie gekniet haben, und gehen Sie, sich das Gesicht der von Ihnen begehrten Frau vergegenwärtigend, nach Haus und ins Bett. Innerhalb von zwei Tagen wird die Frau als Ihre Gefangene zu Ihnen kommen.

Gelegentlich erschreckt mich eine Statistik. Ich schenke Statistiken zwar nicht allzuviel Glauben, aber neulich las ich, daß zwischen fünfunddreißig und vierzig Prozent aller verheirateten Frauen offenbar schon einmal Ehebruch begangen haben. Das Schockierende an dieser Statistik ist, daß ich nicht sehe, wie man sie – was ja oft geschieht – frisiert haben könnte. Entweder haben fünfunddreißig bis vierzig Prozent aller verheirateten Frauen Ehebruch begangen oder nicht: damit hat's sich. (Die entsprechenden Zahlen auf seiten der Männer sind natürlich wieder etwas anderes.)

Was mir eine solche Statistik verrät, ist etwas, das ich schon seit langem glaube. Die Ehe ist tot – jedenfalls in der Form, die wir kennen. Bei den vielen unglücklich verheirateten Damen und der immer mehr Boden gewinnenden Frauenbewegung wird es auch nicht mehr lange dauern, bis wir Nachrufe auf den Tod der Ehe lesen werden. Die Aussicht ist natürlich wunderbar, denn wenn wir die Ehe in ihrer bisherigen Form abschaffen, brauchen wir uns nicht mehr mit ihrem Elend zu befassen und können uns ein neues und besseres System ausdenken. Ehe ist eine Beziehung, und wir alle brauchen Beziehungen; nur, was wir brauchen, ist eine bessere Form, diese Beziehungen auszudrücken. Ich selber trete im Augenblick für eine Heiratslizenz ein, die alle ein bis zwei Jahre erneuert werden muß. (Idealiter bin ich natürlich für freie Liebe, aber das liegt bei dem nach wie vor in unserer Gesellschaft eine Rolle spielenden Widerstand dagegen noch Generationen weit weg.)

Wenn Sie unter einer unglücklichen Liebesaffäre leiden (ganz gleich, ob Sie nun verheiratet sind oder nicht) und Ihr unfreiwilliges Wie-ein-Mönch-Leben nicht mehr aushalten, wird es Sie freuen, zu hören, daß es eine aus dem 18. Jahrhundert stammende französische Zauberformel gibt, die Ihnen bei jeder Frau, die Sie für ein amouröses Abenteuer gewinnen wollen, augenblicklich zu Erfolg verhilft:

> *Nähern Sie sich dem Gegenstand Ihres Verlangens und berühren Sie ihn, wo Sie gerade können. Singen Sie dabei:*
>
> *Ziel meiner Lust,*
> *Wende dich mir zu,*
> *Deinen Körper zu meinem,*
> *Dein Verlangen zu meinem,*
> *Gib dich mir.*

Es amüsiert mich immer, wenn ich auf einen Mann stoße, der zwar laut beteuert, wie modern er sei, tatsächlich aber noch ganz im Netz viktorianischer Moralbegriffe steckt. Gerät dieser Mann einmal an eine tatsächlich moderne Frau, eine Frau, deren Liebesbeziehungen schon heute so aussehen, wie in Zukunft wahrscheinlich alle Liebesbeziehungen aussehen werden, fängt er in seinem viktorianischen Gefängnis zu zappeln an und sich zu winden und Sätze mit „Aber" zu stottern.

Mutters Platz ist nicht länger mehr daheim („Aber"); die Ehe hat keine Gültigkeit mehr („Aber"); die Ausbeutung des weiblichen Körpers muß aufhören: keine Oben-ohne-Kellnerinnen mehr – nieder mit dem *Playboy* („Aber"). Es gibt deswegen nicht mehr weibliche Künstler, weil unterdrückte Frauen an Windel- und Abwaschmentalität leiden („Aber").

Tatsache ist, daß sich das Bewußtsein der Frauen ungefähr dreimal so rasch erweitert wie das der Männer, und daraus ergibt sich ein merkwürdiges Problem: Männer können mit Mädchen, die bereits im Stil des 21. Jahrhunderts denken, nicht fertigwerden. Männer finden moderne Mädchen zwar interessant, können aber nur schwer eine Beziehung zu ihnen finden. Sie haben ein bißchen Angst davor, sich mit ihnen einzulassen, weil sie nie so recht wissen, was sie als nächstes von ihnen zu erwarten haben. („Nieder mit dem Kinderkriegen"? „Nieder mit dem Sex"?)

Wenn Sie aber meinen, daß Sie es einmal mit einer modernen Frau versuchen sollten (und ein Jammer, wenn Sie's nicht tun, denn alle netten Mädchen sind heute nun mal modern), dann probieren Sie, um ihre Aufmerksamkeit zu erregen, den folgenden alten tschechoslowakischen Liebeszauber aus (wenn Sie sich an ihm als Könner beweisen, kapituliert sie vielleicht und heiratet Sie):

Suchen Sie sich fünf Kastanien (Sie können sie aber auch

kaufen) und binden sie mit einer roten Schnur aneinander, wobei Sie zwischen der einen und der nächsten jeweils drei Knoten machen. Bei jedem Knoten, den Sie machen, wiederholen Sie folgenden Spruch:

Ich mache diesen Knoten, um
Das Herz von (ihr Name) zu umgarnen.
Laß sie weder Schlaf noch Ruhe finden,
Bis sie sich mir zuwendet.

Eine andere traurige Begleiterscheinung, wenn man verheiratet ist oder lange mit jemand zusammenlebt, besteht in dem Verlust jener Phantasie oder jenes Zustands von Selbsthypnose, die man als Verliebtsein bezeichnet. Es ist ganz und gar wunderbar, jemand zu lieben – ihren Beschützer zu spielen, die Eigenschaften zu bewundern, die aus ihr ein einzigartiges menschliches Wesen machen, und tief im Herzen zu wissen, daß, was auch immer geschehen mag, sie Anteil nimmt an Ihnen und Sie in der gleichen Weise für sie empfinden. Aber Romantikern genügt es nicht immer, jemand zu lieben. Ohne das Gefühl, verliebt zu sein, fangen sie an, zu verfallen, meinen einen Teil ihrer selbst zu verlieren und fürchten, daß alle ihre Sinne verkümmern.

Verliebtsein beflügelt die Gefühle und weckt Regionen des Geistes und des Körpers, die für gewöhnlich schlummern. Ohne ein ständiges Vibrieren des Gefühls aber, ohne das intensive Bewußtsein, zu leben, schläft der Dichter in uns ein, und wir kommen uns verarmt und leer vor. Künstler können ohne dieses Gefühl einfach nicht schreiben, malen oder fotografieren – zumindest nicht gut; Gefühl, das brachliegt, produziert keine Einfälle. Fehlt dem Künstler das Gefühl, wird seine Kunst unehrlich, und das merken wir. Nicht nur der Mangel an Gefühl, den das Werk kundtut, mehr noch das offenbare Unbeteiligtsein des Künstlers selber stößt uns ab.

Manchmal ist es nötig, daß zwei Leute, die einander lieben, sich trennen, um ihr verödetes Inneres durch die Phantasie oder Illusion von Liebe wieder zu beleben – indem sie sich verlieben. Wenn Sie jemanden wirklich lieben, hat er nur wenig Geheimnisse mehr für Sie, die Sie dazu bringen könnten, sich von neuem in ihn zu verlieben. Diese subtilen Tiefen sind natürlich auch in der geliebten Person vorhanden, aber der dornenreiche Weg, sie zu entdecken, kann zu lang werden für einen Mann, dessen Gefühlshunger nach augenblicklicher Sättigung verlangt. Für diese Sättigung zu sorgen, gibt es einen alten italienischen Zauber, der Ihnen rasch zu einer Geliebten verhelfen wird – dem warmen Regen auf Ihr ausgetrocknetes Gemüt:

Geben Sie dem Mädchen, das Sie sich ausgesucht haben, ein Getränk, in das Sie aus beiden Augen je eine Träne haben fallen lassen.

Es ist allemal erfrischend für eine Frau, festzustellen, daß der Mann, mit dem sie verheiratet ist, regelmäßig eifersüchtig wird, sobald ihr ein anderer Mann, gleich wer, auch nur die geringste Aufmerksamkeit schenkt. Ein Ehemann, der wie ein Bär brummt, knurrt und jeden auch nur halbwegs Verdächtigen in die Flucht schlägt, gibt einem Mädchen das Gefühl, begehrt und wichtig zu sein, und versichert sie, daß ihre Ehe auf festem Boden steht. Eifersucht bei einem Mann ist etwas, das eine Frau merkt und worauf sie sich verlassen kann – mehr als auf tausend Liebesschwüre, die sie von ihm zu hören bekommt. Liebesschwüre – sogar die des eigenen Mannes – haben die Eigenschaft, sich mit den ersten Strahlen der Morgensonne zu verflüchtigen; Eifersucht dagegen blüht auch tagsüber und unter Zeugen.

Andererseits kann nichts so lästig sein wie ein übereifersüchtiger Ehemann. Wenn Sie Ihre Frau fragen, was sie tagsüber gemacht hat, und dabei mehr als normale Anteilnahme an den Tag legen, wird sie schon bald wittern, daß Sie sie aushorchen wollen, und das wird sie Ihnen verdenken. Sie wird gelegentlich sogar auf einen Mann anspielen, den sie getroffen hat, und gleich zu einem anderen Thema übergehen – nur um Ihre Reaktion zu testen. Wenn Sie sie fragen: „Wie gut kennst du eigentlich diesen Soundso?" oder: „Hat er dich zu einem Drink eingeladen?", kann sie unter Umständen so wütend werden, daß sie zu lügen anfängt und sagt: „Er war mal mein Freund", oder: „Ja, er hat mich jetzt schon zweimal zu einem Drink eingeladen." Wenn Sie dank Ihrer Eifersucht so in das Privatleben Ihrer Frau eindringen, dürfen Sie sich nicht wundern, wenn sie eines Tages die Tür hinter sich zuschlägt.

Wenn Sie wissen, daß Sie ein sehr herrschsüchtiger Mann sind und darum Gefahr laufen, die Zuneigung Ihrer Frau zu verlieren, sollten Sie den folgenden, in einem Zauberbuch des 18. Jahrhunderts empfohlenen Liebeszauber probieren:

Lassen Sie, damit Ihre Frau sinnenfroh und nur Ihnen zugeneigt bleibt, von einer schwarzen Wachskerze neun Tropfen in ein Glas Rotwein fallen. Sagen Sie dabei:

Wenn (ihr Name) je sich von mir wendet,
Will ich, daß sie im Höllenpfuhl endet.

Dann bringen Sie Ihre Frau dazu, diese Mixtur zu trinken, und alles wird gut sein.

Eifersucht ist mit eine der schlimmsten Gefühlsregungen, denen der Mensch unterworfen ist; sobald sie uns erst einmal in ihren Klauen hat, hilft nichts mehr, ihren Griff zu lockern. Einem eklen Wurm gleich legt sie sich um unser Herz, seinen Schlag verlangsamend und erstickend, bis alle Vernunft dahin ist. Dann übernehmen Angst und Wut das Regiment und stürzen uns zwangsläufig ins Unglück.

Ein Mädchen, das ich gut kenne, heiratete einen sehr reichen Mann, der sie abgöttisch liebt. Er machte ihr jedes erdenkliche Geschenk, solange sie noch jung verheiratet waren, und sie machten alle möglichen Reisen zusammen (darunter allein drei Weltreisen), und alle höchst luxuriös und in erlesener Gesellschaft. Als sie in Indien waren, wohnten sie beim Maharadscha von Dschadschpur, und auf Java im Palast eines anderen Fürsten. Und da seine Frau sehr hübsch ist, wurde der reiche Mann mit der Zeit eifersüchtig auf die Aufmerksamkeiten, mit denen sie ihre berühmten und mächtigen Gastgeber überhäuften. Sie hörten auf, zu reisen, und bezogen in New York ein weitläufiges Stadthaus.

Meine Freundin ist eine bewundernswürdige Gastgeberin, und sobald ihr Haus auf das kostspieligste eingerichtet war, fing sie an, Partys zu geben, und eroberte sich rasch in der Gesellschaft einen Platz. Ihr Mann aber, ständig von Eifersucht geplagt, fing an, ihr nachzuspionieren. Seine schwarze Limousine fuhr gegenüber dem Friseursalon vor, wo sie jeden Morgen hinging, und folgte ihr dann zu dem Restaurant, wo sie sich immer mit Freundinnen zum Essen verabredete. Am Nachmittag glitt sie langsam an den Boutiquen vorbei, wo meine Freundin ihre Abendgarderobe ergänzte. Seltsamerweise erwähnte meine Freundin diese pausenlose Überwachung seitens ihres Mannes nie, und ich bin mir nicht einmal sicher, ob sie überhaupt etwas davon wußte, obwohl ich selber jedesmal, wenn ich mit ihr irgendwo hinging, schon bald seinen Wagen entdeckte.

Eines Abends hatte ich Gelegenheit, mit dem Mann meiner Freundin über seine perverse Veranlagung zur Eifersucht ins Gespräch zu kommen, und empfahl ihm einen Treuetest, von dem ich glaubte, daß er ihm Erleichterung verschaffen könnte. Er ist meiner Empfehlung gefolgt und hat seitdem sein zwanghaftes Ihr-Nachspionieren (bis auf gelegentliche Ausnahmen) eingestellt. Der Treuetest, den ich von einem ungewöhnlich begabten Zauberer habe, geht so:

> *Kaufen Sie einen Granat und lassen Sie daraus einen Anhänger arbeiten. Schenken Sie ihn Ihrer Frau und behalten Sie ihn sorgfältig im Auge. Sollte sie Ihnen untreu werden, wird er seine Farbe verändern.*

Mir scheint, Sie sind inzwischen hinreichend gewarnt, was die möglichen Gefahren angeht, wenn Sie leichtfertig mit Zauberei herumspielen. Ich hoffe, Sie haben sich meine Worte zu Herzen genommen. Ich weiß natürlich, daß der eine oder andere von Ihnen zu der Sorte Männer gehört, die um jeden Preis gefährlich leben müssen. Wenn sie zum erstenmal schilaufen gehen, steigen sie auf den höchsten Gipfel, zücken ihren Leitfaden für Anfänger und machen sich an die Abfahrt. Wenn sie Auto fahren, fahren sie fast immer schnell – besonders wenn sie angetrunken sind.

Es ist ein trauriges Schauspiel, einem Mann, der alles hat,

dabei zuzusehen, wie er, eines heimlichen Selbstmördergelüsts wegen, sein Glück verspielt. Eine bedenkliche Fehleinschätzung seiner selber läßt ihn, um seine Geschicklichkeit und Männlichkeit zu beweisen, dauernd auf dem Seil tanzen. Einmal verliert er bei diesem Bravourakt, und er stürzt ab und es ist mit ihm vorbei.

Glücklicherweise gibt es manchmal in der Magie die Möglichkeit, unterlaufene Fehler zu reparieren. (Ich betone: manchmal, nicht immer.) Sie können ebensogut bei einem magischen, wie bei einem Schi- oder Autounfall ums Leben kommen. Aber in Fällen, in denen Sie sich, eines schlecht oder falsch ausgeführten Zaubers wegen, selber mit einem Fluch belegt und zum Paria oder Todesengel gemacht haben, besteht Hoffnung.

Wenn Sie das Opfer eines magischen Akts werden, empfehle ich Ihnen, eine Zigeunerhexe aufzusuchen. Zigeuner gibt es so ziemlich überall; Sie müssen sich nur ein bißchen umsehen. Eine Hexe hat die Macht, Sie vom bösen Blick zu befreien.

Wenn jemand Sie haß- oder neiderfüllt ansieht, übt er an Ihnen den bösen Blick aus. Wenn, eines magischen Fehlschlags wegen, Sie jeder haßerfüllt ansieht, sind Sie einer fremden schwarzen Macht erlegen. Vielleicht möchten Sie die Zigeunermagie noch durch eigene Magie unterstützen; bitten Sie eine Ihnen befreundete Hexe, folgenden Zauber vorzunehmen, um Sie vom bösen Blick zu befreien:

Lassen Sie die Hexe als erstes um Mitternacht im Freien einen magischen Kreis um Sie ziehen. Der Kreis muß mit einem Weidenzweig gezogen werden, und dabei muß die Hexe sagen:

Geister der Erde, des Feuers,
Der Luft und des Wassers,
Bleibt fern,
Kommt nicht her,
Zurück von dem Kreis!
Berührt ihn und erleidet
Den Zorn des Himmels.

Dann muß die Hexe um den zuerst gezogenen Kreis mit Salz einen zweiten ziehen und in Abständen Knoblauch darauflegen. Danach muß sie sich, außerhalb der beiden Kreise, das Gesicht nach Norden gewandt, hinsetzen und in einer Wärmpfanne übelriechende Kräuter (z. B. Assafoetida) verbrennen. Der dies begleitende Zauberspruch geht so:

Der böse Blick liegt auf dir.
Weg, böser Blick!
Der böse Blick weicht von dir.
Weg, böser Blick!
Komm sofort hervor, oder ich werde dich
Mit stärkeren Dämpfen plagen.
Komm sofort hervor, oder ich werde dich
Mit meiner Gerte peitschen.
Weg, böser Blick,
Weg von diesem Mann.

Dieser Spruch muß mindestens dreimal oder so lange wie-

derholt werden, bis ein greifbarer Beweis dafür vorliegt, daß der böse Blick von Ihnen genommen ist (Sie spüren das, als ob Ihnen eine schwere Last von der Seele genommen wäre).

Nun müssen Sie dafür sorgen, etwas anziehender zu werden für die Frauen, die Sie kennenlernen. Machen Sie sich sogleich eine ausreichende Menge Parfum zurecht, das zu gleichen Teilen aus Moschus und Patschuli besteht. (Es duftet ein bißchen stark; deshalb brauchen Sie es nur sparsam.) Sie werden feststellen, daß Sie alle Mädchen magnetisch anziehen.

Aber seien Sie, wenn Sie noch einmal ein magisches Aphrodisiakum oder einen Liebeszauber anwenden, diesmal vorsichtiger.

Fünftes Kapitel

Eine Hexe gesund erhalten

Vogelfang

In New York zeichnet sich unter unverheirateten Mädchen seit einiger Zeit die Tendenz ab, ihre Wohnungen mit unverheirateten Männern zu teilen, und vice versa. Untersuchungen darüber, warum ausgerechnet zu diesem historischen Zeitpunkt das Zusammenleben sich solcher Beliebtheit erfreut, liegen bisher nicht vor. Ich vermute, daß hauptsächlich die hohen Lebenskosten und der Abbau der viktorianischen Moral der Grund sind.

Hand in Hand damit geht merkwürdigerweise, daß plötzlich auch alle tierlieb geworden sind. Wenn man die Leute danach fragt, erklären sie einem, daß es doch nett sei, etwas Lebendiges um sich zu haben. Zuzugeben, daß man einsam ist, scheint also nicht länger mehr unmöglich. Besonders in einer großen Stadt, wo man sich praktisch gegenseitig auf dem Schoß sitzt, ist es frustrierend, keine Freunde zu haben. Diese Frustration stoisch zu ertragen, war bis dahin ein nationaler Zeitvertreib.

Die Lieblinge unter den Haustieren sind noch immer die Pudel. Wellensittiche sind etwas für Halbverrückte. Deutsche Schäferhunde werden von Leuten gehalten, die in einer unsicheren Gegend wohnen oder Wertsachen zu schützen haben oder einfach auch nur ängstlich sind. (Ich habe sogar von einem Mann gehört, der einen Wolf mit stechenden gelben Augen hat.) Männer und Mädchen, die sich nicht um ihr Image sorgen müssen, halten sich Katzen, von der Perser- über die Siamkatze bis zur undefinierbaren Promenadenmischung.

Aber es wäre doch sicherlich schön, an einem grauen, trübsinnigen Montag vom Gesang eines Vogels geweckt zu werden. Vögel zu fangen, ist hierzulande verboten, ganz gleich, wie sorgsam Sie mit ihnen umzugehen beabsichtigen. Aber wenn das Verlangen, an ihrer Musik und ihrer Lebenslust teilzuhaben, unwiderstehlich wird bei Ihnen, habe ich hier ein Rezept, sie anzulocken:

Nehmen Sie sieben Haare von Ihrem Kopf und legen Sie sie über eine Silberschale, in die Sie eine Mischung aus Regenwasser und Zucker gefüllt haben. Wenn ein Vogel daraus trinkt, wird seine Seele auf immer Ihnen gehören.

Das Fieber vertreiben

Man sollte meinen, in unserem aufgeklärten Zeitalter müßte es leicht sein, einen Arzt an sein Bett zu kriegen, wenn man krank ist. Leider nicht! Sie liegen zwar da und haben Schmerzen, und Ihr Fieber steigt und Ihre Lippen werden rissig, aber versuchen Sie einmal, einen Arzt dazu zu bringen, daß er kommt. So gut wie unmöglich! Er wird Ihnen teilnahmsvoll zuhören, wenn Sie ihn anrufen, und Ihnen sagen, Sie sollten sich warm anziehen, wenn Sie zu ihm in die Sprechstunde kommen, da die Temperatur draußen unter Null sei. Aber wie sollen Sie sich warm anziehen, wenn Sie so schwach sind, daß Sie kaum den kleinen Finger heben können?

Verzweifeln Sie nicht: hier ist eine berühmte Zauberformel, das Fieber zu vertreiben. Murmeln Sie sie wieder und wieder vor sich hin, zuerst vorwärts und dann rückwärts:

Abracadabra
Abracadabr
Abracadab
Abracada
Abracad
Abraca
Abrac
Abra
Abr
Ab
A

Im gleichen Maß, in dem Sie jeweils einen Buchstaben auslassen, wird Ihr Fieber sinken.

Das Zahnweh vertreiben

Es lohnt sich, Vitamine zu nehmen und frisches Gemüse zu essen, auch wenn Sie beides nicht mögen, denn Krankwerden geht an die Substanz. Wenn Sie sich ein Leberleiden zuziehen oder Nesselfieber bekommen oder an einem Darmverschluß laborieren, können Sie die Krankenhausrechnung nur überleben, wenn Sie versichert sind. Wenn Sie nicht versichert sind, vergessen Sie Ihre Krankheit am besten.

Ähnlich verheerend, was das Bankkonto angeht, wirken sich Sitzungen beim Zahnarzt aus. Für gewöhnlich spricht niemand über die Rechnungen, die Zahnärzte schreiben, aber sie sind abenteuerlich. Wenn wir zum Zahnarzt gehen, verlassen wir ihn praktisch nackt wieder, bei den machttrunken maniakalischen Forderungen, die diese Kerle stellen. Wahrscheinlich sind sie dauernd von ihrem eigenen Lachgas beschwipst.

Es ist deshalb immer ein Schock für mich, wenn ich eine jener freundlichen Karten kriege, auf denen steht: „Zeit für Ihre halbjährliche Routineuntersuchung." Gleich denke ich an weißbekittelte Dämonen, die über meinem geöffneten Mund schweben, die Zange in Bereitschaft, und in ihren Augen glitzert das Dollarzeichen. Ich habe freiwillig einer solchen Einladung noch nie Folge geleistet.

Es ist deshalb ein doppelter Schock, wenn zwei Jahre später und nachdem mich der Zahnarzt schon als verlorene Patientin betrachtet, ein Zahn zu klopfen anfängt. Wie kommt er dazu? Die Sache sagt grausige Rechnungen voraus. Trotzdem verbeiße ich den Schmerz und bleibe dem Zahnarzt so lang wie möglich fern. Für diese Zeit des Sich-Drückens ist der nachstehende Zauber geradezu die Rettung. Er vertreibt das Zahnweh; mit seiner Hilfe habe ich den Gang zum Zahnarzt schon einen ganzen Monat lang aufgeschoben (was natürlich dumm ist, da dann meist eine Wurzelbehandlung nötig wird). Aber wie dem auch sei, dreht euch um in euren Gräbern, ihr Zahnärzte! Und das ist der Zauber, von dem ich sprach; sagen Sie laut und deutlich vor sich hin:

Geh weg, Zahnweh, geh weg, oder
Die schwarze Mumie

Aus dem großen Grabmal
Kommt und holt dich.

Wertsachen schützen

Wenn Sie je ein wirklich kostbares Schmuckstück besessen haben, werden Sie wissen, daß die Freude an seinem Besitz Hand in Hand geht mit der Unruhe, die es Ihnen bereitet. Sie sind sicher, daß jeder Einbrecher in der Stadt von Ihrem Schmuck weiß und ihn sich über kurz oder lang holen wird.

Haben Sie schon einmal versucht, in Ihrer Wohnung ein sicheres Versteck für etwas zu finden? Ganz gleich, was Sie dazu ins Auge fassen – den Frisiertisch, das Bücherbord, das Badezimmer oder die Küche –, Sie sind überzeugt, daß ein Einbrecher ebenfalls dort suchen würde. Sie spüren geradezu seinen heißen Atem in Ihrem Nacken, wenn Sie mit Heftpflaster Ihren Schmuck unter das Waschbecken kleben. Sie sehen förmlich, wie seine zusammengekniffenen Augen schadenfroh aufleuchten, wenn Sie Ihren Schmuck unter den Bettvorleger schieben. Es gibt nur wenig Plätze auf der Welt, an denen man allein sein, geschweige denn etwas verstecken kann.

Meine Eltern haben einen französischen Freund, der während des Zweiten Weltkriegs als Kurier für die Résistance arbeitete. Er erzählte meinem Vater einmal, daß er, während er selber einige Tage von Paris abwesend war, in dem Haus, in dem er mit seiner Mutter lebte, einige wichtige Papiere zurücklassen mußte. Er gab sie seiner Mutter und fragte sie: „Wo, meinst du, werden die Deutschen, wenn sie kommen, wohl am letzten danach suchen? Versteck sie bitte; ich werde dann sehen, ob ich sie finden kann." Sie dachte eine Zeitlang nach, dann versteckte sie sie in dem Rahmen eines Fotos, das auf ihrem Frisiertisch stand. Als er in das Zimmer kam, ging er gleich auf das Foto zu und entfernte die Rückwand. Seine Mutter schrie auf vor Schreck. Darauf nahm er die Papiere, tat sie in einen Umschlag und ging damit zu der Veranda hinter dem Haus. Über der Tür war ein Sims, und auf diesem Sims versteckte er das Paket. Die Deutschen kamen tatsächlich ins Haus, während er weg war, fanden die Papiere aber nicht.

Wenn Sie einen Schmuck haben, den Sie vor Dieben schützen wollen, gehen Sie elfmal um ihn herum und sagen dabei jedesmal:

Bewahrt vor Schaden!
Wer diesen Zauber bricht, wird vom
Fleisch fallen, wird sich in
Staub auflösen.

Freunde unterhalten

Das Leben als Hexe würde Ihnen nicht viel Spaß machen, wenn es nur in so todernsten Künsten bestünde, wie einem Feind das Leben zu verleiden oder einen Mann in die Fänge zu bekommen. Sicher, das sind Künste von höchster Bedeutung und der eigentliche Grund dafür, daß man eine Hexe ist. Aber manchmal ist es auch hübsch, bloß amüsant zu sein und Dinge zu tun, die Sie und Ihre Freunde ein bißchen zum Lachen bringen.

Stellen Sie sich beispielsweise einen schönen, sternklaren

Sommerabend vor. Sie sitzen mit einer Handvoll Freunden und Freundinnen an einem abgelegenen, warmen, vom Mond beschienenen Strand um ein kleines Feuer, an dem Sie Würstchen braten. Sie sind herumkarriolt, haben geschwommen und Wasserschlachten veranstaltet, haben Bier getrunken und zugehört, wie einer auf der Gitarre spielte. Nun läßt die Stimmung etwas nach, und das ist der Augenblick, in dem Sie in Aktion treten. Sie haben etwas getrocknetes Lucuma mitgebracht – eine Frucht, die in Chile wächst (lassen Sie sie sich von einem Freund mitbringen, der seinen Schiurlaub in Portillo verbringt). Wenn Sie etwas davon ins Feuer werfen, wird zur allgemeinen Überraschung der Himmel anfangen, sich zu drehen, und die Sterne werden anfangen, zu hüpfen und zu tanzen, und wenn dieses Schauspiel Ihre Freunde nicht erheitert, wird nichts sie erheitern, und Sie sollten sich besser andere suchen.

Oder Sie sind mit Freunden zum Picknick aufs Land gefahren und sitzen unter einem schattenspendenden Baum auf einer kleeduftenden Sommerwiese. Das ist die Gelegenheit, folgenden eigenartigen Trick vorzuführen:

> *Kneten Sie aus Kleeblüten, einer Honigwabe, etwas Blut aus Ihrer linken Fußsohle einen kleinen Kuchen (Sie dürfen gewöhnliches Mehl benutzen), den Sie dann in eine Schachtel tun. Irgendwann im Lauf des Nachmittags holen Sie den Kuchen heraus und stellen ihn auf einem mit Klee bestandenem Fleck auf den Boden. Nach einer Weile werden plötzlich alle sehen, daß aus dem Nichts eine riesige Kleepflanze emporgeschossen ist und nun unheildrohend dasteht.*

TEIL II

Schadenzauber

SECHSTES KAPITEL

Praxis der Schwarzen Magie

DIE schwarzen Zauberhandlungen, die aus dem Wodu stammen, sind für uns Amerikaner in gewissem Sinn die leichtesten (schließlich liegt Haiti ja nicht so weit weg, und was sich dort tut, ist weithin bekannt). Sehr viele Leute, die über Magie ägyptischer, assyrischer oder sumerischer Herkunft nur die Achseln zucken, werden ernst, wenn es um Wodu geht. Zu viele Geschichten sind im Umlauf über den ungläubigen Weißen, der das Mißfallen eines Woduzauberers erregt und entweder stirbt oder es sein Leben lang bedauert. In seinem tiefsten Herzen ist sich keiner von uns sicher, ob er den Fluch des Hungan, des Wodupriesters, auszuhalten imstand wäre.

Interessant ist, daß die Techniken von Wodu- und von klassischen Zauberzeremonien in bemerkenswerter Weise ähneln. In beiden spielen Beschwörungen und Opfer eine Rolle. Die Wodupriesterin bereitet sich beispielsweise oft dadurch auf einen Zauberakt vor, daß sie mit ihren Zähnen ein Huhn zerreißt und seine Eingeweide zerkaut. Der gewaltsame Tod des Tieres setzt die Vibrationen frei, die es braucht, um den bösen Geist zu wecken, den sie herbeirufen will, damit er von ihr oder ihren Helfern Besitz ergreift. Die Opfer, die in der klassischen Zauberei vorkommen, haben mehr oder weniger den gleichen Zweck.

Dann ist da die Wodupuppe, jenes der Erscheinung eines Feindes angeglichene Gebilde aus Wachs, Ton oder Stoff, in das man Nadeln sticht. In Celebes, Indonesien, ist die Wodupuppe mannsgroß, in Haiti so klein wie unsere Spielpuppen, die von Ägypten, Griechenland und Rom zu uns gekommen sind.

Zauberei hatte für den praktizierenden Magier früher eine beinahe religiöse Bedeutung. Die Absicht des Zauberers ging dahin, mit dem von ihm beschworenen Geist eins und so mächtig wie ein Gott zu werden. Seine Beschwörungsformeln waren nicht vage an irgendeinen, sondern an einen ganz bestimmten Teufel mit Namen Baal oder Aschtoret gerichtet. Uns heute fällt es schwer, in Begriffen dieser Höllenkreaturen zu denken. Um Zauberei für uns akzeptabel zu machen, müssen wir sie von dem ihr anhaftenden Hokuspokus befreien und sie auf ihre praktisch-vernünftigen Perspektiven zurückführen.

Beispielsweise identifizierte sich früher ein Magier mit der Macht, die er heraufrief. Um jemanden zu töten, beschwor er nicht nur einen blutgierigen Teufel, sondern wurde selber zu diesem Teufel und beging als solcher mit seiner ins Ungeheure gesteigerten Geisteskraft denn auch selber den Mord. Für uns ist das nur noch abstoßend und Unsinn. Seit wir wissen, daß die Wirkung von Magie auf geistiger Perfektion beruht, haben wir keinen Anlaß mehr, Teufel werden zu wollen und ihnen unsere Schmutzarbeit zu übertragen.

Auf der anderen Seite ist die alte Auffassung, daß man sich mit der eigenen Geisteskraft an sein Opfer heften soll, psychologisch durchaus sinnvoll. Wenn Sie ein Stück von der Kleidung oder ein paar Haare Ihres Feindes in Ihren Besitz gebracht haben, fällt es Ihnen leichter, sich auf ihn einzustellen – Sie haben dann etwas von ihm bei sich, auf das Sie sich beziehen können. Sein Bild kommt Ihnen mühelos in den Sinn, und sich das Opfer klar vorzustellen, ist beim Verhexen äußerst wichtig.

Wenn die alten Magier mit Bildern oder persönlichen Gebrauchsgegenständen ihrer Opfer arbeiteten, peinigten sie diese gnadenlos. Sie tauchten in höllische Tiefen, bis ihr auf den Feind zu schleudernder Haß teuflische Kraft gewann. Sie schlugen Kröten ans Kreuz (mit dem Kopf nach unten) und verbrannten übelriechende Kräuter von Bilsen-Kraut. Oft wurde das Bild des Opfers auch in Gift oder Wasser ertränkt. Solche Handlungen (mit Ausnahme des Krötenkreuzigens, das ich unverzeihlich finde) haben eine gewisse Bedeutung für uns, weil sie in einen seelischen Zustand versetzen, der der Projektion abgrundtiefen Hasses förderlich ist.

Um den geeigneten Teufel herbeizulocken, umgab sich der alte Magier mit dessen Symbolen. Beispielsweise kleidete er, wenn es um Haß oder Begier ging, den Altar in Rot, trug rote Gewänder, brannte rote Kerzen und so fort. Auch diese Zurüstungen haben für uns einen gewissen Sinn, da sie dazu beitragen, sich in die für schwarze Zauberhandlungen erforderliche seelische Verfassung zu versetzen.

Endlich sprachen die klassischen Zauberer ihre Beschwörungsformeln nicht nur, sondern brachten sich, alle Gefühlskraft aufbietend, in jenen merkwürdigen, beinah selbsthypnotischen Trancezustand, in dem das Ich untergeht und nur mehr reine Projektion ist: eine Technik, deren Bedeutung einleuchtet.

Ich habe diese Punkte hier aufgeführt, weil sie zwar nicht so wichtig für Liebeszauber sind (denn dabei werden Ihr Gefühl und dessen Projektion weniger leicht von einem Zweifel an dem, was Sie tun, gestört, von äußerster Wichtigkeit dagegen für die Schwarze Magie, wo Ihre Gefühle Sie in die Irre führen und in endlose Schwierigkeiten stürzen können – beispielsweise, wenn sich herausstellt, daß das, was Sie für echten Haß hielten, gar keiner war.

Der Gedanke, eine von Haß erfüllte schwarze Zauberhandlung vorzunehmen, ist verlockend. Anstatt sich über eine Ungerechtigkeit zu grämen, denken Sie einfach – „das wird dich reuen". Aber ich sagte schon, daß Fehler bei einer schwarzen Zauberzeremonie tödlich sein können. Ob es nun tatsächlich Teufel sind oder nicht, die den Schaden anrichten, indem sie in einem unbewachten Augenblick in Sie schlüpfen (es handelt sich wohl eher um eine Art Bumerangwirkung der üblen Absicht), in jeder schwarzen Zauberzeremonie taucht etwas abgründig Böses auf. Behandeln Sie den Teufel mit Respekt.

Die frühen Zauberer baten den Teufel nie um eine Gunst, ohne bereit zu sein, ihm auch ihrerseits eine zu erweisen. Für den Anhänger der klassischen Zauberreligion war der Preis ein Pakt mit der Verpflichtung, die Lehre des Teufels zu verbreiten. Welchen Preis sind Sie zu zahlen bereit?

Jemand quälen, ohne ihm dauernd zu schaden

Wahrscheinlich gibt es jemand, der Ihnen ständig auf die Nerven fällt und dem Sie unglücklicherweise nicht aus dem Weg gehen können. Wenn Sie einen Beruf haben, ist es vielleicht das Mädchen, das eine etwas gehobenere Position einnimmt als Sie, und das keinen Satz sagen kann, der nicht wichtigtuerisch klingt. Sie brauchen nur ihre Schritte auf dem Flur zu hören, um zu wissen, was Ihnen gleich wieder bevorsteht.

Und da steht sie, greulich wie immer, und Sie beherrschen sich natürlich und tun heiter. Wäre es nicht herrlich, ihr wenigstens einmal etwas antun zu können, das ihr Leben unangenehm macht (obwohl sie wahrscheinlich ohnehin schon unglücklich ist; Leute, die sich wichtig machen, kompensieren damit meist eine Schwäche). Aber das ist ihre Sache. Was Sie interessiert, ist ihre ganze unerträgliche Art. Warum sollen Sie darunter leiden, daß ihr Mann sie vielleicht heute morgen angeschrien hat?

Vielleicht aber ärgert Sie auch der Mann, mit dem Sie sich ein paarmal verabredet hatten. Zuerst schien er ganz nett zu sein, erwies sich aber dann als unausstehlich. Schon dreimal in dieser Woche haben Sie ihm gesagt, daß Ihr Kalender für die nächsten fünf Jahre voll ist, und der eigensinnige Kerl hat den Nerv, schon wieder anzurufen. Sie möchten laut schreien.

Dann gibt es ja auch immer das Mädchen, das vor nichts haltmacht, um Ihnen Ihren Freund auszuspannen. Damit Ihr Freund das Interesse an Ihnen verliert, verbreitet sie beispielsweise das Gerücht (oder ruft ihn deswegen sogar extra an), daß Sie in Wirklichkeit mit jemand anderem verlobt wären. Schon ein Herzchen, und reif für ein bißchen Unglück, meinen Sie nicht auch?

Aber wer auch immer Ihr Glück stört, hier ist das perfekte Mittel dagegen:

Reiben Sie mit einer toten Fliege über Ihre Warzen (irgendwo werden Sie schon eine haben). Konzentrieren Sie sich auf Ihren Feind und stechen Sie eine Nadel durch die Fliege. Dann verbergen Sie die aufgespießte Fliege irgendwo in seiner Nähe, und in ein oder zwei Tagen wird er (oder sie) am ganzen Körper dicke fette Warzen haben.

Stellen Sie sich einen schönen Sommernachmittag vor. Sie sind eingeladen und räkeln sich faul neben dem Swimming-pool in einem Liegestuhl, einen kühlen Drink in der Hand, und Ihr Bikini verbirgt nicht mehr, als er unbedingt muß. Sie sprechen mit einem außergewöhnlich gutaussehenden, offenbar reichen, ungemein anziehenden Mann und schnurren wie eine Katze vor Vergnügen darüber, daß Sie hier und mit ihm zusammen sind.

Nun stellen Sie sich ein großes, sonnengebräuntes, auffallend schönes Mädchen mit katzenhaft weichen Bewegungen vor. Ihr Auftritt am Swimming-pool – und sie macht wirklich einen Auftritt daraus – versetzt alles in Aufregung. Die Männer springen, um sie zu begrüßen, von ihren Liegestühlen auf; die Frauen rufen: „Hellu, darling." Alle Blicke sind auf sie gerichtet, und mehr als nur ein männliches Augenpaar glitzert lüstern, wenn sie mit anmutiger Bewegung ihr Badecape fallen läßt.

Nun gut, sagen Sie sich: Konkurrenz. Aber dann kommt etwas, das es sonst nur im Kino oder im Traum gibt. Plötzlich bemerkt sie Ihren hübschen, reichen, anziehenden Mann, stürzt sich mit ausgebreiteten Armen auf ihn und sagt: „Darling, wir haben uns mindestens ein Jahr lang nicht mehr gesehen. Komm, setz dich zu mir und erzähl, was du in der Zwischenzeit getrieben hast."

Mist, verdammter! Ausgerechnet das mußte passieren. Was tun jetzt? Wollen Sie der unverschämten Person das durchgehen lassen? Wollen Sie sie weggehen lassen mit dem Mann, von dem Sie sich schon ausgemalt haben, welch passenden Ehepartner er abgeben würde, wenn es dazu käme? Oder wollen Sie ihr einen Knüppel zwischen die Beine werfen?

Die Sache ist ganz einfach; Sie müssen sie nur schon im voraus einplanen. Nehmen Sie zu solchen und ähnlichen Einladungen immer ein Fläschchen mit stark gezuckertem Apfelsaft mit. Gehen Sie wie zufällig an Ihrer Feindin vorbei und träufeln Sie ein paar Tropfen auf ihre Pantinen oder ihr Strandkleid. Das wird Stechfliegen und Mücken anziehen, und bald schon wird sie das Feld räumen müssen.

Als Sujet eines Theaterstücks oder Films mögen die Klischeesituationen der Liebe langweilig und uninteressant sein, im wirklichen Leben sind sie alles andere als das. Die Psychiater behaupten, daß, wenn Sie das erste Jahr Ihrer Ehe durchstehen, Sie es wahrscheinlich bis zum fünften schaffen werden. Bringen Sie es auf zehn Jahre, werden Sie wahrscheinlich fünfzehn Jahre verheiratet bleiben. Und wenn Sie fünfzehn Jahre verheiratet waren, werden Sie wahrscheinlich fünfundzwanzig Jahre zusammenbleiben. Das ist die Wahrscheinlichkeit, die Klischeerealität, aber für Ehepaare, die gemeinsam dieses Hindernisrennen der Statistik absolvieren, ist das Scheitern ihrer Ehe im fünften oder zehnten oder fünfzehnten Jahr kein Klischee, sondern schieres Herzeleid.

Wenn Ihr Mann neuerdings immer erst ziemlich spät aus dem Büro nach Hause kommt – das Geschäft sei mühsam im Augenblick, sagt er –, werden Sie sich wahrscheinlich, wie eine Million anderer Frauen auch, mit der Sorge quälen, daß da vielleicht eine Frau im Spiel sei. Aber wer könnte es sein? Ist sie jung und hübsch? Gibt er das Geld für Ihre neue Frühjahrsgarderobe mit ihr für Abendessen aus? Wie kann er nur so gemein sein und sich genauso wie die anderen miesen Ehemänner benehmen, von denen Sie gehört haben?

Wenn Sie ihn behalten wollen, ist das einzig richtige, es ihm unmöglich zu machen, daß er weiter herumscharmuziert. Belegen Sie Ihren „schwerarbeitenden" Mann mit nachstehendem Zauber, und er wird anfangen, derart unter Schlaflosigkeit zu leiden, daß er sich gerade noch vom Büro zu Ihrem Bett schleppen kann, wo er dann eine weitere Nacht wachliegen wird. Halten Sie das einige Wochen durch, und Ihr Problem wird gelöst sein.

Nehmen Sie eine tote Fliege, eine tote Spinne und ein Katzenauge (der Stein ist gemeint; er kann auch in einem Ring oder Halsband sitzen). Diese drei tun Sie dann in eine schwarze Schachtel, die Sie, wenn er es nicht sieht, unter sein Kopfkissen schieben. Er wird kein Auge zutun.

Nur wenige Frauen sind so glücklich, der Tragödie, daß ihnen einer das Herz bricht, zu entgehen. Die meisten von uns verbrennen sich mindestens einmal die Finger; es gibt aber auch Frauen, die daraus, dauernd getreten zu werden, eine Art Beruf machen.

Können Sie sich das Quantum von Feindseligkeit vorstellen, das eine ständig betrogene Frau mit sich herumschleppt? Es reicht manchmal aus, sie überschnappen zu lassen. Im besten Fall ist sie leicht gestört. Sie kann keine zehn Minuten neben einem Mann sitzen, ohne ihn mit spitzen Bemerkungen zu unterbrechen und in seinem Selbstgefühl zu kränken. Frauen gegenüber benimmt sie sich tadellos, aber bringen Sie sie mit einem Mann zusammen, gleich holt sie ihren speziellen Witz hervor und macht ihn mit vier oder fünf ihrer Karate-Kommentare fertig. Armer Mann, werden Sie sagen. Aber auch arme Frau. Daß es mit ihr dahin hat kommen können!

Nehmen wir einmal an, daß diese Frau, anstatt halb verrückt vor Leid herumzulaufen, an einem einsamen Ort die zivilisierte Tünche und Selbstbeherrschung abstreifte und ihre Wut in einer ganz und gar unzivilisierten magischen Zeremonie austobte. Nehmen wir weiter an, sie glaubte, daß diese Zeremonie Folgen haben werde, die ihre Rechnung mit dem einen bestimmten oder auch mit verschiedenen Männern ins reine brächten: würde sie auch dann noch so feindselig sein, wenn sie das nächste Mal einem möglichen Liebhaber begegnete? Sie wüßte dann ja, daß sie es ihm heimzahlen könnte, wenn er grausam wäre. Wäre damit aber nicht schon ein Teil des Druckes abgelassen? Die meisten Menschen meinen natürlich, daß nur der Psychiater von so etwas kurieren könnte; aber auch Schwarze Magie kann den Siedepunkt aufgebrachter Gefühle herabsetzen.

Wenn Sie einen treulosen Liebhaber bestrafen wollen, ziehen Sie die Vorhänge zu und zünden um Mitternacht eine Kerze an. Dann nehmen Sie eine Nadel und stechen damit mehrmals in die Kerze hinein, wobei Sie sagen:

So wie diese Kerze, steche ich dich.
Brechen soll dein Herz, unglücklich sollst du sein.

Wenn Sie das mit dem ganzen in Ihnen aufgestauten

Haß tun, besteht wenig Zweifel, daß dieser Zauber wirken wird; Ihr Gefühl wird einen derartigen Grad erreichen, daß Sie damit selbst die schwierigsten und gewalttätigsten Zauber erfolgreich ausführen könnten. Wenn Sie noch nie die Folgen einer Verwünschung beobachtet haben und nicht geneigt sind, leicht zu verzeihen, steht Ihnen ein erbauliches Schauspiel bevor!

Ob Sie häßlich oder hübsch sind, spielt, wenn Sie sich auf Ihren Mann nicht verlassen zu können glauben, keine große Rolle. Solange Sie nicht davon überzeugt sind, daß Ihre Reize ihn für alle anderen Frauen blind gemacht haben, werden Sie unter Eifersuchts- und Wutanfällen leiden. Selbst das Prestige von Prinzessin Margaret, das Geld von Barbara Hutton, die Kurven von Raquel Welsh oder die Chutzpe von Mae West würden Sie nicht davor bewahren. Wenn Sie nicht sicher sind, daß sein Interesse nur Ihnen gilt und daß seine Drüsen nur in Ihrer Gegenwart aufblühen, können Sie ruhig jeden Anspruch darauf, geistig normal zu sein, fahren lassen.

Ich denke gerade an eine fabelhaft schöne Argentinierin, die in größtem Luxus aufgewachsen ist, mit Reisedecken aus Nerz und Kindermädchen und Limousinen und ohne die geringste Ahnung, daß Leben etwas von einem Hindernisrennen hat – all die Hürden, die auf der Jagd nach Prestige, Liebe oder was sonst immer genommen sein wollen. Ihre Jugendjahre verbrachte sie in einer Art Seidenkokon, vor allem Unangenehmen durch ihre Gouvernanten geschützt (sie brauchte, da sie sehr klug ist, nicht einmal viel zu lernen), und natürlich begleiteten sie diese Gouvernanten auch überall hin, insbesondere auf Partys, wo sie auf jeden Mann, mit dem sie sprach, ein wachsames Auge hatten. Sie lebte tatsächlich das Leben einer Märchenbuchprinzessin – aber der, die man in einen Turm gesperrt hat. Ein richtiger Mensch wurde sie eigentlich erst mit Zwanzig.

In diesem Jahr schickten ihre Eltern sie nach Paris, wo sie bei einer reichen Tante leben, in die Gesellschaft eingeführt werden und den jungen Adligen kennenlernen sollte, den sie für sie als Mann ausgesucht hatten. Kaum war das Flugzeug in Orly gelandet, begann sich das Leben der Prinzessin zu ändern. Ihr Blut, das vom Frühling und von der Stadt prickelte, riß sie aus dem Schlaf, und ihr ging zum erstenmal ein Schimmer dessen auf, was Leben sein könnte.

Der junge Adlige war himmlisch – ein kluger, temperamentvoller junger Mann mit Sinn für Spaß, einer Menge Freunde und einer Menge Liebhabereien. Die Argentinierin war auf der Stelle hingerissen; für beide, so schien es, war es Liebe auf den ersten Blick. Eine große Hochzeit wurde vorbereitet, und unter den Gästen waren die feinsten Namen aus dem Gotha. Vor der Hochzeit gab es Bälle und Wochenendeinladungen auf die Landsitze von Freunden (natürlich immer mit einer Anstandsdame im Schlepp). Danach gab es die Hochzeitsreise nach Madagaskar, und dann waren das Haus in Paris und das Chateau in der Bretagne einzurichten.

Dieses herrliche Leben dauerte zwei Jahre. Dann entdeckte die Argentinierin, daß ihr Mann eine Geliebte hatte. Was die Sache noch schlimmer machte: sie entdeckte, daß er diese Geliebte schon immer gehabt und seit ihrer Rückkehr von der Hochzeitsreise auch dauernd gesehen hatte. Dank ihrer Erziehung so unwissend wie nur möglich, was die Gepflogenheiten von Männern betrifft, war der einzige Gedanke der jungen Frau natürlich die Sie-oder-ich-Alternative. Sie war betrogen worden – also Scheidung.

Als das Urteil rechtskräftig war, verließ sie Paris und kam nach New York. Dort traf ich sie. Sie wurde Fotomodell und war recht erfolgreich in ihrem neuen Beruf. Sie lernte auch einen Mann kennen, einen gesuchten jungen Fotografen, mit dem sie jetzt zusammenlebt. Aber dieser Mann ist ebenso erbarmungslos wie ihr früherer Mann; er hat neben ihr immer noch andere Mädchen. Da die Argentinierin über diese seine außerhäuslichen Interessen Bescheid weiß, verbringt sie die meiste Zeit ihres Lebens mit masochistischen Selbstzweifeln und Eifersucht. Sie ist vollkommen fertig und weiß nicht aus noch ein.

Ein bißchen allerdings habe ich ihr, glaube ich, doch helfen können. Sie ist jetzt aufs Hexen gekommen, und da sie schon einen oder zwei positive Erfolge aufzuweisen hat, sieht sie endlich etwas Licht auf ihrem dunklen Weg. Hier ist einer der Zauber, die ich ihr beigebracht habe; man kann damit jeder Frau, die einem ins Gehege kommt, Qual bereiten:

> *Stehlen Sie Ihrer Rivalin ein Kleidungsstück (eine Strumpfhose z. B. ist ausgezeichnet geeignet) und wikkeln Sie etwas Bilsenkraut hinein. Dann tauchen Sie es in Asche und vergraben es. Wenn Sie die gehörige Konzentration und Projektion aufbringen, wird Ihre Feindin weder bei Tag noch bei Nacht Ruhe finden (besonders verheerend für Fotomodelle, die ja doch auf ihr gutes Aussehen angewiesen sind).*

Meine Freundin Lucy ist alles andere als eine Niete. Sie ist ein außergewöhnlich hübsches Mädchen, mit langem, wehendem schwarzem Haar, einem Kameenprofil und langen, schönen Beinen. Dank ihrem Vater, der im Börsengeschäft tätig ist, kann sie sich elegante Kleider leisten und hat immer etwas Neues anzuziehen. Sie ist auch klug und hat einen guten Job.

Unglücklicherweise hat Lucy, wie so manche Mädchen, eine besondere Anziehungskraft für Männer, die sie „Reptilienmänner" nennt. Sie meint damit jene kleinen, spirreligen Männer mit Brille, müden Augen, kurzem, an der Seite gescheiteltem Haar und an den Knien ausgebeulten Hosen. Ihre Lippen sind gesprungen, und wenn sie Ihnen einen Gutenachtkuß geben (mehr erlauben Sie ihnen nie), ist es ganz, als ob man die trockene, schuppige Haut einer Schlange küßte. (Daher der Name „Reptilienmänner".)

Ratso, Lucys neuester Schlangenmann, strebte, ebenso wie alle anderen, nach Höherem. Das war der Hauptgrund dafür, daß er sich in sie verliebte. Er hofft, daß, wenn er mit einem Mädchen ankommt, das hübsch und elegant und klug und reich ist, die Leute sagen werden: „Etwas muß schon an ihm dran sein."

Weil Lucy ein so nettes und freundliches Mädchen ist, ließ sie sich von Ratso rühren und fing an, mit ihm auszugehen. Sie tat das nicht, weil er sie ins Theater, die besten Kinos und die teuersten Restaurants einlud (das tun Reptilienmänner, um ihre Reptilienhaftigkeit zu kompensieren, immer). Vielleicht tat sie es, weil er ihr erzählte, daß er bei seiner ersten Verabredung mit einem Mädchen vor Aufregung hatte brechen müssen; vielleicht aber auch, weil er, selbst jetzt noch, so verwundbar und in seiner Verwundbarkeit mitleiderregend ist. Jedenfalls gingen sie weiter miteinander aus.

Schwierig zu werden begann es, als Ratso eines Sonntags Lucy vorschlug, mit ihm eine Bootsfahrt rund um Manhattan zu machen, und Lucy aus irgendeinem Grund keine Lust dazu hatte. Vielleicht war es kalt an diesem Tag, und Lucy haßt

Kälte, und Ratso war es nicht wert, seinetwegen eine Gänsehaut zu bekommen. Jedenfalls zeigte er sich plötzlich hartnäckig (eine Eigenschaft, die die meisten Reptilienmänner gleich auf Anhieb erkennen lassen, aber die Ratso – das muß zu seinen Gunsten gesagt werden – bis jetzt wenigstens unter Kontrolle gehalten hatte).

Nun gut, wenn sie keine Lust zu einer Bootsrundfahrt hatte, hatte sie dann vielleicht Lust zu einem Spaziergang durch den Central Park? Er habe einen hübschen Papierdrachen, sagte er, und der Wind heute sei genau richtig zum Drachensteigenlassen. Lucy, die wahrscheinlich noch immer an die Kälte draußen dachte, sagte, sie habe sich gerade die Haare gewaschen und wolle überhaupt nirgendwo hingehen.

Ratso versuchte es weiter. Könnte er sie dann wenigstens zu einem kleinen Sektfrühstück einladen? Lucy gab nach. „Sektfrühstück? Gut, hol mich in zwei Stunden ab, dann ist mein Haar trocken." Der Auftakt zu einer schlimmen Geschichte.

Sie waren beim dritten Glas, als Ratso den Ring hervorholte. Sie müssen dabei bedenken, daß ihre Verabredungen – die erste lag jetzt zwei Monate zurück – auf wöchentlich strikt eine beschränkt waren. Aber hervor kam der Ring, mit einem winzigen Diamant – ganz Ratso. Lucy konnte ihn nur mit weitaufgerissenen Augen anstarren.

„Drei Glas Sekt", meinte sie später, „bewahre mich der Himmel, noch einmal drei Glas Sekt zu trinken. Zwei Glas, gut; vier Glas, prima; aber nie wieder drei." Das Lächeln, so scheint es, hatte in den Mundwinkeln begonnen, sich dann zu den Augenwinkeln vorgearbeitet und sich endlich in einem hemmungslosen, dröhnenden Gelächter entladen.

Ratso sank natürlich in seinem zu weiten, zerknitterten Wash-and-wear-Anzug in sich zusammen. Sein Gesicht verschloß sich; seine Hände ballten und öffneten sich wieder. Schließlich bekam Lucy sich wieder in die Gewalt und wischte sich mit der Serviette die Tränen aus den Augen. Natürlich entschuldigte sie sich und versuchte ihm die Sache zu erklären; aber natürlich verstand Ratso nicht.

In dieser Nacht begann der Belagerungszustand. Um Mitternacht, um eins, um drei, um vier, um halb fünf, um fünf und um sieben schellte bei Lucy das Telefon, und niemand meldete sich, nur schwere Atemzüge waren zu hören. So verging eine Woche, und jede Nacht das gleiche Spiel. Sie konnte den Hörer nicht abhängen, weil es in ihrer Familie ein paar schwere Krankheitsfälle gab und sie erreichbar sein wollte. Sie glaubte auch nicht, daß Ratso sein Sperrfeuer noch lange fortsetzen würde.

Der Samstagabend kam. Ich brachte Lucy, um sie von der Ratsoplage zu befreien, folgenden Zauber bei. Er dient dazu, einen Feind ernstlich zu quälen.

Nehmen Sie eine Kerze (am besten eine schwarze) und umwickeln Sie sie mit irgendeinem Garderobengegenstand Ihres Feindes (seinem Taschentuch, seinem Schlips, seinen Hosenträgern, was immer er liegengelassen hat oder Sie ihm stehlen können). Dann stellen Sie die Kerze in Ihre Badewanne (nicht nötig, deswegen Ihre Wohnung in Brand zu setzen) und zünden Sie sie an. Sobald der Ihrem Feind gehörende Gegenstand zu brennen beginnt (natürlich müssen Sie sich dabei auf sein Gesicht konzentrieren), wird er zu zittern anfangen, und wo immer er sich gerade befindet, er wird nicht aufhören zu zittern, bevor nicht die Kerze heruntergebrannt ist.

Richtig zwar, es gilt immer weniger als fein, sich zu betrinken (wohl dagegen gilt es als fein, Haschisch oder Marihuana zu rauchen); trotzdem ist Sichbetrinken bei der Mehrheit der Bevölkerung noch immer der beliebteste Flucht- und Ausweg.

Nach der Anzahl der Menschen zu urteilen, denen es Vergnügen macht, sich gelegentlich zu betrinken, scheint ihnen hin und wieder ein bißchen Flucht gut zu tun oder zumindest nicht sonderlich zu schaden. Wir haben es offenbar nötig, von Zeit zu Zeit in jenen zarten, von zuviel Bier, Wein oder Schnaps erzeugten Nebelschleier einzutauchen, in dem wir tiefe Gedanken denken oder auch gar nichts denken und nur auf dem Tisch tanzen. Schnaps macht es uns möglich, ungehindert unsere Freude über ein bißchen Glück auszudrücken und, wenn nötig, sogar zu weinen (aber das gilt als schlechter Stil) und damit unsren Kummer loszuwerden.

Wenn meine Freundin Rosemarie zuviel getrunken hat, wird sie zänkisch, und weil ihr Mann das nicht leiden kann, hat er ihr den Alkohol gesperrt. Striktes Gebot bei ihnen zu Hause: sich nicht betrinken und nicht ausfällig werden. Nun stellen Sie sich aber einmal vor, wie Sie sich fühlen würden, wenn Sie wüßten, daß Sie vielleicht nie wieder ausgiebig werden trinken können. Sie könnten glatt auf den Gedanken kommen, Kognak in eine Taschenflasche zu füllen und zu behaupten, das sei Ihre Medizin.

Sie hat indes ihren Mann hereingelegt und ist von neuem zänkisch, wenn es ihr paßt. Ich habe ihr geholfen, ihm eine Falle zu stellen, und empfehle das Rezept jeder Hexe, deren Mann es nicht leiden kann, wenn sie etwas zuviel trinkt. Sie brauchen nur zu warten, bis er sich das nächstemal auf einer Party oder sonstwo einen antrinkt, dann sagen Sie ihm, er sei ein widerlicher Säufer, und verurteilen ihn zu folgender Kur:

Lassen Sie ihn aus einer Flasche Reiswein mit einer darin eingemachten Schlange trinken. Das Gebräu gilt in China als Aphrodisiakum, aber er wird meinen, daß Sie ihn durch den Anblick der greulich anzusehenden Schlange ernüchtern wollen (und es besteht alle Aussicht, daß genau das auch eintrifft). Wenn Sie Schlangen nicht ausstehen können, werden Sie sich bei diesem Zauber eben ein bißchen überwinden müssen.

Jemand große Pein bereiten

Ich weiß nicht, wieso, aber Suzette, meine liebste Freundin, hat immer sehr schöne und erstaunlich lange dauernde Beziehungen zu Männern, bis diese sie dann eines Tages aus heiterem Himmel verlassen und jemand anders heiraten. Das Schlimmste dabei ist, daß sie sie auch noch immer zur Hochzeit einladen und daß sie für gewöhnlich noch in das Ekel verliebt ist, wenn es soweit kommt. Und als hoffnungslose Masochistin (wenigstens habe ich ihr das auf den ersten Blick angesehen) geht sie auch tatsächlich hin.

Sie erinnern sich vielleicht, daß ich Suzette schon früher einmal erwähnt habe. Sie ist das Mädchen, das in solchem Ausmaß über die Gabe des bösen Blicks verfügt, daß sie nur zu sagen braucht: „Ich wünschte, der und der bräche sich beim Schilaufen ein Bein", und er bricht sich eins. Ich weiß nicht, wie sie zu diesem ungewöhnlichen Talent, Böses zu stiften, gekommen ist, und werde es wohl auch nie wissen. Sie ist ein Skorpion, aber sie ist in einer strengkatholischen Familie aufgewachsen, hat eine strengkatholische Schule und anschließend ein schon mehr als strengkatholisches College besucht. Wie sie, bei soviel Religion, das Böse in sich intakt halten und über ihr Milieu hinauswachsen konnte, ist mir unbegreiflich. Ich bewundere sie.

Aber nun zu ihren Hochzeiten. Als das erste Mal ein Herzensbrecher sie auf die Einladungsliste gesetzt hatte, waren wir beide gleichermaßen empört. (Was für schlechte Manieren schon gleich zu Beginn!) Wir konnten es kaum glauben, weil er der reizendste Kerl war, den man sich vorstellen kann (das hatten wir jedenfalls geglaubt), mit großen verträumten und sanften blauen Augen. Er las Suzette nicht nur Gedichte vor, wenn sie im Sommer im Central Park auf einer Wiese lagen, er brachte ihr, um sie an trüben Wintertagen aufzuheitern, auch Wein und Blumen. Was war in ihn gefahren? Das herauszubekommen, war der Grund, weshalb Suzette zu seiner Hochzeit ging (jedenfalls sagte sie mir das).

Es war offenbar ein unheilstiftender böser Geist. Gleich nach der Hochzeit kam sie mit einer höchst gruseligen Geschichte zurück: Wie das glückliche Paar aus dem Dom kam, er aus Versehen der Braut auf die Schleppe trat, das Gleichgewicht verlor und, sie mitreißend, kopfüber die hohen Stufen hinabstürzte. Die Braut verlor bei dem Sturz das Bewußtsein, ihr Kleid war ruiniert, ihr Schleier hing in Fetzen, und ihr Körper zeigte überall Prellungen und Blutergüsse. Ihr Gesicht war voller Schmutzflecke und Schrammen. Der Bräutigam erlitt, abgesehen von seiner Demütigung, einen gebrochenen Arm und eine schwere Halswirbelverkrümmung. Sowohl er wie die Braut mußten im Krankenwagen abtransportiert werden.

Da die Braut bei dem Sturz auch innere Verletzungen erlitten hatte, mußte die Hochzeitsreise auf unbestimmte Zeit verschoben werden. Später hörten wir, daß, genau einen Monat nach dem Unglückstag, die Braut die Scheidung eingereicht hatte. Sie konnte es offenbar nicht ertragen, mit einem so ungeschickten Mann verheiratet zu sein.

Als die Post die zweite Hochzeitseinladung brachte, die die Heirat von Suzettes derzeitigem Liebhaber mit einem Püppchen aus San Franzisko ankündigte, standen wir nur da und starrten uns mit offenem Mund an. Das war wirklich der übelste Streich, den das Schicksal einem spielen konnte. Nacheinander *zwei* Liebhaber, die, ohne die leiseste Vorwarnung, plötzlich *andere Frauen* heirateten. Das war schlechtweg unerträglich, besonders für Suzette. Ich sah in ihren zornsprühenden Augen eine Andeutung der Wahrheit aufleuchten – nur eine Andeutung, wohlverstanden, über die ich mir auch nicht ganz klar war, obwohl Suzette sich mit merklichem Behagen für die Hochzeit neu einkleidete.

Es war eine ganz prachtvolle Hochzeit, erzählte sie mir später. Einer der Anziehungspunkte des so anziehenden Mannes war sein Geld gewesen, und das zeigte sich an den Unmengen von erlesenstem Champagner und russischem Kaviar, womit er seine Gäste bewirtete. (Seine Braut – sie schauderte, als sie das sagte – war weder Klasse, noch hatte sie, allem Anschein nach, Geld; ihr Kleid und ihre Brautjungfern waren unbeschreiblich schäbig.)

Traurig, bemerkte Suzette in ihrer betont beiläufigen und lässigen Art, daß der Braut ein Kaviarhäppchen im Hals steckengeblieben war und sie ohnmächtig umfiel. Sie hatten sie auf die Damentoilette tragen und einen Arzt rufen müssen. Und damit nicht genug, fuhr Suzette fort, der Bräutigam war so aufgeregt, als er seine Braut und den Arzt ins Krankenhaus fuhr, daß er einen gräßlichen Unfall baute. Er hatte sich einen der großen Wagen genommen, die draußen standen (keiner der Chauffeure zu sehen, natürlich, sie waren nebenan in der Bar Bier trinken), und hatte ganz vergessen, *wie* groß der Wagen war. Er hatte versucht, sich auf der Fifth Avenue zwischen zwei Bussen durchzuquetschen. Alle wurden schwer verletzt. Um den Arzt – das hörte ich heraus – tat es Suzette leid. „Das wollte ich nicht", sagte sie, und war gleich darauf wieder auf der Hut.

Als die Hochzeitseinladung ihres dritten Liebhabers eintraf, saßen wir eine Weile da, ohne etwas zu sagen. Dann fing Suzette an zu weinen, was mich überraschte, weil ich sie in all den Jahren, seit ich sie kannte, noch nie hatte weinen sehen, und nun heulte sie los wie ein Kind.

Ich tröstete sie, so gut ich konnte – hauptsächlich, indem ich sie allein ließ und ihr so Gelegenheit gab, sich hinlänglich selbst zu bemitleiden – und brachte ihr eine Tasse Tee. Dann, weil ich für die Zukunft fürchtete, fragte ich sie im gegebenen Moment über die beiden anderen Hochzeiten aus. Sie war jetzt natürlich hilflos und gab alles zu. *Sie* war es, die die Unfälle bewirkt hatte.

Ich machte ihr keine Vorwürfe. Ich stritt nicht mit ihr, sondern versuchte sie sanft zu überzeugen. „Suzette", sagte ich, „meinst du nicht auch, daß deine Racheakte ein klein bißchen stark sind? Du brauchst ihre Ehe doch nur unglücklich zu machen und in einer baldigen Scheidung enden zu lassen. Du mußt den Leuten doch nicht auch noch schwere Körperverletzungen anhängen (und zudem noch dem einen oder anderen Unschuldigen). Laß dir von mir eine Anweisung für deine schwarzen Racheakte geben und mach sie ein klein bißchen weniger blutig, ja?"

Sie ging schließlich auf mein Angebot ein. Wahrscheinlich

fühlte sie sich noch immer schuldig des Arztes wegen, der, das nebenbei, bei dem Unfall eine Rückgratverletzung erlitten hatte. Hier der Zauber, die Hexenleiter genannt, den ich ihr zur Hochzeit ihres dritten Liebhabers mitgab, um ihn während des gegenseitigen Treuegelöbnisses zu praktizieren. (Natürlich ließ er sich drei Monate später von dem Mädchen scheiden.)

Nehmen Sie ein Stück weißes Garn mit. Konzentrieren Sie sich während der Hochzeitszeremonie auf das Gesicht des Bräutigams (stellen Sie es sich vor, während er Ihnen den Rücken zuwendet) und machen Sie in gleichen Abständen neun Knoten in den Faden. Machen Sie bei jedem Knoten mit Ihrem linken Ringfinger ein Kreuz über Ihr Herz und sagen Sie:

Ihre Ehe soll nicht halten,
Fluch soll über ihnen walten.
Knoten des Hasses, des Zornes, der Pein,
Unglück soll ihr Schicksal sein.

Schon bald wird das Paar nur noch mit Bitterkeit an seinen Hochzeitstag denken.

Ich kenne kein Tier, das so heimtückisch grausam sein kann wie der *homo sapiens*, wenn er's drauf anlegt (obwohl er ohne das für gewöhnlich sogar noch boshafter ist). So ist verständlich, daß das Opfer des Bösen, wenn es sich rächen will, nicht weniger gehässig verfährt – der klassische *circulus vitiosus.*

Eines der grausamsten Beispiele seelischer Tortur, die ich erlebt habe, fand (ausgerechnet) auf einer Party statt. Zuerst ein freudiges Ereignis, endete sie in einer Szene. Es war die Nacht einer Sonnenfinsternis, und alle stimmten wir später darin überein, daß wir irgendwie deren Opfer geworden waren – eine Art Tollheit ging von ihr aus. Unsere ursprüngliche Animalität, der nicht zivilisierte Teil unseres Ich, kam hoch in dieser Nacht, und für zwei von uns wurde sie zum Albtraum.

Ein scheinbar glücklich verheiratetes Paar war da; weil sie keine Kinder hatten, hatten sie zehn Jahre lang in verhältnismäßiger Eintracht gelebt. Sie erzählten allen Leuten, wie zufrieden sie mit ihrer Ehe seien, und wir glaubten ihnen. Sie reisten überall zusammen hin, hatten aussichtsreiche Berufe und eine schöne Wohnung. Sie gingen ins Theater, ins Kino und zu allen Kunstausstellungen, kurz, genossen es, zusammen zu sein.

Anfangs gingen sie, die Arme umeinander gelegt, herum und schwatzten und lachten, wie das auf Partys so ist. Dann aber trennten sie sich und schlossen sich jeder einer anderen Gruppe an. Die Frau tanzte mit ein paar Leuten, der Mann tat sich ein hübsches Mädchen auf, holte ihr ein Glas Champagner und setzte sich mit ihr zusammen auf ein Sofa.

Gegen Mitternacht etwa ging die Frau in die Küche, um sich etwas zu trinken zu holen, und da, in einer dunklen Ecke, war ihr Mann ... mit dem Mädchen. Ich glaube, ich habe noch nie jemand so schockiert gesehen.

Wie gelähmt von der Ungeheuerlichkeit des Vorgangs, irrte die Frau auf der Party umher und sah die Leute mit großen, verstörten Augen an. Schließlich ging sie ins Schlafzimmer und holte sich ihren Mantel. Ich sah sie weggehen. Wenig später ging der Mann zusammen mit dem Mädchen weg.

Ein paar Wochen danach hörte ich, daß dieser Abend das Ende der einen und der Anfang einer anderen Ehe war. Der Mann war erst am darauffolgenden Dienstag nach Hause gekommen, und auch das nur, um seine Sachen zu holen. Er zog aus; er verließ seine Frau, streifte seine zehnjährige Ehe ab, als wäre sie ein Nichts.

Die Frau blieb natürlich ohne alles zurück. Ich hörte sogar, daß sie eine Zeitlang in einer Klinik war. Einmal sah ich sie an einer Straßenecke; sie hatte alle Aussicht, zu einem Rollstuhlfall zu werden; um ein Haar wäre sie von einem Bus überfahren worden.

Niemand weiß genau, was sich in anderer Leute Ehen abspielt. Die für den Außenstehenden glücklichsten stellen sich im allgemeinen als die allerschlechtesten heraus. Jedenfalls murkste die Frau noch ein paar Monate weiter, dann hörte ich, daß ihr Mann sie um die Scheidung gebeten hatte. Er hatte die ganze Zeit über mit der neuen Frau zusammengelebt; was aus seiner Frau wurde, schien ihn nicht zu interessieren. Das ist grausam, von welcher Seite man es auch betrachtet.

Als die Scheidung ausgesprochen war, heiratete der Mann wenige Tage später seine neue Freundin. Seiner Frau verblieben unbezahlte Rechnungen und eine für sie viel zu teure Wohnung. Keine einzige materielle Annehmlichkeit als Ergebnis von zehn Jahren ihres Lebens. Das ist grausam.

Ich teilte ihr darum nachstehenden Zauber mit:

Wenn der treulose Liebhaber eine andere heiratet, sollte die Frau mit Blut auf eine Eierschale das unten abgebildete Symbol malen. Dann sollte sie die Eierschale vergraben, und zwar an einem Ort, wo ihr Feind öfter geht.

Das wird die Ehe unglücklich machen, und der Ehemann wird ständig seiner früheren Liebe nachtrauern.

Wenn Sie einen Feind haben, der verheiratet ist, gibt es einen Zauber, der Mann und Frau dazu bringt, sich nicht mehr ausstehen zu können. Fast jede Ehe ist anfällig, und wenn Sie etwas nachhelfen, löst sie sich schon bald in ein Gestöber von Flüchen auf.

Wie immer, sollten Sie aber auch hier sicher sein, daß die Strafe dem Verbrechen angemessen ist. Wenn Sie einen Mann kennenlernen, der Ihnen gefällt, und dann entdecken, daß er verheiratet ist, widerrate ich Ihnen entschieden, an seiner Ehe Ihre Zauberkunst auszuprobieren, nur damit Sie sich mit ihm ein bißchen amüsieren können. Wenn Sie allerdings tatsächlich böse und amoralisch sind und es Ihnen nichts ausmacht, einer Frau den Mann wegzuschnappen, werden Sie's wahrscheinlich doch tun.

Damit Sie sehen, welches Elend daraus entstehen kann, wenn Sie das Eheglück eines Feindes zerstören, hören Sie folgende traurige Geschichte: Eine weder sonderlich anziehende, noch sonderlich charakterfeste Hexe verliebte sich vor ein paar Jahren in einen eleganten, weltläufigen und reichen Mann, der regelmäßig in Geschäften zwischen Hongkong und Manila hin- und herpendelt und sich zwischendurch in Tahiti erholt. Die Hexe stellte schon bald fest, daß der Mann verheiratet war; wie sie einer gemeinsamen Freundin erzählte, hatte sie seine Frau einmal flüchtig gesehen, als sie ihren Mann mit dem Wagen vom Büro abholte. Die Frau hatte langes, goldenes Haar, trug einen Zobelmantel, und ihr Gesicht strahlte förmlich vor Schönheit. Beide sahen ganz ungemein glücklich aus.

Die Hexe, von der ich erzähle, gehört zu den unglücklichen Geschöpfen, die, wenn sie einen ihnen zusagenden Mann kennenlernen, sich in ihn verlieben, auch wenn nicht die geringste Aussicht besteht, ihn je zu bekommen. Für gewöhnlich bedeuten solche Mädchen für den Gegenstand ihrer Liebe keine Gefahr; wenn das Mädchen allerdings eine Hexe ist . . .

Die, von der ich berichte, ließ ihre Liebe immer mehr in eine Hetzjagd ausarten. Sie war besessen und unfähig, an etwas anderes zu denken, als an ihn. Sie fing an, ihn anzurufen, und um ein Rendezvous zu bitten. Sie lauerte ihm an Straßenecken auf, hängte sich an ihn und versuchte, ihn mit zu sich nach Hause zu schleppen. Einmal verkaufte sie sogar alles, was sie hatte, um mit dem Geld einen Flug nach Hongkong zu buchen, den, wie sie wußte, auch er gebucht hatte. Sie verfolgte ihn bis in sein Hotel und auf sein Zimmer, wo sie sich ihm zu Füßen warf und um seine Liebe bettelte.

Der arme Mann! Er war mit seiner Weisheit am Ende. Er nahm das Mädchen mit hinunter in die Bar, bestellte ihr etwas zu trinken und fragte sie, was in aller Welt sie eigentlich von ihm wolle. Offenbar schüttete sie ihm daraufhin in einer Weise ihr Herz aus, die ihn rührte. Sie bekam, was sie sich wünschte; sie schliefen zusammen.

Nach zwei glorreichen Nächten (für sie; für ihn kann ich

nicht gut sprechen) verschwand der Mann plötzlich. Die Hexe kam von einem Einkaufsbummel zurück, und er war weg – mit Sack und Pack. Ihre Wut kannte keine Grenzen. Sie riß die Vorhänge herunter und zerfetzte mit einem Messer den Teppich und die Betten. Als, von dem Lärm alarmiert, der Hotelmanager erschien, kehrte sich ihre Wut gegen ihn, und er vermied mit knapper Not, daß sie ihm das Gesicht aufschlitzte. Die Polizei kam, steckte sie in eine Zwangsjacke und beförderte sie ins Spital.

Als sich, Wochen später, ihr Zustand so weit gebessert hatte, daß man sie entlassen konnte, nahm sie einen Job als Sekretärin an, um die Krankenhausrechnung zu bezahlen. Aber es kochte und brannte noch immer in ihr wie verrückt. Sie fing an, sich in den anrüchigen Vierteln von Hongkong umzusehen, und hatte schon bald einen genügend großen Vorrat an Zaubertränken und anderen Utensilien beisammen, um eine ganze Armee umzubringen. Als ihre Krankenhausschulden bezahlt waren, setzte sie sich ins Flugzeug und kam zurück.

Wieder im Lande, suchte sie unsere gemeinsame Hexenfreundin auf und bat sie, bei ihr auf der Couch schlafen zu dürfen, bis sie sich wieder eine Wohnung leisten könne. Meine gutherzige Freundin konnte ihr diese Bitte nicht abschlagen, und so zog das Mädchen mitsamt Zaubertränken, Pillen und übrigem Kram ein.

Zuerst war sie ihrer Gastgeberin gegenüber zurückhaltend, was den Inhalt der vielen Flaschen und Schachteln in ihrem Koffer betraf, aber dann löste ihr ihre Verrücktheit die Zunge, und voll Stolz führte sie ihre Sammlung vor. Meine Freundin war beeindruckt. So viele todbringende magische Gegenstände hatte sie noch nie gleichzeitig an einem Ort gesehen. Aber dann schöpfte sie Verdacht. Es war nicht schwer, das Mädchen zum Sprechen zu bringen, und meine Freundin erfuhr von ihr, wie die Gegenstände zu brauchen waren. Die ganze Nacht lang tobte das Mädchen und schrie ihren Haß auf den verräterischen Mann heraus, und die ganze Nacht lang redete meine Freundin, die entsetzt war, ihr zu, es sich mit der dem Mann zugedachten Todesstrafe doch noch einmal zu überlegen.

Gegen Morgen gelang es meiner Freundin, das Mädchen zu beruhigen. Am Nachmittag willigte sie in den Plan ein, den Mann nicht zu töten, sondern nur seine Ehe zu zerstören. Meine Freundin arrangierte die Zeremonie, und in der Nacht wurde sie ausgeführt. Wir hörten, daß der Mann und die Frau sich zwei Wochen, nachdem der Zauber gesprochen war, getrennt hatten. Das Mädchen ist inzwischen wieder in der Klinik, und es kann Jahre dauern, bis sie sie wieder verlassen kann.

Der Zauber, den die beiden Hexen in jener Nacht vollführten, um die Ehe des Mannes zu zerstören, geht wie folgt:

> *Gehen Sie um Mitternacht auf einen Friedhof und pflükken Sie von drei verschiedenen Gräbern Blumen. Dann binden Sie daraus mit ein paar von Ihren Haaren einen Strauß. Diesen Strauß legen Sie auf ein hell vom Mond beschienenes Grab und sprechen dann folgendes Gebet:*
>
> *Schöne Venus, blick hernieder auf mich*
> *Und erhöre mein Gebet.*
> *Nimm (hier sagen Sie seinen Namen)*
> *Seine Frau (hier sagen Sie ihren Namen),*
> *Daß sie in Zorn und Haß sich trennen.*

Wie die Sonne geschieden ist von der Erde,
Die sie zu heißen Wüsten verbrennt;
Wie das Meer geschieden ist von der Erde,
Die es unter sich türmenden Fluten begräbt;
Wie die Nacht und der Tag einander nie begegnen,
So laß auch sie einander nie wieder begegnen.
O Venus, die du treulose Liebende verschmähst,
Peinige die Verursacher meines Elends,
(Hier sagen Sie seinen und den Namen seiner Frau)
Auf daß meine Rache deine Rache wird.

Dann nehmen Sie die Blumen von dem Grab, gehen geraden Wegs zum Haus ihres Opfers und hängen sie über seine Tür.

Lähmen und Töten

Lassen Sie mich gleich zu Beginn eine Warnung aussprechen: nicht jeder kann Schwarze Todesmagie praktizieren. Wenn es in Ihrer Seele nicht eine ausgesprochen dunkle Seite gibt, sollten Sie es lieber gar nicht erst versuchen, jemanden zugrunde zu richten. Der einzige, den Sie zugrunde richten, werden Sie selber sein.

Positiver Zauber ist soviel leichter zu wirken, weil er mit Gefühlen arbeitet, die als schicklich gelten. Negative Gefühle, wie Haß, passen einfach nicht in die christliche Tradition; außerdem lassen unsere gesellschaftlichen Spielregeln es als peinlich empfinden, jemand nicht zu mögen, geschweige denn zu hassen. Beispielsweise sehen die Leute betreten vor sich hin, wenn Sie sagen: „John? Ich kann ihn nicht ausstehen!“

Sie haben ein Tabu verletzt. (Denken Sie einmal daran, wie freundlich immer alle von dem netten Mädchen sprechen, das nie über jemand etwas Böses sagt.) Tabus brechen, führt zu Schuldgefühlen, die die meisten von uns in Fülle haben. Glauben Sie ernsthaft, Ihr christliches Erbe so weit überwinden zu können, daß Sie imstand sind, jemand ohne Schuldgefühl echt zu hassen? Dazu nämlich müssen Sie fähig sein, wenn Sie Todeszauber wirken wollen.

Der Grund dafür ist der, daß Schuldgefühle sich Ihnen beim Aussprechen einer Verwünschung in den Weg stellen. Auch nur ein flüchtiges Schuldgefühl wird Sie mitten im Rezitieren einer Beschwörungsformel unterbrechen und Sie denken lassen: O Gott, was tue ich denn eigentlich da? ... Ich versuche, jemand zu ermorden ... Auf Mord steht Lebenslänglich oder sogar die Todesstrafe ... Was bin ich nur für eine widerliche Person!

Der Zauber ist gebrochen. Sie haben sich selbst in Gefahr gebracht. Die in der Zeremonie beschworenen bösen Mächte spähen immer nach Lücken im Panzer des Zauberers, und gelingt ihnen der Einbruch, töten sie ihn, wenn sie können, oder treiben ihn mindestens zum Wahnsinn. Darum müssen Sie sich Ihrer selbst und des Bösen in Ihnen sehr sicher sein, bevor Sie sich auf so etwas einlassen.

Es ist nur eine Frage der Zeit, daß Ihnen jemand über den Weg läuft, dem Sie gern etwas Böses antun möchten. Vielleicht hat der Betreffende Hautjucken oder Warzen verdient; vielleicht aber auch ist er ein so elender Schuft, daß ihn nur ein mehrfach gebrochenes Herz hinreichend bestraft. Aber wie oft im Leben kreuzen Sie die Klingen mit einem Mann, oder einer Frau, die den Tod verdient haben?

Daß Sie so wütend werden, jemand aus tiefstem Herzen

den Tod zu wünschen, kommt gar nicht so selten vor. Aber auch wenn Sie dazu die Macht haben, ist noch immer ein gut Teil Überlegung nötig, bevor Sie zu einem endgültigen Entschluß kommen. Erst müssen Sie wieder einen kühlen Kopf kriegen und sich von Ihrer Wut und Ihrem Todeswunsch ablenken lassen. Wenn dann Ihr Zorn nachläßt, wissen Sie, daß Ihr Feind wohl doch nicht ein solch grausames Ende verdient hatte.

Tatsächlich sind die Fälle, in denen Sie zu dem Schluß kommen, jemand habe den Tod verdient, so selten, daß sie sich kaum vorstellen lassen. Ein ungetreuer Liebhaber beispielsweise ist nicht gerade das geeignete Objekt für einen Todeszauber, höchstens für einen nachhaltigen Denkzettel. Ähnlich mit jemand, der Ihnen dauernd auf die Nerven geht und Ungelegenheiten bereitet: Schwarze Magie, ja; aber gleich Tod?

Die Umstände, unter denen die Anwendung dieser letzten Waffe angebracht ist, müssen schon überwältigend sein; Sie müssen schreiendes Unrecht erlitten, Ihr Feind muß Sie so in die Ecke gedrängt haben, daß Sie nicht mehr ein noch aus wissen.

Sie sind beispielsweise entführt worden, und zwischen Ihnen und der Freiheit, vielleicht sogar zwischen Ihrem Leben und dem Tod, steht nur ein entartetes Subjekt. Sie könnten ihn umbringen. Oder eine ältere Person, die Sie lieben, ist einem Schwindler aufgesessen, der sie um den letzten Cent gebracht und ins Elend gestürzt hat. Dieser Schwindler verdient zu sterben. Es gibt Situationen, die so dramatisch und schmerzlich sind, daß man dem Schicksal in den Arm fallen muß.

Ich selber weiß von zwei Fällen, in denen Hexen erfolgreich

über jemand die Todesstrafe verhängt haben, und von einem Fall, in dem sie in Aussicht genommen ist. Der erste durch Hexerei bewirkte Mord spielte in Kalifornien. Die betreffende Hexe und ihr Mann waren in Los Angeles zu einer Party eingeladen. Sie selber nahmen keine Rauschmittel, aber sie wußten, daß ihre Gastgeber es damit hatten. Als sie ankamen, waren alle bereits mehr oder weniger high, und natürlich bot ihr Gastgeber auch ihnen etwas an. Sie lehnten ab, woraufhin er ihnen ein Glas Wein vorschlug. Die Frau sagte, sie möchte jetzt nichts; der Mann sagte: Ja, gern.

Nachdem er den Wein getrunken hatte, fühlte er sich komisch. Da ihm jede Erfahrung mit Drogen abging, erkannte er die Symptome nicht. Seine Frau schlug vor, zu gehen, wenn er sich nicht wohl fühle. Draußen auf der Straße überkam es ihn. Leibhaftig und in voller Gala – roter Mantel, Hörner und Mistgabel – erschien ihm der Teufel und jagte ihn durch die Straßen und über die Dächer und dann wieder und wieder um einen entlegenen Häuserblock herum. Als ihn seine Frau endlich fand, kauerte er hinter einer Mülltonne und zählte, leise vor sich hinmurmelnd, seine Finger. Sie brachte ihn ins Krankenhaus. Jetzt, zwei Jahre danach, befindet er sich noch immer in einer Klinik, bald vor sich hinbrabbelnd, bald in Todesangst aufschreiend. Sein damaliger Gastgeber hatte ihm STP in den Wein getan.

Eine Zeitlang glaubte seine Frau, er werde wieder gesund werden. Aber nach einem Jahr sagten ihr die Ärzte, daß er wahrscheinlich für den Rest seines Lebens dahinvegetieren werde. Da beschloß die Frau, den Mann, der das verschuldet hatte, mittels Schwarzer Magie zu töten. Er kam bei einem Autounfall um.

Erst vor kurzem hörte ich von einer Mutter – ebenfalls eine Hexe –, deren dreizehnjähriger Sohn durch eine fünfzehnjährige Nachbarstochter auf Heroin gebracht worden ist. Die Frau geriet dadurch so außer sich, daß sie sich bei allen möglichen anderen Hexen nach dem stärksten ihnen bekannten Todeszauber erkundigt hat. Auch bei einigen Freundinnen von mir ist sie gewesen, aber keine war bereit, ihr zu helfen. Sollte sie tatsächlich das Mädchen ermorden wollen, trägt sie ganz allein die Verantwortung.

Der andere mir bekannte Fall, in dem erfolgreich ein Todeszauber angewendet wurde, betrifft eine siebzehn Jahre alte junge Hexe, die mit einem vierzig Jahre alten Mann verheiratet war. Das Mädchen – muß ich vorausschicken – war total verdreht und eigentlich selber an der ganzen häßlichen Geschichte schuld. Trotzdem mochte sie sich nicht mit ihrem Schicksal abfinden und änderte es mit einem durch Hexerei bewirkten Mord.

Nach einem oder zwei Jahren Ehe stellte sie fest, daß sie unglücklich sei. Anstatt nun das Naheliegende zu tun und sich scheiden zu lassen, schaffte sie sich einen Liebhaber an. Er war ebenfalls jung, wohnte in der Nähe, und da ihr Mann jeden Tag zur Arbeit in die Stadt fuhr, hatten sie genügend Zeit für ihre Spiele. Unglücklicherweise kam der Mann eines Tages um die Mittagszeit unerwartet nach Haus und fand die beiden im Schlafzimmer beschäftigt. Außer sich vor Wut, ergriff er eine Feuerzange und erschlug den Jungen. Dann drohte er seiner Frau das gleiche Ende an, wenn sie vor irgend jemand, ja sogar vor ihm selber, auch nur mit einer Silbe das Geschehene erwähnte. In dieser unhaltbaren Situation beschloß die junge Hexe, ihren Mann mit Hilfe eines schwarzen Zaubers zu töten; noch keinen Monat später starb er an inneren Verletzungen, die er sich beim Sturz von einer Leiter zugezogen hatte.

Sie sehen, es gibt Fälle, in denen Todesmagie nicht nur angewandt werden kann, sondern vielleicht sogar angewandt werden sollte. In dem gerade beschriebenen Fall freilich hätte das Mädchen zur Polizei gehen sollen. Immerhin, falls Sie für diese Art von Hexenkunst einmal Bedarf haben, ist hier die todbringende Hexenleiter:

Nehmen Sie ein Stück Schnur und machen Sie dreizehn Knoten hinein. Projizieren Sie bei jedem Knoten, den Sie machen, leidenschaftlichen Haß auf Ihren Feind. Dann schmuggeln Sie ihm die Schnur in seine Kleidung. Er wird eines langsamen und schrecklichen Todes sterben. Das einzige Mittel, die Verwünschung rückgängig zu machen, besteht darin, daß Sie die Schnur wieder an sich bringen und die Knoten aufmachen, wobei Sie sagen müssen:

Auf, die Knoten,
Weg, der Fluch,
Laß (sein Name) am Leben.

Nach einiger Zeit stellt jede ernsthafte Hexe fest, daß das, was sie am nötigsten braucht, ein geheimer Platz ist, wo sie die diversen Hilfsmittel ihrer Kunst verwahren kann. Schließlich gilt Hexen nicht nur als sonderbar, sondern als ausgesprochen widernatürlich. Sogar heute noch kann Hexen einen in Gefahr bringen. So brachten 1969 in West Virginia zehn Bürger einen Mann vor Gericht, der seine okkulten Kräfte angeblich dazu mißbraucht hatte, eine Anzahl von Teenagern, darunter eine Babysitterin, zu verführen.

Sie brauchen also einen abschließbaren Schrank, in dem Sie zum Beispiel die verschiedenen Zaubertränke aufbewahren können, die Sie brauen. Sie brauchen ihn besonders dringend, wenn Sie Ingredienzien wie Molchaugen verwenden. (Ihr Gewürzschrank, nebenbei, eignet sich nicht dazu. Ich habe von einem Mädchen gehört, das sich vergriff und die Hühnersuppe mit Schnipseln von Mamis Zehennägeln würzte.)

Die meisten magischen Zutaten, die Sie sich beschaffen, sind natürlich alltäglicher. Für die Schwarze Magie brauchen Sie wahrscheinlich einen Vorrat an Bilsenkraut und Knoblauch, um böse Geister fernzuhalten. Für Liebeszauber benötigen Sie vielleicht Raute, sowie die Kräuter und Wurzeln, die zur Herstellung von Aphrodisiaka erforderlich sind.

Manchmal allerdings brauchen Sie auch ziemlich ausgefallene Dinge. Ich weiß nicht, wie ich es Ihnen am schonendsten beibringen soll, aber würden Sie Sargnägel für möglich halten? Die nämlich müssen Sie sich für den nachstehenden, aus Rumänien stammenden schwarzen Zauber besorgen. Befolgen Sie dabei aber meinen Rat und seien Sie auf keinen Fall so töricht, um Mitternacht (denn das ist die Zeit dafür) allein auf einen Friedhof zu gehen. So töricht, diesen Zauber zu versuchen, wenn Sie noch Anfängerin sind, werden Sie wohl ohnehin nicht sein. Als bereits fortgeschrittene Adeptin aber werden Sie sicherlich einige Hexenfreundinnen haben. Nehmen Sie sie mit. Nehmen Sie auch genügend Schaufeln mit. (Ich habe das erste Mal nur eine mitgenommen, und Sie können sich vorstellen, wer die ganze Graberei tun mußte.)

Gehen Sie also auf einen Friedhof, und damit meine ich nicht den nächstgelegenen Städtischen Friedhof. Machen Sie einen alten, verfallenen Friedhof ausfindig, der irgendwo weit draußen auf dem Land liegt und um den sich niemand mehr recht kümmert. Die besten Fundorte sind die kleinen Familienbegräbnisse, die für gewöhnlich hinter Häusern aus dem achtzehnten Jahrhundert liegen, in denen es spukt. Erkundigen Sie sich; Sie werden von einem hören.

Wenn Sie und Ihre Hexenfreundinnen dort angelangt sind, steigen Sie, zumindest wenn es die erste Fahrt ist, nicht gleich aus und machen sich ans Graben, sondern bleiben Sie eine Zeitlang bei heruntergekurbelten Fenstern im Wagen sitzen, um sich mit den Geräuschen des Ortes – Fröschen, Katzen und was noch – vertraut zu machen. Wenn Sie sich gleich ans Graben machen, wird Sie schon der erste Eulenschrei aufschrecken und meilenweit in die Flucht jagen. Nehmen Sie Kognak mit, guten Kognak; verwöhnen Sie sich ruhig ein bißchen. Die Sache ist schließlich auch ohne das schwierig genug. Nehmen Sie auch kleine Schwenkgläser mit, dann werden schon bald alle in dem nächtlichen Ausflug ein Picknick sehen, und die Aufgeregtheit wird sich legen.

Dann raus aus dem Wagen und auf den Friedhof. Nehmen Sie nicht nur eine Taschenlampe mit, sondern mindestens vier. Haben Sie schon einmal versucht, im Dunklen ein Loch zu graben? (Aber lassen Sie sich, schon aus Sicherheitsgründen, nicht dazu verleiten, die Autoscheinwerfer auf Ihr Arbeitsfeld zu richten. Grabschändung ist immerhin ein Verbrechen.)

Suchen Sie sich ein Grab, das möglichst weit von der Straße entfernt liegt. Dann machen Sie sich an die Arbeit. Nach einiger Zeit werden Sie auf Holz stoßen. Legen Sie dann den Sarg ringsum frei. (Habe ich schon gesagt, daß Sie dabei möglichst Jeans tragen und sich ein Schweißband um die Stirn binden sollten?) Dann legen Sie zwei Taue darum und ziehen ihn hoch. Sie brauchen ihn nur so weit hochzuziehen, daß Sie an die Nägel kommen. Während die anderen den Sarg halten, nehmen Sie also die Zange und fangen an. Die Nägel herauszuziehen, dürfte nicht allzu schwer sein, weil, wenn Sie sich ein genügend altes Grab ausgesucht haben, das Holz so verfault sein wird, daß die Nägel leicht herausgehen. Aber passen Sie auf: wenn Sie dabei nicht die folgenden Worte sprechen, ist Ihre ganze Mühe umsonst. Ihre Nägel, wenn Sie sie brauchen, würden sich als wertlos erweisen und nichts als eine Handvoll verrostetes Eisen sein.

Denken Sie also daran, wenn Sie die Nägel herausziehen, folgenden Zauberspruch zu sagen:

Sargnägel,
Vertraute der Würmer, der Maden und
Ähnlich widerwärtiger Geschöpfe,
Führt aus, was ich
Böses im Sinne habe,
Wenn ich's euch befehle.

Nun gut, jetzt haben Sie, was Sie wollten. Kriegen Sie's aber jetzt nicht mit der Angst und laufen weg, sondern bringen Sie das Grab säuberlich wieder in Ordnung. Andernfalls können Sie nie wieder auf diesen Friedhof zurückkommen, und wer möchte sich schon dauernd nach neuen Plätzen umsehen? Streuen Sie trockene Blätter und Zweige auf das Grab, und niemand wird Ihnen auf die Schliche kommen.

Wieder zurück in Ihrer Hexenwerkstatt, verwahren Sie die Nägel in einer Schachtel, bis Sie sie brauchen. Tritt dieser Fall ein – beispielsweise wenn eine andere Hexe, um Sie umzubringen, beide Hände zur Faust ballt und Ihnen, in

Form eines Hörnerpaars, Zeige- und Mittelfinger entgegenstreckt –, dann nehmen Sie einen der Nägel heraus und tun folgendes damit:

Bemächtigen Sie sich eines persönlichen Gebrauchsgegenstandes Ihres Feindes (eines Kleidungsstücks oder einer Haarsträhne) und treiben Sie den Nagel da hindurch. Dabei sagen Sie:

(Der Name der betreffenden Person) soll
Die Schrecken des Grabes erleiden,
Soll niemals mehr Hoffnung oder Liebe finden
Hier auf Erden.
Er soll sie verlassen, wenn der
Mond wechselt.

Damit ist Ihr Feind erledigt. Sollten Sie aber, aus einem nicht vorgesehenen Grund, den Zauber wieder aufheben wollen, ziehen Sie den Nagel heraus und waschen Sie den Ihrem Feind gehörenden Gebrauchsgegenstand in Salzwasser, dem Sie etwas Schwefel hinzufügen.

Vor Freud war das Leben ziemlich einfach. Wenn Sie ein bißchen sonderbar waren, galten Sie entweder als exzentrisch – und wurden akzeptiert –, oder wurden aus der Gesellschaft ausgestoßen und fanden Zuflucht in einem Kreis von Leuten, die genauso sonderbar waren wie Sie. Sie wurden einzig und allein nach Ihren Taten beurteilt. Wenn Sie mordeten, waren Sie ein Mörder (und nicht etwa geistesgestört). Wenn Sie total verrückt, aber dabei clever waren, wurden Sie als Heiland gefeiert. Wenn Sie total verrückt waren und in der Luft nach Schmetterlingen haschten, wurden Sie eingesperrt. So einfach war das Leben damals.

Jetzt ist jeder ein kleiner Psychiater. Wenn Sie ein bißchen komisch sind und zwanghaft vor sich hinsummen, wird der Mann, der im Omnibus neben Ihnen sitzt, Sie als paranoiden Schizophrenen einordnen und seinen Platz an eine nichtsahnende alte Dame abtreten. Wenn Sie Leute, die Sie nicht kennen, auf der Straße anlächeln, werden sie Sie für schwul halten und auf die andere Straßenseite gehen. Wenn Sie eine Frau sind und eine etwas laute Stimme haben, wird man Ihnen Kastrationsgelüste zuschreiben, und kein Mann wird Sie mehr grüßen.

Was für Seiltänzer wir doch alle geworden sind! Um akzeptiert zu werden, müssen wir uns gewissen festgelegten Maßstäben unterwerfen. Ein Junge ohne langes Haar und ohne Drogenerfahrung gilt bei seinen Kameraden als unnormal. Die ältere Generation meint nach wie vor, daß es ein Fauxpas ist, in Gesellschaft seine Zu- und Abneigungen kundzutun. Ihrer Anschauung nach tragen nur geistig Kranke unkonventionelle Kleidung. Die jüngere Generation dagegen ist der Meinung, daß konventionell sein der einzige Fauxpas ist. Nur Kranke sind zurückhaltend und darum unfähig, sich auszudrücken. Kaum nötig, festzustellen, daß die eine Generation genauso in ihrer Auffassung vom normalen Verhalten gefangen ist wie die andere. Wann werden wir endlich einmal wirklich frei sein?

Für verschattete Seelen, die weder zur einen, noch zur anderen Generation gehören und deshalb ganz unheilbar krank sind, habe ich hier ein hinterhältiges Rezept, einen Feind zu töten:

Durchbohren Sie eine Spinne mit einer Nadel. Dann tauchen Sie sie in das Blut eines schwarzen Huhns. Der Tod Ihres Feindes wird genauso qualvoll erfolgen.

Was geschieht, wenn Sie sterben? Wie sieht es mit der anderen Seite aus? Die andere Seite bedeutet für jeden etwas anderes, und das ist ein ziemlich unglücklicher Zustand, weil, wenn wir in diesem Punkt alle übereinstimmten, wir vielleicht im Besitz der Wahrheit wären. Aber es gibt in diesem Punkt keine Wahrheit – wie traurig!

Der Katholizismus verfügt über eine (der Hierarchie der Teufel entsprechende) Hierarchie von Heiligen, deren obersten Platz die Jungfrau einnimmt und die alle zugunsten eines Menschen intervenieren können. Der Katholizismus hat für jeden den ihm angemessenen Platz. Die meisten indessen wandern vom Fegefeuer in die Hölle. Welche Aussicht!

Dann ist da der Aspekt der anderen Seite in den orientalischen Religionen: die Reinkarnation, die für mich die letzte Frustration bedeutet. Kaum sind Sie sich selber mit allen Ihren Fehlern und Schwächen losgeworden, müssen Sie, wenn schon in anderer Form, als derselbe von neuem auf die Bühne. Ziemlich langweilig!

Die Spiritisten glauben, daß es jenseits dieses Lebens einen Platz gibt, an dem Sie bleiben, bis Sie zum Allmächtigen vorrücken: eine Art Limbus und auch nicht gerade tröstlich.

Jede Religion hat den Ort, wohin sich Ihre Seele begibt, wenn sie den Körper verläßt, für Sie parat. Aber welche Verschiedenheit von Orten und welche Verwirrung! Niemand in unserem westlichen Kulturkreis ist sich klar darüber, ob er in einem üppigen grünen Garten, einem roten Flammenkeller der Qualen oder einem grauen Nichts landen wird.

Ich kenne einige Leute, die gestorben und zurückgekommen sind und davon erzählt haben. Im großen und ganzen sind ihre Geschichten gleich.

Ein Mann, den ich kannte, ertrank zweimal, und beide Male war es dasselbe Erlebnis. Am Anfang stand die erschrekkende Einsicht, mit dem Wasser nicht fertig zu werden. Es wogte, umklammerte und erstickte ihn. Als ihm aufging, daß es ihn nicht freigeben wollte, ergriff ihn Panik. Er erkämpfte sich seinen Weg durch die Wellen nach oben und schnappte gierig nach Luft. Aber die Luft war in Wirklichkeit Wasser, mit dem er sich die Lungen vollpumpte. Als er begriff, daß er erledigt war, gab er auf.

Daraufhin glitt sein Leben an ihm vorüber. (Wie oft haben wir diesen Satz schon gehört. Aber wer hat sich je klargemacht, was er bedeutet?) Und als sein Leben, in Technicolor, an ihm vorübergeglitten war, beruhigte er sich. Er wußte, daß sein Ende nah war. Dann geschah etwas Seltsames. Er schwamm in einem Meer von Farben, Pastellfarben, in Wolken von verschleiertem Rosa und Blau und Weiß. Als die Farben verblaßten, wußte er, daß er tot war. Er trieb von seinem Körper weg. Sein Geist war frei.

Beide Male ertrank er. Beide Male wurde er durch künstliche Beatmung wieder ins Leben zurückgerufen und konnte von seinem Erlebnis erzählen.

Der andere Mensch, den ich kenne und der beinahe starb, ist ein Mädchen, das ebenfalls fast ertrank. Sie schildert die gleichen Symptome: zuerst die Gewißheit, der Gewalt des Wassers gewachsen zu sein; dann die Einsicht, ihr nicht gewachsen zu sein. Darauf die Furcht vor ihrem Schicksal, und darauf das völlige Sich-abfinden damit. Es *war* ihr Schicksal, und es gab keinen Weg, es zu ändern. Ihr Körper und ihr Geist seien ganz entspannt gewesen, erzählte sie mir. Ihr Leben glitt an ihr vorüber. Es begann, wie sie sagte, einige Jahre zurück und beschränkte sich auf die Höhepunkte ihrer damals noch wenigen Jahre. Sie war neun, als sie ertrank.

Dann kam die Wolke, eine dunkle Wolke, die an den Enden begann, dichter wurde und sie einhüllte. Sie trieb darin. Sie starb. Durch künstliche Beatmung wurde sie ins Leben zurückgerufen.

Denken Sie an Ihren Feind und das Leben, das an ihm vorübergleiten wird, wenn Sie die nachstehende Zeremonie ausführen: Kochen Sie eine schwarze Ameise in Öl und mengen Sie sie in das Essen Ihres Feindes. Er wird sterben.

Wir wissen so wenig über das Übernatürliche, daß es geradezu lächerlich ist. Die Wissenschaftler und ASW-Forscher streichen sich das Kinn, nicken bedeutungsvoll mit dem Kopf und sagen sorgfältig überlegte Sätze, die genaugenommen nichts sagen. Sie versuchen, um sich vor Kritik zu schützen, ihr Thema mit einer achtunggebietenden Aura zu umgeben und uns in wissenschaftlich verbrämter Ausdrucksweise psychische Phänomene schmackhaft zu machen. Sie untersuchen einen Fall außersinnlicher Wahrnehmung nach dem anderen, ziehen daraus aber nur wenig Schlüsse. Wo ist beispielsweise der Wissenschaftler, der geduldig abzuwarten bereit ist, daß ein anerkanntes Medium sich telepathisch betätigt (etwa in die Zukunft schaut), und dann seine Gehirnströme mißt? Wo sind die Wissenschaftler, die das Studium von ASW tatsächlich zur Wissenschaft machen?

Andere, weniger rückständige Kulturen verkehren täglich mit Geistern und Teufeln, und daran ist weder etwas Ungewöhnlicher, noch Empörendes, noch Unerklärliches. Ihr Geist befindet sich im Einklang mit den Kräften, deren Dasein sie für selbstverständlich halten, und diese Kräfte dienen ihnen nach ihrem Gefallen. Wir dagegen sind beschränkt und starr in unserem Denken, halten magie-orientierte Kulturen für unwissend, hören nur auf Erklärungen dessen, was wir sehen, und vernachlässigen die Intuition, die unser Wissen ergänzen und abrunden könnte.

Wenn Sie auch in diesem Gruppendenken befangen sind, werden Sie niemals ein Medium werden. Aber wenn Sie es fertiggebracht haben, die Grenzen Ihrer Ausbildung zu überschreiten und Ihren Geist auf mehr als nur auf einer Ebene zu betätigen, kann Ihre Intuition Sie auf den richtigen Weg bringen, mediale Kräfte zu erwerben. Sie liegen in Ihrem Kopf bereit und helfen Ihnen, in einfacher Form vorauszusehen und vorauszuwissen. Sie werden nur noch selten in Gefahr geraten, weil Ihr Instinkt Sie davor bewahrt. Auch alle um Sie her werden beschützt sein, weil Sie drohende Unannehmlichkeiten vorausahnen und davor warnen – manchmal in so subtiler Form, daß es fast schon auf der Ebene des Unbewußten spielt. Ihr Geist ist lebendig, und die Menschen nehmen das wahr als eine Aura intellektueller Macht. Sie sind ganz.

In Brasilien, wo das Christentum die Menschen nur teilweise geknechtet hat, ist es ganz und gar unmöglich, die Kraft des Geistes mißzuverstehen; dazu kommen jeden Tag zu viele Beispiele von Zauberei vor. Ein Freund, der lange Jahre dort gelebt hat, David St. Clair, erzählte mir folgende interessante Geschichte eines Falls von Schwarzer Magie.

Ein reicher weißer Pflanzer hatte eine Tochter, die mit

einem Mulatten verlobt war. Ihr Vater vermochte das eines Tages nicht länger zu ertragen und sagte seiner Tochter, daß sie entweder ihre Verlobung lösen oder damit rechnen müsse, enterbt zu werden. Nach allerlei Hin und Her kam das Mädchen zu dem Schluß, ihr Verlobter werde ihr, ohne die Beihilfe ihres Vaters, niemals das bieten können, was sie gewöhnt war, und sie löste die Verlobung.

Ihr Verlobter war wütend. Er rannte zu einer Hexe und bat sie, eine Verwünschung über den Vater des Mädchens auszusprechen, so daß er sterben mußte. Außerstande, seine rachsüchtige Freude darüber bei sich zu behalten, rief er den Mann an und sagte ihm, daß er bei einer Hexe gewesen sei, und daß seine Tage gezählt wären.

Der Pflanzer lachte darüber und erklärte dem jungen Mann, keine Hexe auf der Welt könne ihm mit ihrem Hokuspokus etwas anbaben; schließlich sei *er* kein rückständiger Mulatte.

Heiliges Blut und Schwanzfedern! Der Ex-Verlobte ging noch einmal zu der Hexe und erzählte ihr, was der Pflanzer gesagt hatte. Wütend lief sie zu ihm und sagte, er werde schon sehen, was an der Sache dran sei. Der Pflanzer schmiß sie raus. Von der letzten Treppenstufe schrie sie ihm zu, bis zu dem Tag, an dem er sterbe, werde er vor seinem Haus ein altes Weib sitzen sehen, das das Haus anstarre. Daran werde er dann merken, wie es mit dem Hokuspokus stehe.

Als der Pflanzer am nächsten Morgen ins Büro fuhr, sah er auf dem Bordstein seinem Haus gegenüber ein altes Weib sitzen und es anstarren. Am Abend, als er nach Hause kam, saß dasselbe alte Weib noch immer da und starrte. Am Morgen danach sah er vorsichtshalber erst aus dem Fenster, und noch immer saß das alte Weib da und starrte. Bevor er in seinen Wagen stieg, um ins Büro zu fahren, ging er zu ihr und fragte sie, was ein so schmutziges altes Weib in einer so feinen Gegend zu suchen habe. Die Hexe blickte langsam auf, starrte ihn einen Augenblick an und wandte dann ihre Augen wieder auf das Haus.

An dem Abend konnte der Pflanzer es nicht länger aushalten. Er brachte keinen Bissen hinunter, rief seine Frau ans Fenster und sagte ihr, daß er die Polizei rufen und das Weib, das da schon seit Tagen sitze, wegbringen lassen werde. Seine Frau sah hinaus und sagte, sie sehe niemand. Wovon er eigentlich spreche?

Das gab ihm den Rest. Am Morgen danach beschloß der Pflanzer, das Weib, das noch immer dasaß und starrte, zu überfahren. Er brauste aus der Einfahrt auf sie zu und über sie hinweg und fuhr an einen Baum. Als die Polizei kam, redete er irre. Er habe unglücklicherweise ein altes Weib überfahren. Die Polizei suchte überall nach dem Opfer, fand aber nichts.

So verstrichen Wochen. Das Weib saß da und starrte auf das Haus. Der Pflanzer magerte ab und wurde hysterisch. Seine Frau sorgte dafür, daß die Rolläden geschlossen blieben. Dann zog der Pflanzer eines Morgens in seinem Schlafzimmer die Rolläden hoch und stieß einen Schrei aus. Das alte Weib war weg ... und das waren seine letzten Worte.

Ein häßlicher Scherz? In Brasilien Macumba – Schwarze Magie. Wer in unserem Kulturkreis ist fähig, das zu verstehen?

Eine ebenso klassische wie wirkungsvolle Methode, einen Menschen umzubringen, besteht darin, eine Wachspuppe von ihm anzufertigen. Wenn Sie wollen, daß er im Arm oder im Bein oder im Kopf starke Schmerzen bekommt, nehmen Sie eine Nadel und stechen damit in den betreffenden Körperteil. Wenn Sie wollen, daß er langsam und qualvoll stirbt, zünden Sie ein Feuer an und lassen den Teil der Puppe, der ihm den Tod bringen soll, schmelzen. Ist die Puppe ganz geschmolzen, wird er tot sein.

Die Psyche von Verbrechern fasziniert mich (und viele andere auch, nach der Beliebtheit von Büchern und Fernsehsendungen über Verbrechen zu schließen). Der Grund dafür ist wohl der, daß wir herausfinden möchten, ob auch wir zu einem Kapitalverbrechen, insbesondere einem Mord, fähig sind. Sehr oft, wenn wir über jemand lesen, der einen Mord begangen hat, versuchen wir nachzuprüfen, ob der Grund, der ihn dazu getrieben hat, auch uns dazu treiben könnte. Wir kontrollieren und begutachten uns, versichern uns, daß wir noch bei Sinnen sind, und wägen die Chancen ab, daß und ob wir bei Sinnen bleiben.

Ich habe Menschen gesprochen, die offen erklärt haben, durchaus einen Mord begehen zu können. Sie haben dabei niemand Bestimmtes im Auge, sind aber sicher, daß sie, wenn sich die entsprechende Situation ergäbe, jemand töten könnten, und gelegentlich ergibt sich eine solche Situation.

Ich glaube, auch ich könnte töten, wenn mich des Abends auf einer einsamen Straße jemand mit einem gezückten Messer angriffe. Ich weiß, daß ich ihm an den Hals springen würde. Vielleicht würde ich dabei erstochen werden, aber dem Angreifer würde die Sache gewiß auch nicht gut bekommen.

Kürzlich wurde in einem New Yorker Lagerhaus ein entzückendes junges Fotomodell überfallen. Aus dem Nichts tauchte ein Mann auf, folgte ihr in den Aufzug und zog ein Messer. Glücklicherweise hatte ihr kluger Verlobter sie daran gewöhnt, immer eine Sprühflasche mit Tränengas bei sich zu tragen, wenn sie des Abends allein ausging. Sie reagierte ebenso rasch wie wirkungsvoll. Ein kurzer Strahl aus der Flasche, und der Angreifer rannte schreiend, und für den Augenblick blind, davon. Sie war in Sicherheit. (Natürlich ist es einem gewöhnlichen Bürger nicht erlaubt, Tränengas bei sich zu haben.)

Wäre Tränengas erlaubt, würde die Zahl der Handtaschendiebstähle, Raubüberfälle und sonstigen Belästigungen, denen wir ausgesetzt sind, rapid abnehmen. Warum also erlaubt man's nicht? Weil es ein paar aggressive Typen gibt, die die Waffe zu rasch oder für ihre persönlichen Rachegelüste gebrauchen würden? Für alle übrigen ein schwerer Nachteil. Die Raubmörder werden so immer die Gewinner bleiben. Was aber die gefährlichen Folgen angeht, wenn man jemand Tränengas direkt ins Gesicht spritzt, so scheint mir, daß Raubmörder sie durchaus verdient haben. Die Polizei, die das Zeug braucht, kümmert es ja auch nicht, wenn Krawallmacher dabei eine nachhaltige Schädigung ihrer Sehkraft davontragen.

Seit Janice Wylie und Emily Hoffert vor ein paar Jahren in ihrer New Yorker Wohnung so brutal ermordet wurden, bin ich nur noch ein zitterndes Nervenbündel. Ich habe in meiner Wohnung keine einzige Waffe in Reichweite, mit der ich mich verteidigen könnte. Meine Küchenmesser sind alle in der Küche. Aber ich weiß, wie sicher ich mich fühlen würde, wenn mir die Gesetze erlaubten, unter meinem Bett eine Sprühflasche mit Tränengas zu haben.

Die Öffentlichkeit macht sich keine rechte Vorstellung von dem Ausmaß abscheulicher Verbrechen, die in Städten vorkommen. Man hört von ihnen allenfalls in Form von Statistiken und im Jahresbericht der Polizei. Aber Menschenleben sind billig geworden in unseren Städten.

Wie billig, ging mir eines Sonntagmorgens auf, als ich unseren Hausmeister seiner Frau erklären hörte, wo er so lange gewesen war am Abend vorher. „Der Grund dafür, daß ich so spät nach Haus gekommen bin ... Nun, ich war mit den Freunden in der Bar... Wir wollten einen Schnaps trinken, und da kommt plötzlich der Kerl rein, zieht seinen Revolver und schießt den Mann, der zwei Hocker neben mir sitzt, einfach über den Haufen. Als die Polizei kam, war er schon tot."

Am nächsten Tag suchte ich in der *New York Times* und in der *Post*: Nicht ein Wort über den toten Mann. Daß aber der Hausmeister gelogen hatte, war so gut wie ausgeschlossen. Er ist robust und nicht so leicht aus der Fassung zu bringen. Selbst als er von dem Mord erzählte, verriet seine Stimme nur mäßige Anteilnahme; und so etwas schwindelt man seiner Frau nicht vor.

Der ermordete Mann war offenbar ein gesellschaftlicher Niemand. Nur Angehörige der besseren Schichten kommen in die Zeitung. So ist das nun einmal. Menschenleben sind billig geworden, und die Armen sind ohnehin entbehrlich.

Welche dunklen Triebe toben sich in der Seele eines Verbrechers aus? Was brachte das Ehepaar in dem berühmten englischen Moormörderfall dazu, wer weiß wie viele Kinder nicht nur zu töten, sondern dann auch noch in Stücke zu hacken? Welche merkwürdige Macht kann einen Menschen so jeden menschlichen Gefühls berauben, daß er darauf verfällt, Leichen zu verstümmeln?

Die Hexen früherer Zeit hatten wenigstens in ihren religiösen Zeremonien noch eine Entschuldigung. Hier ist ein klassischer Hexenzauber, einen Feind zu töten:

Verbrennen Sie in einem Kessel Stücke von Eisenholz und streuen Sie Eisenkraut und Schafgarbe darauf. Vermischen Sie die übrigbleibende Asche mit Öl und sagen Sie, wenn Sie die Mixtur in eine Flasche füllen:

Xapeth, Xith, Xandra,
Xapeth, Zapda, Zik.

Wenn Sie jemand töten wollen, reiben Sie ihn mit dem üblen Ruß ein.

Ich muß noch einmal betonen, daß Sie nur nach reiflicher Überlegung über jemand einen Todeszauber verhängen sollten. Wenn Sie sich von Ihrem Gefühl hinreißen lassen und keine ausgebildete Adeptin sind, werden Sie Ihr Ziel wahrscheinlich nicht erreichen. Entweder, Sie fügen sich selber Schaden zu mit Ihrem Zauber, oder Ihr Opfer fällt nicht auf der Stelle tot um, sondern wird allenfalls krank.

Um aufrichtig zu sein: es gab eine Zeit, in der ich mit einem Mädchen zusammenarbeiten mußte, das mich mit seinen endlosen Intrigen beinah zu Tod gequält hätte. Es war eine ganz und gar hoffnungslose Situation. Unter anderem sorgte sie dafür, daß ich keinen einzigen Freund im Büro hatte. Sie erzählte die scheußlichsten Lügen über mich, und es gab keinen Menschen, der glauben wollte, daß sie verrückt und ich nicht das ausgemachte verkommene Luder war, als das sie mich darstellte. Wie die meisten Paranoiker verstand sie ausgezeichnet zu lügen; ich war ihr auf Gedeih und Verderb ausgeliefert. Allein und überall ungelitten, wurstelte ich vor mich hin. Aber ich wollte nicht kündigen, weil das Nachgeben bedeutet hätte und der Job ausgezeichnet war.

In dieser Zeit spielte ich zum erstenmal mit der Idee, ihr mit Hilfe Schwarzer Magie irgend etwas Böses anzutun. Ich fing an zu überlegen, welche Art von Zauber dazu am besten geeignet war, fand schließlich einen und bereitete mich auf das Unternehmen vor.

Mehrere Abende lang saß ich nur herum und dachte an meine Feindin, um herauszukriegen, wie sehr ich sie nun eigentlich haßte und wieviel Wut ich gegen sie aufzubringen imstand wäre. Das ist, wie ich Ihnen versichern kann, eine Prüfung in Ehrlichkeit. Sie müssen Ihren Haß tatsächlich mustern und konsolidieren, und wenn Sie keine sehr rachsüchtige Person sind, werden Sie dabei einige unglückliche Augenblicke haben. Immerhin, in diesen unglücklichen Augenblicken sondieren Sie Ihre Zweifel, wägen Sie gegen Ihren Haß ab und wissen dann genau, ob Sie imstande sind, mit der geplanten schwarzen Zeremonie ins reine zu kommen. Ihr Sinn für Fairneß hilft Ihnen dabei, zwischen Ihrem Groll und dem ihm abhelfenden Mittel ein vernünftiges Verhältnis herzustellen.

An dem Abend, der für die Ausführung der Zeremonie vorgesehen war, verbrachte ich als erstes mehrere Stunden damit, Lockerungsübungen zu machen und meinen Geist von dem Ärger des Tages reinzuwaschen. Ich saß eine Zeitlang vor dem Feuer, starrte in die Flammen und versuchte mich in sie hineinzuversetzen, als ob ich selbst eine von ihnen wäre, blau züngelnd und die duftenden Scheite verzehrend. Als ich mich eins mit ihnen fühlte, rief ich mir das Bild des Mädchens vor Augen und stellte mir vor, wie ich sie mit meinem Flackern versengte, und roch verbranntes Fleisch.

In dieser tranceartigen Vorstellung machte ich mich an die Zeremonie, ließ meinen Geist sich ausdehnen, als ob er die Macht und freurige Hitze des Feuers besäße, heulte mit der

Kraft eines Dämons meine Verwünschung und verwickelte sie in ein Netz unsichtbarer Wut, ein erstickendes Laken, in das ein Totenkopf sie hüllte, eine Tunika des Bösen, aus der es kein Entkommen gab.

Ganz, ganz langsam würgte ich sie in meinen Gedanken, und langsam wurde ihr Körper schlaff; ihr Gesicht wurde weiß, ihre Lippen blau, ihre Augen quollen hervor, und dann war sie tot. Ich bewahrte dieses Bild noch einen Augenblick lang in meinen Gedanken und ließ es dann fallen.

Am nächsten Tag fühlte sich meine Feindin nicht wohl. Sie schleppte sich zwar noch ins Büro, aber nach einer Stunde schon war ihr so schlecht, daß sie beschloß, nach Haus zu gehen. Sie beklagte sich über nichts Bestimmtes; sie sagte nur, sie habe wohl Fieber. Vielleicht Grippe, meinte sie. Ich lächelte in mich hinein und fühlte kein Mitleid. Den ganzen Tag triumphierte ich. Ich war sicher, daß ihre Krankheit mein Werk war – so sicher, daß ich es kaum abwarten konnte, einen zweiten Versuch zu unternehmen, um zu sehen, ob ich ihren Zustand nicht noch verschlimmern könne.

Am Abend wiederholte ich die Zeremonie. Ich wuchs und wuchs, ließ meinen Geist aus meinem Körper hervortreten und ungehindert durch die Straßen treiben, bis er an ihrem Haus war. Dann drang ich durch die Mauer ihres Schlafzimmers, kauerte über ihrem Bett und schoß Pfeile glühenden Hasses auf sie ab. Mit meinem allsehenden inneren Auge beobachtete ich, wie sich ihr Zustand verschlimmerte. Erschöpft, ließ ich von ihr ab, trieb langsam nach Hause und betrat meinen Körper wieder. Ich schlief gut in dieser Nacht. Am nächsten Morgen hörte ich, daß man das Mädchen ins Krankenhaus gebracht hatte. Sie war lange Zeit bettlägerig. Sie starb zwar nicht, war aber Monate lang nur ein Schatten. Ich muß zugeben, nach einiger Zeit bedauerte ich, was ich getan hatte.

Das hier ist nicht der Zauber, den ich an ihr angewandt habe, den habe ich vernichtet. Aber Sie wissen ja, wie man sich verhalten muß, wenn man jemand behexen will; mit der nachstehenden Hexenleiter kann einer, der geübt ist, den Tod eines Menschen verursachen:

Nehmen Sie einen roten Faden und machen Sie zehn Knoten hinein. Dabei sagen Sie:

Der erste Knoten, den ich mache, soll (nennen Sie hier den Namen Ihres Feindes) einen Schmerz in der Schulter verursachen;
Der zweite Knoten soll seine Beine schwach werden lassen, so daß er strauchelt und fällt.
Der dritte Knoten soll ihm Kopfweh machen, heftiges Kopfweh, so daß ihm davon übel wird.
Der vierte Knoten soll ihm Magenschmerzen verursachen, so daß er sich erbricht.
Der fünfte Knoten soll ihn impotent machen.
Der sechste Knoten soll ihn hohes Fieber bekommen lassen.
Der siebente Knoten soll ihn in einen unaufhörlichen Weinkrampf zwingen.
Der achte Knoten soll seinen Geist verwirren, so daß er sich nicht einmal mehr auf seinen Namen besinnen kann.
Der neunte Knoten soll ihn bis auf den Tod abmagern lassen.
Mit dem zehnten Knoten, den ich knüpfe, wird er für jetzt und immer qualvoll sterben.

Der Respekt, in dem die Wodupuppe steht, ist tatsächlich furchteinflößend. Selbst wenn ich eine solche Puppe in einem Laden für okkulte Gegenstände im Schaufenster sehe, läuft es mir kalt über den Rücken. Diese Puppen haben irgend etwas Unaussprechliches und Endgültiges; Übel strahlt von ihnen so unverkennbar aus wie Hitze von der Sonne.

Wenn man mit Wodupuppen arbeitet, so hat das den Vorteil, daß ihre Bedeutung von jedermann verstanden wird. Während ein Opfer, das Sie mit einem Zigeunerzauber behext haben, in seiner Unkenntnis vielleicht noch mit Ihnen über dessen Wirksamkeit streiten mag (sofern es überhaupt erfährt, daß Sie es behext haben), wird es die Zauberkraft einer Wodupuppe keinen Augenblick in Zweifel ziehen.

Vor einigen Jahren fiel eine ebenso bekannte wie wohlhabende Dame der New Yorker Gesellschaft dem Zauber mit einer Wodupuppe zum Opfer. Sie zog sich gerade für eine Wohltätigkeitsveranstaltung an, da stach sie sich, als sie in ihrer Strumpfschublade herumkramte, in den Finger. Erschreckt räumte sie ihre Nylons beiseite und fand darunter eine zerzauste kleine Puppe mit einem Wachskopf. Sie hatte Haare in der Farbe ihres eigenen Haars, und an der Hand trug sie einen winzigen Diamantring, der eine perfekte Replik ihres eigenen berühmten Diamantringes war. Durch jede der beiden Hände der Puppe war eine Nadel gebohrt, und in ihrem Magen steckte ein Dorn. Als sie die Puppe, um sie sich genau anzusehen, hochhielt, stellte sie fest, daß deren Gesicht ihrem glich.

Es schnürte ihr die Kehle zu. Sie ließ die Puppe fallen und rannte schreiend durch das Haus und fiel in der Bibliothek ohnmächtig ihrem Mann zu Füßen. (Ich habe selbst mit dem

Mann gesprochen, und er erzählte mir, daß sie bei der Ankunft des Arztes in tiefem Schock lag.)

Mehr als eine Stunde lang konnte niemand ein Wort aus ihr herausbringen. In einer Art Trance lag sie in der Bibliothek auf einer Couch. Dann riskierte der Arzt es, sie in ihr Schlafzimmer bringen zu lassen. Als sie zu Bett gebracht war, drehte sich ihr Mann um und bemerkte die offene Strumpfschublade. Dann sah er auf dem Boden das merkwürdige Ding liegen.

Als er erkannte, was es war, rief er den Arzt herbei. Sie untersuchten die Puppe und kamen zu dem Schluß, daß sie wahrscheinlich die Ursache des Vorfalls war. Der Arzt gab der Frau eine Beruhigungsspritze und riet ihrem Mann, mit ihr am nächsten Tag zum Psychiater zu gehen.

Am nächsten Morgen konnte die Frau aufstehen, sprach aber nur wenig. Wenn sie sprach, klagte sie darüber, daß ihre Hände sich taub anfühlten und daß sie Magenschmerzen habe. Am Nachmittag waren ihre Hände gelähmt, und nur eine weitere Beruhigungsspritze konnte sie von ihrem anhaltenden Brechreiz befreien. Der Psychiater kam ins Haus.

Mit Hilfe von Hypnose gewann die Frau wieder etwas Fassung. Als sie sich ein bißchen besser fühlte, brachte sie der Psychiater zu einer Hexe, die den Woduzauber aufheben konnte. Fünf Minuten danach waren alle ihre Schmerzen verschwunden.

Die Hexe sagte ihr auch, wer ihr diese Wodupuppe in die Schublade geschmuggelt hatte, und stellte einen ähnlichen Fetisch her, den die betreffende Dame am nächsten Morgen lustvoll über die Haustür ihrer Feindin heftete. Das letzte, was ich von dieser Feindin hörte, war, daß sie sich in einer Klinik befand, um „sich auszuruhen“.

Wenn Sie es mit den bösen Aus- und Rückstrahlungen der Wodupuppe aufnehmen können, habe ich hier für Sie ein Rezept, das jeden Feind mit Sicherheit ins Jenseits befördern wird:

> *Stellen Sie aus Stoff ein Abbild Ihres Feindes her und legen Sie es in ein fließendes Gewässer. (Wenn Sie in New York leben, legen Sie es in den Hudson River.) Beschweren Sie die Puppe mit einem Stein. Im gleichen Maß, wie sich die Puppe auflöst, wird Ihr Feind die Kontrolle über seine Glieder verlieren. Ist die Puppe völlig hin, wird Ihr Feind sterben. Wenn Sie wollen, können Sie noch Nadeln in die Puppe stecken, wenn sie im Wasser liegt und langsam verrottet: der Tod Ihres Feindes wird dann um so qualvoller sein.*

Ich glaube, es ist an der Zeit, Ihr Wissen über Wachspuppen abzurunden. Bisher wissen Sie nur, daß dies eine der tödlichsten Methoden ist, einen Feind zu beseitigen (falls Sie geschickt genug sind, Gesichter zu modellieren, heißt das). Was Sie noch nicht wissen, ist, daß Sie damit – unter Umständen durchaus wünschenswert – auch nur teilweise Resultate erzielen können.

Nehmen wir einmal an, mit Ihrem augenblicklichen Liebhaber (mit dem Sie zusammenleben) ging alles gut, bis Sie neulich abends Sally zum Essen dahatten. Erst zu spät ging Ihnen auf, daß es ziemlich dumm war, sie einzuladen.

Beide fühlten sich unmittelbar angezogen, und Sie übersah er, der Schuft. Noch verdächtiger war, daß er plötzlich aufhörte, sich auf Sally zu konzentrieren, und dafür wieder Sie hofierte. Sie waren in der Küche gewesen, um abzuwaschen.

Sie hatten ihn mit Sally allein gelassen und ihn gebeten, sie in der Zwischenzeit zu unterhalten, und das war ihm offenbar zu gut gelungen. Jedenfalls sagte er am Abend danach gegen acht, daß er auf einen Sprung zu seinem Freund Joe wolle. Komisch, dachten Sie, der Joe schmeckt verdammt nach Sally.

Hier kann Ihnen ein bißchen Schwarze Puppenmagie zupaß kommen. Sie wollen Ihren Liebhaber nicht gerade töten, Sie wollen ihn nur etwas außer Gefecht setzen (es sei denn, Sie wären so wütend auf ihn, daß Sie ihn tatsächlich töten wollen). Sie brauchen nichts weiter zu tun, als mitten in der durch die Puppe verursachten tödlichen Krankheit die Puppe aus ihrem Versteck hervorzuholen und die Verwünschung aufzuheben. Mittlerweise ist Ihr Liebhaber – der tagelang krank gelegen hat – für sein schlechtes Benehmen hinreichend bestraft.

Man kann Puppen aus Ton, Stoff, Wolle, Holz oder Wachs anfertigen. Man kann sie mit Dornen, Nägeln und Nadeln durchbohren. Man kann sie in einen Ofen stellen und verbrennen lassen (der Feind bekommt dann Fieber und stirbt), und man kann sie in einen Fluß legen (so, wie das Wasser die Puppe auflöst, wird Krankheit auch den Körper des Feindes auflösen). Durchbohren Sie der Puppe das Herz, wird Ihr Feind innerhalb von vierzehn Tagen sterben.

Nun gut. Sie sind eine Zeitlang mit dem Mann zusammen gewesen, und seit der vorigen Woche hat er aufgehört, Sie abends um sechs anzurufen und um sieben bei Ihnen vorbeizukommen. Irgendwas daran ist komisch. Sie rufen ihn um acht an, und niemand meldet sich.

Ihr Herz wird starr vor Ärger und Angst. Wo steckt der Kerl, und was treibt er? Als erstes müssen Sie einen Treuetest vornehmen, und wenn der ihn als untreu erweist, müssen Sie weitersehen.

Sammeln Sie Beweise für sein Untreusein. Stürzen Sie sich nicht aufs Geratewohl in einen magischen Racheakt. Stellen Sie sich vor, der arme Kerl hätte, um Ihren Verlobungsring bezahlen zu können, einen zweiten Job angenommen und verkaufte auf einem Wohltätigkeitsbasar Plätzchen und schämte sich, es Ihnen zu erzählen. Wie würden Sie sich fühlen, wenn Sie über ihn einen schwarzen Zauber verhängt hätten und dann das entdeckten? Sie würden sich elend fühlen, und er wäre durch Ihre Unvorsichtigkeit ruiniert.

Fragen Sie also bei gemeinsamen Freunden herum, wann die ihn zuletzt gesehen haben. Wenn sich daraus nichts ergibt, suchen Sie Ihre verschiedenen Lieblingskneipen ab; wenn er mit einer Frau unterwegs ist, wird er früher oder später in einer von ihnen auftauchen.

Jetzt nehmen wir einmal an, Sie finden ihn in der Ihnen besonders lieben Bar, in die er geschworen hatte, mit niemand mehr zu gehen, falls es einmal aus sein sollte zwischen Ihnen beiden. Sie sehen natürlich rot. Maßlose Wut, abgründiger Haß. Abgründig. Sie sind die verschmähte Frau.

Aber jetzt seien Sie nicht voreilig. Werden Sie sich klar darüber, was Sie tun wollen. Sie können sich überlegen zeigen, nach Hause gehen, ihre Nägel kauen, eine schlaflose Nacht verbringen und ihn am nächsten Morgen anrufen und eine Erklärung verlangen. Klagen Sie ihn aber nicht gleich an; fragen Sie ihn: „Wo warst du gestern abend?“ und sehen Sie zu, ob er sich selber einen Strick dreht. Dann können Sie ihn fertigmachen, indem Sie über ihn einen Zauber verhängen, der ihm zehn Jahre lang Unglück bringt. Diese Art, die Sache zu behandeln, ist in mehrfacher Hinsicht die beste; wenn Sie allerdings eine sehr dramatische Person sind, ist sie nicht recht befriedigend.

Wenn Sie eine Person von südländischem Temperament sind, sollten Sie ihn vielleicht besser auf der Stelle festnageln. Gehen Sie in die Bar rein und bauen Sie sich vor den beiden Übeltätern auf. Materialisieren Sie sich vor ihrem Tisch, wenn Sie können – unglaublich dramatisch, wenn er aufblickt und sie dastehn sieht. Dann zischen Sie ihn an (Schreien wäre nicht gut; er würde sich umsehen, ob jemand zuhörte, und das würde die Kraft Ihrer Worte abschwächen). Zischen Sie ihn also an wie eine Viper und sagen Sie, daß Sie jetzt nach Haus gingen und über ihn einen Todeszauber verhängten. Starren Sie ihn böse an und verschwinden Sie.

Welche von den beiden vorgeschlagenen Methoden aber auch am besten zu Ihnen paßt, der unfehlbare schwarze Zauber, wenn Sie ihn brauchen sollten, geht so:

Zünden Sie eine schwarze Kerze an, sehen Sie in die Flamme und sprechen Sie die folgende Beschwörung:

Schwarze Geister der Nacht, die ihr euch
Aus den Schatten der Hölle erhebt und
Sünder peinigt,
Umringt mich
Und hört, was ich euch befehle!
Geht in das Zimmer von (hier nennen Sie seinen Namen)
Und laßt ihn
Für die an mir begangene Sünde
Im Feuer der ewigen Verdammnis brennen.
Dunkle Vertraute, holt euch seinen Leib
Und zwickt ihn mit Schmerzen,
Mit Krämpfen im Hals,
Die ihn ersticken,

Und kommt nicht zurück, bevor ihr nicht
Getan habt, was ich euch befahl,
Oder ich werde den Zorn der Engel über euch bringen.

Wenn Sie diesen Zauberspruch, wie hier aufgeschrieben, vortragen, seien Sie nicht überrascht, wenn er noch in derselben Nacht stirbt.

Eine Zauberzeremonie im großen Stil

Es gibt Magier, die von einem Feind ein Wachsbild anfertigen, mit höchster Konzentration und Projektion Nadeln hineinstecken und damit unmittelbar tödlichen Schaden anrichten. Andere Magier verlassen sich auf die Psychologie, wenn sie einen Puppenzauber ausführen; sie sorgen dafür, daß der Betroffene auf die eine oder andere Weise davon hört. Aber das ist Schwindel und nicht fair. Um einen Feind mit seiner eigenen Furcht umzubringen, braucht man kein Magier zu sein. Außerdem ist die Methode gefährlich. Mit einigem Herumfragen wird das Opfer herausbekommen, wer ihn mit dem Zauber belegt hat.

Es ist bei weitem sicherer, insgeheim und im verborgenen Unheil zu stiften. Dann nämlich kann dem Opfer höchstens ein außerordentlich begabtes Medium den Namen seines Peinigers verraten (falls er überhaupt darauf kommt, daß er verzaubert worden ist, heißt das). Die Chancen aber, daß das Opfer an ein wirklich gutes Medium gerät, sind ziemlich gering. In der westlichen Welt ist kein Markt für Medien, die daraus einen Beruf machen; die wirklich begabten Medien sitzen in Südamerika, Afrika und im Orient.

Wenn Sie verschwiegen sind, besteht wenig Aussicht, daß Ihnen jemand auf die Schliche kommt. Es ist deshalb wichtig, daß Sie sich ganz auf Ihre eigene Kraft verlassen, wenn Sie einer Person mit einer Wachspuppe Schaden zufügen wollen.

Die Zauberer früherer Zeiten machten sich viel Mühe mit ihren geheimen Werken. Die Gegenstände, die sie bei ihrem Geschäft benutzten, waren alle aus noch jungfräulichem Material handgefertigt, weil ein schon zu etwas anderem benutzter Gegenstand ihrem Zweck entgegengewirkt hätte. So wird nie etwas Rechtes daraus werden, wenn man in einer magischen Zeremonie ein Messer benutzt, mit dem jahrelang Kartoffeln geschält wurden. Kartoffelschwingungen vertragen sich nicht gut mit magischen. Ebensowenig eignet sich ein Spazierstock als Zaubergerte.

Die Magier verwendeten auch in reichem Maß Weihwasser und Weihrauch. Jedesmal, wenn sie etwas machten oder brauchten, holten sie den Weihwedel und das Weihrauchfaß hervor. Ihre Nervosität in diesem Punkt wird verständlich, wenn wir bedenken, wie teuflisch sich die von ihnen beschworenen bösen Geister ihrer Meinung nach aufführen konnten. Nur ein bißchen Dreck oder Ungeweihtes an dem Magier oder dem magischen Zirkel, ja sogar in dem Raum, in dem der Magier arbeitete, und der böse Geist stürzte sich darauf. Der Magier verlor die Kontrolle über die Situation, und sein Ziel war doch umgekehrt, den Geist am Gängelband zu halten und zur Ausführung seiner Befehle zu zwingen. Wenn sich dem Geist Gelegenheit bot, die Oberhand zu bekommen, ergriff er sie. (Psychologisch verständlich, daß es einen allmächtigen, allsehenden Geist kränken muß, in die Gewalt eines Sterblichen zu geraten und für ihn Aufträge ausführen zu müssen.)

Zauberer sagten auch eine Menge Gebete. An wen, wenn nicht an Gott, sollten sie sich um Schutz wenden vor dem durch und durch Bösen, mit dem sie zu tun hatten? Also rief der Magier sorgsam und beständig Gott an, ihn selbst, seine Zauberinstrumente und seine Arbeit vor der Bosheit der bösen Geister, die er beschwor, zu schützen.

Wenn Sie sich auf die nachstehende, von einem mittelalterlichen Zauberer stammende Zeremonie einlassen, mit Hilfe einer Wachsfigur jemand zu Tode zu bringen, brauchen Sie viel historische Wißbegierde, Mut, Seelengröße, Geduld, Erfindungsreichtum, handwerkliches Geschick und, vor allem, viel Zeit. Sie müssen dazu entweder Ihren Job aufgeben oder Ihren Urlaub benutzen, weil Sie gut zwei Wochen brauchen, das erforderliche Material zusammenzubringen, sich selber vorzubereiten und dann die Sache auszuführen. Wenn Sie noch nicht genügende (und durch Erfolg bestärkte, beeile ich mich hinzuzufügen) Erfahrung mit Zauberei haben, wäre es tollkühn, sich an die Zeremonie heranzuwagen. Wenn Sie jedoch die Vorbedingungen erfüllen, sage ich Ihnen hier, was Sie tun müssen. Die Anweisungen sind einem alten und seltenen französischen Zauberbuch entnommen, das einem Magier in Paris gehört, der anonym zu bleiben wünscht. Ich habe sie aus dem Französischen übersetzt und, wie ich hoffe, den Ablauf verständlich gemacht.

Als erstes müssen Sie eine Reihe von Einkäufen machen. Sie müssen in ein Warenhaus gehen, um Stoff zu kaufen, in eine Buchhandlung, um eine Bibel zu erstehen (es sei denn, Sie haben schon eine), weiter zu Ihrem Kräuterhändler, zu einem Kerzenmacher und – irgendwo auf dem Land – zu einem Bach. Und das ist die Liste der Gegenstände, die Sie brauchen:

Eine ausreichende Menge von rotem Stoff, um damit einen Raum auszuschlagen
(es können auch rotgefärbte Bettlaken sein)
1 Tisch, der sich in einen Altar verwandeln läßt
1 Bibel
1 Bahn roter Satin, um daraus ein Gewand anzufertigen
50 Zentimeter schwarzer Satin, um daraus magische Symbole zu schneiden
1 Weihrauchfaß
1 Weihwedel
1 großer Sack Holzkohle
Myrrhe
Rotwein
1 (aus der Kirche gestohlene) Hostie
1 lange Nadel mit einem Rubin
Frisches Quellwasser
2 schwarze Kerzen (und Streichhölzer)
Noch unbenutztes Wachs (machen Sie es selber)
1 gußeiserne Zange (neu)

Schwindeln Sie aber bitte nicht dabei. Beispielsweise müssen Sie lernen, wie man Kerzen macht, entweder indem Sie einen Kerzenmacher aufsuchen oder im Lexikon nachschlagen, sich dann die Zutaten besorgen und das Wachs selbst herstellen. Eingeschmolzene Kerzen taugen einfach nicht für diesen Zweck. Der diese Kerzen gemacht hat, hat sie aller Wahrscheinlichkeit nach für den Gebrauch in einer Kirche, bei einem Thanksgiving-Dinner oder bei einem Begräbnis gemacht, und diese Bestimmung haftet ihnen an und macht sie für Sie nutzlos.
Nun sind Sie so weit, das große Werk beginnen zu können. Hier die ersten Anweisungen:

Räumen Sie ein Zimmer in Ihrem Haus oder Ihrer Wohnung leer und putzen Sie es gründlich. Dann schlagen Sie es ganz (auch Boden und Decke) mit rotem Stoff aus und errichten in der Mitte einen Altar, den Sie ebenfalls rot verkleiden. Dann bringen Sie einen Weihwedel, ein Weihrauchfaß aus goldfarbnem Metall (Sie kriegen sie im Devotionalienhandel), Weihwasser und Myrrhe ins Zimmer. Die nächsten drei Tage sitzen Sie dort nackt und lesen die Bibel und meditieren. In der Morgen- und Abenddämmerung jeden Tages sprechen Sie das folgende Gebet:

Herrgott im Himmel,
Sieh gnädig auf mich herab,
Obwohl ich ein Sünder bin.
Ich weihe mich Dir,
Erniedrige mich vor Deiner furchteinflößenden Macht
und bitte Dich um Deine Gnade.
Habe Mitleid mit mir, o Herr,
Mir, Deinem Dich liebenden Diener
Und steh mir bei in dieser Stunde der Not. Amen.

Gegen Mitternacht des dritten Tages trinken Sie Rotwein und essen die (aus der Kirche gestohlene) Hostie. Dabei sprechen Sie folgendes Gebet:

O Herr, laß mir diese Speise und diesen Trank zum Segen gereichen
Und mich vor den Geburten der Hölle, die ich im Lauf meines
Unternehmens beschwöre, beschützen.

Dann schwingen Sie, rund um den Altar, Ihr Weihrauchgefäß (in dem Sie Myrrhe entzündet haben) und besprengen ihn und Ihre Nacktheit mit Weihwasser. Dabei sagen Sie:

Herr, Gott, Adonai,
Reinige meinen Körper und dieses Zimmer.
Wie dieses Wasser Deiner Erde
Dir heilig und geheiligt ist,
So reinige meinen Körper
Und vor allem meine Seele
Und heilige diesen Tempel
Und erfülle ihn mit Deiner Gegenwart. Amen.

Nun ist es an der Zeit, sich an Ihr Gewand zu machen, das Sie aber nur während der Dauer der eigentlichen Zeremonie tragen. Nähen Sie aus der Bahn von rotem Satin eine bis zum Boden reichende Tunika und heften Sie darauf, aus schwarzem Satin, vorne über dem Herzen einen abnehmenden Mond, zwei Zoll hoch, und auf den Rücken einen fünfzackigen Stern auch in Schwarz. Wenn Sie damit fertig sind, tragen Sie das Gewand in das Zimmer, legen es auf den Altar, schwingen das Weihrauchfaß darüber und sagen:

Möge dieser heilige Weihrauch dieses Gewand
Von jedem irdischen Schmutz reinigen und
Jedes Unwesen, das sich in seinen Falten verborgen hat,
Um mich zu töten, vertreiben.
Im Namen der Heiligen Dreifaltigkeit. Amen.

Dann nehmen Sie Ihren Weihwedel, besprengen damit das Gewand und sagen:

Heilige, o Herr, dieses Gewand,
So daß seine Heiligkeit
Jeden bösen Geist, der sich mir
Zu nähern versucht, fernhält.
Möge dieses Gewand mich beschützen vor allen
Kriechenden und fliegenden Mächten der Finsternis
Sowie vor dem Herrn der Ringe, den ich beschwören werde.
Amen.

Falten Sie jetzt Ihr Gewand und legen Sie es auf den Altar.

Wie bereits gesagt, müssen Sie bei den verschiedenen Vorbereitungszeremonien Myrrhe und Weihrauch gebrauchen. Die Gebete, die Sie über ihnen sprechen müssen, um sie zu heiligen, folgen.

GEBET, ÜBER DEM WEIHRAUCH ZU SPRECHEN

Wenn Sie Weihrauch brauchen wollen, tun Sie als erstes Holzkohle in Ihr Weihrauchfaß, entzünden sie und sprechen das folgende Gebet:

Herr Gott dort oben,
Möge das Feuer dieser Kohle
Mit heiligem Licht brennen und die
Aus den Abgründen aufsteigenden Mächte der Finsternis
Erschrecken, so daß sie voll Furcht die Augen abwenden.
Amen.

Dann tun Sie Myrrhe auf die glühenden Kohlen und sagen:

Heiliger Weihrauch Gottes,
Der unser Herz zu ihm emporträgt,
Verbrenne in dieser geheiligten Flamme
Und laß alle, die dich riechen,
Mit seiner Gegenwart erfüllt werden,
Und die Bösen vor dir fliehen
Und auf der Schwelle Gottes niederfallen
Und unter Seinem herrlichen Licht dahinschmelzen.
Vertreib alle bösen Geister aus diesem Zimmer,
Heiliger Weihrauch, Amen.

Wann auch immer Sie das Weihrauchfaß beiseite legen, löschen Sie den Weihrauch nicht einfach, sondern sagen Sie dabei:

O höchst mächtiger Herr,
Ich lösche das Feuer des Dir geweihten Duftes.
Möge seine heilige Kraft
Sich behaupten in diesem Zimmer
Gegen alle meine Feinde. Amen.

WIE MAN WEIHWASSER BEREITET

Die Eigenschaft, die Weihwasser vor allem besitzen muß, ist Reinheit. Sie können nicht einfach Wasser aus dem Kran nehmen und meinen, damit hätten Sie, was Sie brauchen. Das Wasser aus dem Kran ist verunreinigt (im besten Fall ist es gechlort). Suchen Sie sich auf dem Land einen Brunnen, einen Bach oder eine Quelle, sonst sabotieren Sie sich selbst, weil Teufel versessen sind auf unreines Wasser. Wenn Sie das Wasser besorgt haben, sprechen Sie folgendes Gebet darüber:

Allmächtiger Gott,
Ich nehme diesen irdischen Stoff und
Weihe ihn Dir, damit
Dein Geist in ihn fließe und
Jeder, der davon berührt wird,
Teil hat an Deiner Gnade.
Möge es für immer Deine Kraft, Dein Wort und
Deinen Segen tragen. Amen.

Gießen Sie jetzt jedesmal, wenn Sie Weihwasser brauchen, etwas davon vorsichtig in Ihren Weihwedel und sagen Sie dabei:

Hochseliger Vater,
Schöpfer des Himmels und der Erde,
Laß dieses Dir geweihte Wasser
Alle unreinen und bösen Geister,
Die sich hier einschleichen könnten,
Fernhalten.
Möge es für immer Deine Macht, Dein Wort
Und Deine Segnung tragen, o Herr. Amen.

Gießen Sie den Rest Ihres Weihwassers, wenn Sie es gebraucht haben, auch nicht einfach weg, sondern füllen es in das Gefäß zurück, in dem Sie es aufbewahren, und sagen dabei:

O Herr, Gott, Adonai,
Indem ich dieses allerheiligste Wasser
Aus seinem geweihten Gefäß nehme,
Bitte ich Dich, daß Du seinen
Wohltätigen Einfluß in diesem Zimmer
Aufrechterhalten und es vor jedem bösen
Geist, der hier eindringen will, beschützen mögest.
Erhöre mich, o Herr, ich bin Dein Diener. Amen.

Die eigentliche Zeremonie, die Sie vorhaben – das Anfertigen der Wachspuppe – muß, das ist ungemein wichtig, am richtigen Tag und zur richtigen Stunde vollführt werden. Man kann keinen Feind töten zu einer Zeit, die für Liebeszauber vorbehalten ist. Ich gebe Ihnen darum hier eine Übersicht der Stunden, in denen Mars regiert und die sich dazu eignen, jemand umzubringen:

Sonntag:	7.00	14.00	21.00	
Montag:	4.00	11.00	18.00	
Dienstag:	1.00	8.00	15.00	22.00
Mittwoch:	5.00	12.00	19.00	
Donnerstag:	2.00	9.00	16.00	23.00
Freitag:	6.00	13.00	20.00	
Samstag:	3.00	10.00	17.00	0.00

Wenn Sie sich dann die Stunde ausgesucht haben, in der Sie die Zeremonie vollbringen wollen, nehmen Sie die Nadel mit dem Rubin und den von Ihnen hergestellten Klumpen Wachs, aus dem Sie die Puppe machen wollen, mit in das Zimmer. Legen Sie sie zwischen zwei brennenden schwarzen Kerzen auf den Altar. (Nehmen Sie auch eine neue gußeiserne Zange mit, mit der Sie die Puppe halten können. Es könnte sein, daß das Wachs hart wird, bevor das Bild fertig ist, und daß Sie es, um es wieder weich zu machen, in die Flamme halten müssen.)

Dann legen Sie Ihr rotes Gewand an und sagen Sie dabei:

Im Namen des Vaters, des Sohnes und des Heiligen Geistes,
Ich knie vor Dir (knien Sie vor dem Altar nieder)
Mächtiger Geist des Todes
Und weihe mich Deinem Werk,
Der Du den Blitz schleuderst, um
Meinen Feind zu töten.
Möge er umkommen und nie
Das Antlitz Gottes und Seiner Engel sehen. Amen.

Während Sie die Wachsfigur kneten und in die richtige Form bringen, sprechen Sie wieder und wieder die folgende Beschwörung:

Geister der Finsternis,
Luzifer, Beelzebub,
Leviathan, Balbireth,
Asmodeus, Astaroth,
Steigt hernieder in dieses Wachs
Und erfüllt es mit Eurer Wut.
Erfüllt es mit Euren Schwefelkräften.
Nehmt das Bild von (hier sagen Sie den Namen Ihres Feindes),
Das seinen Namen und seine Seele enthält,

Und tötet es, tötet es.
Richtet Euren Zorn auf es.
Ich befehle Euch, tötet (den Namen Ihres Feindes)!

Wenn Sie die Wachsfigur fertiggestellt haben, legen Sie sie zwischen den beiden brennenden Kerzen auf den Altar, dann nehmen Sie die Nadel mit dem Rubin und stechen sie mit aller Feindschaft in das Herz des Abbilds. Dann ziehen Sie Ihr Gewand aus und verlassen schweigend das Zimmer (die Kerzen auf dem Altar lassen Sie allein herunterbrennen). In der Morgen- oder Abenddämmerung (je nachdem, welche als nächste auf die Ausführung der Zeremonie folgt) kehren Sie in das Zimmer zurück, legen Ihr Gewand an und besprühen die Puppe mit Weihwasser im Namen des Vaters, des Sohnes, und des Heiligen Geistes. Entzünden Sie Weihrauch und reinigen Sie damit das Zimmer. Dann legen Sie Ihr Gewand ab, verlassen das Zimmer und kehren nicht eher zurück, als bis Ihr Feind tot ist. (Amen.)

Wenn Sie sich tatsächlich der Mühe dieser Zeremonie unterzogen und Ihren Willen bekommen haben – Ihr Feind ist tot –, besteht die Möglichkeit, daß Sie jetzt dasitzen, die Daumen drehen, über Ihre Tüchtigkeit frohlocken und denken, wie schön es doch ist, seinen Willen zu bekommen. Möglicherweise sogar nehmen Sie bereits weitere Erfolge voraus und spielen in Gedanken mit neuen Übeltaten.

Keine reiche Tante Agathe zum Beispiel mehr; kein böser Onkel John und unausstehlicher Vetter Hugh? Sie wollten schon immer die Stelle Ihres Chefs haben? Vielleicht wird es eines Tages auch diesen Chef nicht mehr geben. Die Zeremonie macht natürlich eine verdammte Menge Mühe, und Leute umbringen ist nicht gerade ein angenehmes Geschäft. Wenn Sie indes von Natur aus böse sind ...

Nehmen wir aber einmal an, es ging nicht alles so, wie es hätte gehen sollen. Vielleicht haben das Bibellesen und das Meditieren über heilige Gegenstände Sie müde gemacht, und Sie sind eingedöst. Vielleicht war die Nadel mit dem vermeintlichen Rubin auch nur ein Simile und dementsprechend Ihre ganze Mühe umsonst.

Inzwischen setzt das Wachsbild Ihres Feindes, das auf dem Altar liegt, Schimmel an, und nichts geschieht. Sie treffen Ihren Feind im Supermarkt, und er sieht so gesund aus wie noch nie und kauft Lebensmittel ein, als ob es für zehn Jahre wäre. Keinerlei Schwäche zu entdecken. Bestimmt nicht, was seinen Appetit angeht. Der vollständige Mißerfolg.

Nun haben Sie Kopfschmerzen, rasende Kopfschmerzen – eine gottsjämmerliche Migräne – jeder Pulsschlag martert Sie fast zu Tode. Aber geben Sie die Hoffnung nicht auf; selbst jetzt noch können Sie etwas tun. Belegen Sie Ihren Feind mit einem Zauber, der Ihre Kopfschmerzen auf ihn überträgt. Ein *bißchen* wenigstens sollte er ja schließlich doch leiden, nicht wahr? Der Zauber stammt von französischen Bauern und geht so:

> *Nehmen Sie das frisch gelegte, noch warme Ei einer schwarzen Henne, halten es sich an die Stirn und sagen dabei:*
>
> *Nimm weg, den Schmerz,*
> *Nimm ihn weg.*
> *Böser Schmerz,*

Fahr in das Ei,
In das frische,
Noch unbebrütete Ei.
Geh weg, Schmerz.
Nimm ihn auf, den Schmerz, Ei,
Und gib ihn meinem Feind.
Laß ihn den Schmerz essen,
Laß ihn leiden,
Ich schenke ihm meinen Schmerz.

Darauf statten Sie Ihrem Feind einen Besuch ab und verehren ihm das gute Ei als fürsorglichen Beitrag zu seinem Morgenmahl.

Teil III

Amulette und Talismane

Siebtes Kapitel

Was Amulette und Talismane bewirken

Wenn Sie noch keinen Midi, keinen Schal, keine Schultertasche, keine Jacke oder keine Stiefel mit Fransen dran haben (allerdings kaum denkbar, heute), gehen Sie schleunigst und kaufen Sie sich so was. Sie werden mit Ihren Fransen nicht nur beschwingt aussehen, es wird Ihnen auch beschwingt gehen, wenn Sie sie tragen. Fransen sind der beste Schutz vor dem bösen Blick. Böse Geister mögen Fransen nicht, weil sie sie ablenken, und halten sich darum fern. Fragen Sie einen arabischen Kameltreiber: er wird es Ihnen bestätigen. (Wenn Sie einmal genau hinsehen, werden Sie bemerken, daß von den Satteltaschen seines Kamels lange Fransen herunterhängen.)

Quasten sind bösen Geistern übrigens genauso verhaßt. Machen Sie also einen modischen Gag daraus – indem Sie sich Quasten ins Haar flechten oder an einer Schnur um den Leib von der Hüfte herunterbaumeln lassen. Muß ich noch daran erinnern, daß auch Stripperinnen immer Quasten und Bommeln getragen haben und daß es vielleicht ganz amüsant wäre, ihnen den einen oder anderen ihrer Quasten-Schwing-Tricks abzugucken?

Sie denken jetzt vielleicht, daß sich das ein bißchen nach Modejournal anhört; das liegt einfach daran, daß Amulette und Talismane auch Schmuck sind und ebenso ihrer dekorativen wie ihrer magischen Wirkung wegen getragen werden. Was ist denn mit all dem ägyptischen Zeug, das Sie in Museen sehen? Mit den silbernen Filigranhalsbändern und Ringen, die indische Frauen tragen? Mit den geschnitzten Knochen, mit denen sich afrikanische Häuptlinge und deren Damen schmükken? Alles Amulette! Nehmen Sie beispielsweise Glocken – kleine Silberglocken, wie man sie an arabischen Arm- und Beinreifen findet: sie sind dazu bestimmt, böse Geister fernzuhalten. Auch Kirchenglocken haben nicht nur die Aufgabe, die Gläubigen zum Gebet zu rufen oder Hochzeit oder Tod zu verkünden; sie wurden ursprünglich geläutet, die bösen Mächte zu bannen. Achten Sie also, ebenso wie auf Fransen und Bommeln, auf Glocken und Glöckchen.

Ein Amulett ist dazu da, seinen Träger vor jeder Art von Übel zu bewahren. Das Übel kann von bösen Geistern (die Sie gegen Ihre Feinde auf den Plan gerufen haben) oder vom bösen Blick herrühren. Das Auge des Menschen ist Träger und Vermittler einer starken Macht: des menschlichen Geistes nämlich, wenn er dabei ist, zu zaubern. Menschen hegen ständig starke Empfindungen für oder gegen den anderen, und sollte es Ihnen passieren, eines besonderen Glücksfalles wegen allgemein beneidet zu werden, können die eifersüchtigen und mißgünstigen Gedanken derer, die Ihnen dazu gratulieren, gar nicht umhin, ihre Wirkung zu haben. Manchmal können auf Sie gerichtete negative Gefühle Ihr Glück sogar ins Gegenteil verkehren, so daß Sie sich fragen, womit Sie das eigentlich verdient haben. Die Antwort kann nur lauten: mit nichts – reine Hexerei!

Ich selber trage immer ein Amulett. Seit ich es besitze, fühle ich mich hundert Prozent besser. Die Luft ist voll von bösen

Vibrationen (eine andere Form der Umweltverschmutzung), aber ein Amulett macht ihre Wirkung zunichte. Ich bin heiter; ich kann mich gar nicht mehr daran erinnern, wann ich zum letzten Mal deprimiert war, und mir scheint auch nichts Schlimmes mehr zuzustoßen. Nicht eine einzige Träne ist während der letzten sechs Monate über meine Backen gelaufen (ein einmaliger Rekord!), und ich bin sicher, sollte tatsächlich etwas Scheußliches passieren, würde ich trotzdem nicht meinen, das Ende der Welt wäre gekommen.

Sie kommen an ein Amulett, indem Sie es entdecken. Vielleicht ist es eins von denen, die im nächsten Kapitel beschrieben sind; vielleicht ist es aber auch nur ein Stück Glas oder ein Stein, ein komisches Schnitzwerk oder ein Schmuck. Sie sehen es an, und das betreffende Ding scheint merkwürdigerweise seinerseits Sie anzusehen. Sie meinen zu hören, wie es sagt: „Heb mich auf" oder „Kauf mich" oder so etwas Ähnliches. Der Gegenstand gibt Ihnen das Gefühl, von einer übernatürlichen schützenden Kraft bewohnt zu sein. Fangen Sie aber jetzt nicht an, herumzulaufen und krampfhaft nach diesem Amulett zu suchen. Tun Sie's doch, wird Ihr Wunsch nach einem Glücksbringer Ihre Urteilskraft so trüben, daß Sie in jeder Glasperle einen sehen.

Sie müssen (und werden) ganz zufällig darauf stoßen. Wenn das passiert, werden Sie sogleich wissen, daß dies das richtige Amulett für Sie ist. Als ich über meins stolperte, war ich weder auf der Suche danach, noch hatte ich überhaupt je daran gedacht, eins haben zu wollen. Noch etwas: Wenn Sie dann endlich Ihr Stück finden, machen Sie sich ruhig auf Ihren Bankerott gefaßt. Wenn es zum Beispiel etwas ist, das Sie in einem Laden entdecken, wird Ihr Blick starr werden und Sie werden, ganz gleich, was es kostet, den Scheck dafür gar nicht schnell genug ausfüllen können. Mein Rat daher: Machen Sie einen Bogen um teure Juweliere und hochgestochene Antiquitätengeschäfte. Es könnte Ihr Ruin sein und Sie auf Jahre in Schulden stürzen.

Ein Talisman hat, dem Amulett gegenüber, eine etwas andere Aufgabe. Sein Schutz beschränkt sich auf ein ganz bestimmtes Gebiet. Nehmen wir einmal an, Sie hätten gerade in einem vornehmen alten Haus das oberste Stockwerk bezogen, in dem es neben anderem Luxus sogar ein Glasdach gibt. Glasdächer ziehen Einbrecher geradezu an. Sie sollten also einen Talisman haben. Hängen Sie ihn einfach über Ihre Wohnungstür und lassen Sie die Sache gut sein: niemand wird Sie belästigen.

Oder aber Sie haben, als Schutzmaßnahme gegen den nächsten Börsenkrach, beschlossen, genügend Geld zu vergraben, daß Sie nicht in Verlegenheit kommen. Die hübsch gebündelten Geldscheine einfach in die Erde zu tun, wäre nicht klug. Stellen Sie sich vor, der Hund Ihres Nachbarn buddelte das Geld aus und der kleine Sohn Ihres Nachbarn fände es lustig, die hübschen grünen Papierchen in die Luft zu werfen und vom Wind davontreiben zu lassen. Legen Sie, wenn Sie ihr Geld vergraben, einen Talisman dazu, und weder ein vier- noch ein zweibeiniges Lebewesen wird es je finden.

In diesem Kapitel finden Sie eine umfassende Auswahl von Amuletten und Talismanen, sowie eine Erläuterung ihrer jeweiligen Eigenschaften. Einige davon reichen ins graue Altertum zurück, andere sind jüngeren und jüngsten Datums. Ganz gleich aber, was davon Sie anspricht: probieren Sie es aus und achten Sie darauf, wie sich Ihr Schicksal zum Guten wendet.

Ein Talisman für Flugreisen

Obwohl ich leidenschaftlich gern reise und darauf versessen bin, andere Länder und Erdteile zu sehen, muß ich zugeben, daß ich Flugzeugen gegenüber äußerst argwöhnisch bin. Ich bin in den letzten fünf Jahren ziemlich viel geflogen, aber ich bin mir klar darüber, daß sich die Wahrscheinlichkeit, in einen Unfall verwickelt zu werden, mit jedem Mal erhöht. Kein sonderlich erheiternder Gedanke beim Einsteigen.

Ich habe mich deshalb darauf verlegt, Flugzeuge psychologisch zu testen. Ich weiß, das klingt komisch, aber wenn ich eine Art von ASW-Nachricht über ein Flugzeug empfange, fliege ich nicht mit, ganz gleich, wie mühsam es ist, den Flug umzubuchen und mein Gepäck herauszukriegen. Ich fahre gewissermaßen alle Antennen aus, wenn ich ein Flugzeug ansehe.

Daß ich von einem Flugzeug keine besonderen Vibrationen empfange, bedeutet indes noch nicht, daß, wenn ich an Bord bin, alles gut ist. Ich lehne mich zwar bequem in meinem Sessel zurück, aber wenn einer meine Fingerknöchel betrachtete, würde er wissen, was ich von Flugreisen halte. Jemand hat mir mal gesagt, die gefährlichsten Augenblicke beim Fliegen seien Start und Landung. Deshalb halte ich den Atem an, wenn wir über die Piste rasen und die Maschine hochzieht, und denke nicht eher „Das wäre überstanden“, bis die „No Smoking“-Zeichen ausgehen. Bei der Landung ist es dasselbe, nur daß ich dann noch ein kleines Dankgebet anfüge. (Es ist auch häufig genug vorgekommen, daß ich dem Schöpfer während eines Flugs die wildesten Versprechungen gemacht habe, wenn er nur dafür sorge, daß wir sicher ankämen.)

Ehrlich gesagt: Ich weiß nicht, ob Piloten und Stewardessen nun verrückt sind oder nur naiv. Wenn schon wir vor einem Unglück Angst haben, wie muß es dann erst ihnen gehen? Aus Mitgefühl für alle Flugreisenden, insbesondere aber für alle Angestellten von Fluggesellschaften, teile ich hier folgenden mittelalterlichen Talisman mit, der in der Luft die Sicherheit, auf dem Boden die Rednergabe fördert. Lassen Sie in eine Goldplakette die Worte „Geschwind und sicher vor dem Auge Gottes" gravieren und tragen Sie sie an einer Kette um den Hals.

Ein Talisman zum Schutz Ihrer Wohnung

Es gibt Häuser, deren üble Vibrationen man förmlich riecht. Einigermaßen billige Wohnungen – das heißt, Wohnungen, die man sich gerade noch leisten kann – scheint es dabei nur in Häusern mit besonders übler Aura zu geben. Man sucht und sucht, und wenn man schließlich etwas findet, stellt man fest, daß die Atmosphäre so schlecht ist, daß man dort nicht leben könnte. Eine Wohnung suchen, ist ein Spiel wie die Stuhlpolonäse, bei der immer einer übrig bleibt, und der, der übrig bleibt, sind Sie.

Wenn Sie sich wirklich umgesehen und nichts Passendes gefunden haben und die Situation langsam verzweifelt wird – nächste Woche stehen Sie mit Ihrem Bett und Ihrem Frisiertisch auf der Straße –, müssen Sie eben versuchen, draus zu machen, was sich draus machen läßt. Nehmen Sie die Wohnung, die Ihnen zuerst widerstanden hat – falls nicht das ganze Viertel böse Vibrationen zu erkennen gibt –, und machen Sie sich daran, die widrigen Einflüsse unschädlich zu machen.

Fahren Sie aufs Land, zu einem Bauern, der noch Pferde

hat, und sehen Sie sich unauffällig in der Nähe des Stalls um, bis Sie ein verlorenes Hufeisen finden. Dann sehen Sie es sich genau an: wenn die Nägel noch drin sind oder dicht dabei liegen, wird es Ihnen (weil seine Vibrationen noch intakt sind) besonders viel Glück bringen. Das Hufeisen gilt seit altersher als Glücksbringer, und wenn Sie es richtig anfangen, wird es jedes Übel, das vor Ihrer Wohnungstür lauert, fernhalten. Seine Kraft verdankt es dem Mond, dessen Sichel es ähnelt.

Die nördliche Spitze der Mondsichel bedeutet Reichtum und Macht. Ihre südliche Lage (wenn die beiden Spitzen nach oben zeigen) bedeutet Tod, Unglück und Armut. Wenn Sie also ein Hufeisen gefunden haben, nehmen Sie es mit nach Hause und suchen Sie nach einer passenden Stelle über Ihrer neuen Tür, wo Sie es anbringen können. Nageln Sie es aber bitte nicht so an, daß die beiden Enden nach unten zeigen, und lassen Sie sich auch von niemand einreden, daß, wenn sie nach oben zeigen, das Glück darin wie in einem Füllhorn gefangen sei. Diese alberne Meinung kam erst in unserer Zeit auf, die von Magie keine Ahnung hat.

Ein Talisman, der Sie leichtfüßig macht

Ich fühle mich – wie wahrscheinlich die meisten anderen Menschen auch – immer am wohlsten, wenn ein Tag vor mir liegt, an dem es nichts zu erledigen gibt. Die Wäsche ist besorgt, die Einkäufe sind gemacht, die Wohnung ist geputzt, kurz, nichts mehr zu tun. Jetzt wäre ein Tag am Strand das Richtige. Oder, falls es gerade Winter ist, in einem Sessel am Kamin sitzen und zehn Stunden hintereinander lesen. Oder einen Schaufensterbummel machen oder – das Schönste von allem –

einen langen Spaziergang auf dem Land. Aber Tage, an denen man nichts zu tun hat, sind selten.

Die meiste Zeit erlegen wir uns selber ein geradezu phantastisches Tagespensum auf. Um sieben Uhr aufstehen, um acht das Haus verlassen, die Wäsche abholen oder in den Drugstore gehen, um neun im Büro sein und bis zwölf arbeiten, dann losstürzen, zum Zahnarzt oder ein Buch oder ein neues Kleid kaufen, anschließend bis um fünf wieder ins Büro, Lebensmittel einkaufen, das Abendessen richten, sich womöglich noch für eine Verabredung um acht umziehen und neu zurechtmachen und um zwei endlich ins Bett fallen. Kein Pferd würde das aushalten, und wahrscheinlich wird auch Ihnen dabei rasch der Atem ausgehen. Wenn Sie sich dann noch fragen, was Sie an dem Tag tatsächlich getan haben ...

Zugegeben, manchmal läßt es sich gar nicht vermeiden, uns abzurackern, um all die Kleinigkeiten zu erledigen, die nun einmal erledigt werden müssen. Trotzdem wäre es gescheiter, wenn wir uns damit abrackerten, einen Roman zu schreiben, oder keinen Schlaf kriegten, weil wir jede Nacht Theaterprobe hätten. Das ist leider nicht der Fall.

Wenn Sie wieder einmal einen dieser gräßlichen, mit lauter Besorgungen vollgestopften Tage vor sich haben und alles so schnell wie möglich hinter sich bringen möchten, schenken Sie sich selber einen Talisman, der Ihnen hilft, das mit einem Minimum an Aufwand zu tun. Tragen Sie eine Kette mit einem (aus Silber oder weißem Email angefertigten) Vogel im Flug daran, und Sie werden über Ihre eigene Leichtfüßigkeit staunen.

Ein Talisman für Erfolg im Beruf

Die beruflich erfolgreichen Frauen, die ich kenne, sind nicht nur außerordentlich klug und gebildet, sondern auch von außerordentlichem, durchweg auf die gleiche Quelle zurückgehendem Ehrgeiz besessen: sie alle hatten eine schwierige Kindheit.

Als sie noch kleine Mädchen waren, wurden diese jetzt so tüchtigen Frauen allgemein herumgestoßen. Sie kennen sie ja, die entweder zu dicken oder zu dünnen Mädchen, die außerdem noch meist schüchtern und sensibel sind und die von ihren Klassenkameradinnen, die diese Verwundbarkeit wittern, bis zu Tränen gequält werden. Niemand wollte mit ihnen spielen; beim Seilspringen oder Hüppekästchen durften sie nicht mitmachen; und wenn es auf dem Schulhof eine Keilerei gab, waren sie es, die gejagt und geknufft wurden.

Als sie heranwuchsen, hatten sie es noch schwerer, da ihr Ego verletzt war. Gleich ihre ersten Erlebnisse hatten ihnen Minderwertigkeitsgefühle eingeimpft, und sie sahen sich selber als völlige Nieten. Auch noch so verständnis- und liebevolle Eltern aber können ein kleines Mädchen, das von den anderen Kindern abgelehnt wird, nicht heilen. (Behandeln auch sie es nicht liebevoll, kann ein empfindsames Kind seelische Schäden davontragen, von denen es sich nie wieder erholt.) Diese Mädchen müssen ihren Weg allein machen und ihr beschädigtes Selbstbewußtsein, so gut es geht, wiederherstellen.

Wenn sie mit sich selber zu einer Art von Frieden gelangt ist, wird eine solch sensible junge Frau oft von der Idee gepackt, um jeden Preis Erfolg haben zu müssen. Ihr Ego verlangt es, und wenn sie klug ist und über eine gute Schulbildung verfügt, besteht die Aussicht, daß ihr dieser Erfolg zuteil wird. Ihr dazu zu verhelfen, dient die nachstehend abgebildete ägyptische Hieroglyphe, die „Mächtig sein“ bedeutet. Lassen Sie sie in Gold arbeiten und tragen Sie sie an einer Kette um den Hals.

Eine mir befreundete Zeitschriftenredakteurin hatte einen sensationellen Erfolg mit dem weiter unten beschriebenen Talisman. Seine Macht ist tatsächlich bemerkenswert. Sie und ein bekannter Fotograf bekamen den Auftrag, über einen der berühmtesten Politiker unserer Zeit eine Reportage zu machen. Der Politiker hatte einen persönlichen Berater, der meiner Freundin bei den Vorbereitungen für das Interview und die Aufnahmen half. Um den Politiker möglichst entspannt porträtieren zu können, sollte die Sache in einem Wintersportort vor sich gehen. Sowohl meine Freundin wie der Fotograf laufen Schi; sie hatten darum vor, den Politiker beim Schilaufen zu fotografieren.

Alles schien vorbereitet und in Ordnung. Als die beiden in dem Wintersportort ankamen, setzten sie sich mit dem persönlichen Berater des Politikers in Verbindung. „Wie waren doch gleich noch Ihre Namen?“ fragte er. „Richtig, ja. Ich erinnere mich. Aber heute, fürchte ich, geht es nicht. Mister Soundso ist im Augenblick sehr beschäftigt, und später will er schilaufen.“

Ein Albtraum; und diesen Albtraum erlebt man immer wieder. Wütend, aber nach außen hin beherrscht, machten sich Redakteurin und Fotograf zu dem Hang auf, wo sie den Politiker beim Schilaufen vermuteten. Tatsächlich fanden sie ihn denn auch dort. Meine Freundin ist eine attraktive Person, die mit Leuten umzugehen versteht; also ging sie auf den Politiker zu, stellte sich und ihren Kollegen vor und erzählte ihm von der mit seinem Berater getroffenen Verabredung, ihn zu interviewen und zu fotografieren. Wäre es eine Zumutung, wenn er sich gleich hier – vielleicht beim Schnüren seiner Schistiefel – für ein paar Aufnahmen zur Verfügung stellte? „Allerdings", sagte der Politiker und machte sich steifbeinig davon.

Da es hier nichts mehr für sie zu tun gab, gingen die beiden in ihr Quartier zurück, wo die Redakteurin ihren Talisman anlegte. Einige Stunden später begegneten meine Freundin und ihr Kollege dem Politiker in der Bar seines Hotels. Er stand auf, um meine Freundin zu begrüßen, schüttelte ihr die Hand und lud sie und den Fotografen zu einem Drink ein. Er entschuldigte sich dafür, vorhin so unhöflich gewesen zu sein, und fragte, ob es ihnen recht wäre, das Interview und die Aufnahmen am nächsten Morgen um neun zu machen. Er war reizend, und sie haben mehrere Stunden lang zusammengesessen, Grog getrunken und geschwatzt.

Der Talisman, den meine Freundin an diesem Abend trug, stammt aus Afrika und hilft berufliche Schwierigkeiten aus dem Weg räumen. Er besteht aus dem Bild eines Löwen, der eine Kugel im Maul hält. (Lassen Sie ihn sich aus Gold anfertigen.)

Es gibt ein paar Boutiquen in New York, die in mir hemmungslose Kaufwut wecken, da die Kleider, die sie anbieten, vom letzten Chic sind. Ich sehe in diesen Läden erst gar nicht auf die Preisschilder (teuer ist hier sowieso alles), ich stoße nur einen Seufzer aus und zücke meine Kreditkarte.

Von einer dieser Boutiquen – sie hatte gerade neu eröffnet – war ich so begeistert, daß ich der Geschäftsführerin, um ihrem Unternehmen zu Erfolg zu verhelfen, die folgenden ägyptischen Symbole mitteilte (sie bedeuten „Herrschaft"). Schreiben Sie sie auf ein Stück Pergament und tragen Sie sie am Körper.

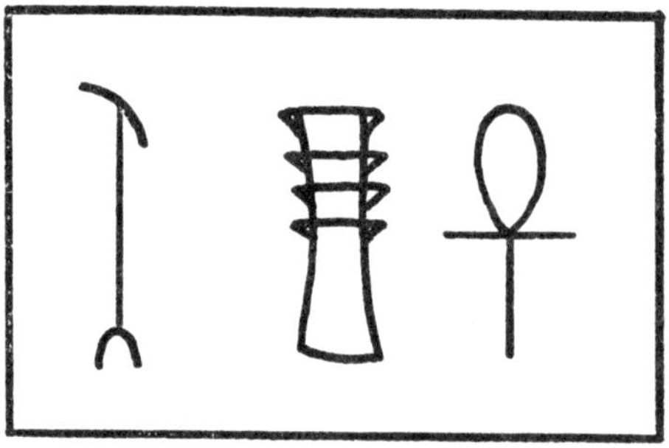

Ein Talisman zur Erweiterung Ihrer Geistesgaben

Als berufstätige Frau hat man es heute nicht schlecht, weil alle Unternehmer durch die Frauenbewegung ein bißchen verunsichert sind. Es wäre ja auch wohl peinlich, wenn sich vor dem Firmeneingang eine Gruppe von Women's-Lib-Damen niederließe und mit unflätigen Aufschriften versehene Plakate schwenkte und den ein- und ausgehenden Abteilungsleitern noch unflätigere Zeichen machte. Zumal sich für gewöhnlich das Fernsehen bei diesen Damen aufgebaut und dann aller Welt verkündet, was für eine miese Firma sie gerade wieder unter Beschuß haben.

Für intelligente, attraktive und ehrgeizige Frauen gibt es heute also durchaus Aufstiegsmöglichkeiten. Insbesondere im Verlagswesen stößt man kaum auf Schwierigkeiten. Ich kenne College-Absolventinnen, die in sechs Monaten den Sprung von der Sekretärin zur Redakteurin geschafft haben. Allerdings tun mir diese jungen Aufsteigerinnen immer auch ein bißchen leid, denn einen guten Job bekommen und ihn behalten, sind zweierlei, und das letztere kostet Nerven.

Ich denke an ein wahrscheinlich nicht unbegabtes junges Mädchen, das einen ähnlichen Job übernahm, wie ich habe. Ich habe sechs Jahre Berufserfahrung, die sie nicht hat; darum erscheint mir die Arbeit ziemlich leicht. Ihr dagegen muß sie unbezwingbar schwer vorgekommen sein. Sie fing an, Selbstgespräche zu führen, zuerst als leises Gemurmel, dann in deutlich artikulierten lauten Sätzen. Es brauchte etwas Zeit, bis ich herausbekam, was eigentlich mit ihr los war (denn sie selber hat natürlich nie zugegeben, daß sie sich ihrer Aufgabe einfach nicht gewachsen fühlte). Ich habe sie auf jede erdenkliche Weise und, um nicht ihr letztes bißchen Selbstbewußtsein zu zerstören, so vorsichtig wie möglich zu beruhigen versucht, aber sie schien außerstande, daraus irgendeinen Nutzen zu ziehen. Einmal sagte ich: „Ich habe gehört, Sie haben einen schönen leichten Auftrag bekommen, bei dem es weder viel zu recherchieren noch zu schreiben gibt." Sie starrte mich nur aus weit aufgerissenen Augen an und schwitzte förmlich vor Angst. Sie tat mir wirklich leid; aber was sollte ich tun?

Dann fiel mir der nachfolgende Talisman ein, der die Geistesfähigkeiten erweitert und das Schreib- und Redetalent fördert. Ich habe ihr davon erzählt, sie hat ihn sich anfertigen lassen und ist seitdem entschieden gelöster. Der Talisman (entweder in Gold gegossen oder in Topas graviert) besteht aus einer die

Wolken durchbrechenden Sonne mit einer zusammengerollten Schlange in der Mitte.

Ein Talisman, der die Furcht vor Geistern vertreibt

Wenn Sie eine lebhafte Phantasie haben und außerdem noch schreckhaft sind, besteht wenig Hoffnung für Sie. Sie werden Ihr Leben lang Angst vor Gespenstern haben (das heißt, einem zu begegnen); am besten also, Sie finden sich mit Ihrer Furcht ab.

Jedesmal, wenn Sie in eine Bodenkammer müssen, sei es auch Ihre eigene, öffnen Sie vorsichtig die Tür, bleiben einen Augenblick stehen und horchen, ob sich oben auch nichts bewegt. Dann steigen Sie die Treppe hinauf und spannen alle Sinne an, um auch den leisesten verdächtigen Atemzug gleich zu registrieren. Wahrscheinlicher aber noch werden Sie dafür sorgen, daß Sie erst gar nicht allein in die Bodenkammer gehen müssen. Schreckhafte Leute verwenden viel Zeit darauf, Situationen, die ihnen vor Angst die Kehle zuschnüren würden, zu vermeiden.

Genauso, oder vielleicht sogar noch etwas schlimmer, steht es mit Kellern, denn in Kellern gibt es stets Rohre und Heizkessel, die bedrohlich knacken, gurgeln und pfeifen und damit noch Ihre allgemeine Furcht steigern. Ihr Instinkt sagt Ihnen, daß dies das ideale Versteck für Geister ist, und zwar für böse, und daß jedes, das Ihnen hier begegnete, gleich auf Sie losgehen würde.

Schreckhafte Leute richten es sich meist so ein, daß sie nicht allein leben müssen. Schreckhafte Mädchen wohnen mit einem anderen Mädchen oder mit einem Liebhaber zusammen. Sie würden es zwar nie zugeben, aber bei jedem Geräusch in der

Wohnung verkriechen sie sich unter die Bettdecke. Sie sind sicher, daß sie, wenn sie allein lebten, den Gespenstern ausgeliefert wären, die sich von hinten an einen heranschleichen, wenn man mit dem Rücken zur Tür in der Küche steht oder sich gerade im Bad die Haare wäscht (sie schließen in solchen Fällen denn auch immer die Badezimmertür ab).

Wenn Sie sich Ihre Geisterfurcht offen eingestehen, können Sie sich viel Seelenangst dadurch ersparen, daß Sie stets einen Talisman in Reichweite haben, der diese Furcht vertreibt. Nehmen Sie in die linke Hand eine Vanilleschote, in die rechte eine Prise Salz.

Ein Talisman, der Richter wohlwollend stimmt

Mein guter Freund Douglas hat schwere Sorgen. Bis vor kurzem (jetzt hat er einen braven VW) fuhr er einen schnittigen Sportwagen, mit dem er durch die Gegend kurvte und den Mädchen die Köpfe verdrehte (er sieht nämlich außerdem noch kriminell gut aus), und den er gelegentlich auch ganz schön auf Touren brachte.

Eines Abends nun, auf der Autobahn, kurz vor seiner Abfahrt, sah er auf dem Seitenstreifen ein Polizeifahrzeug stehen (der Polizist verpaßte offenbar gerade jemand ein Strafmandat). Er ging also mit der Geschwindigkeit herunter (sehr weit herunter, sagt er) und bog in die Abfahrt ein. Da hörte er hinter sich eine Sirene und sah im Rückspiegel den Polizeiwagen.

In der Annahme, daß sie hinter jemand her seien, fuhr Douglas zur Seite und traute seinen Augen nicht, als der Polizeiwagen hinter ihm hielt. Irgendwas mußte mit diesem komischen Polizisten los sein, denn er fing an, ihm Ausdrücke wie

„Blödmann“ und „blutiger Anfänger“ an den Kopf zu werfen, und er sollte ja nicht meinen, daß er damit durchkäme, ausgerechnet einen Supersportwagen *unter* der Geschwindigkeitsgrenze zu fahren.

Wahr und wahrhaftig. Der arme Douglas! Sonst drehte er seinen Wagen meist ganz schön auf, nur diesmal nicht. Die Welt ist wirklich ungerecht. Er sagte dem Polizisten einige Grobheiten, bekam natürlich ein Protokoll und wurde mit der Drohung entlassen, daß man sich vor Gericht wiedersehen werde.

Aber ich hoffe, ich habe ihm geholfen. Ich war einmal in einer ähnlichen Situation und benutzte folgenden Talisman, um den Richter wohlwollend zu stimmen. Schreiben Sie auf ein Stück Pergament in zwei konzentrischen Ringen:

> *Der Himmel schütze mich und bewahre mich vor Bösem und Unwissenheit*
> *Bewahre mich vor Ungerechtigkeit und Unwissenheit*

Ein Talisman, der den Haß eines Feindes bezwingt

Ich habe festgestellt, daß nur sehr wenige Menschen lange Zeit einen Groll hegen. Im allgemeinen vergeben sie einem nach einer Weile, wenn man sich dafür entschuldigt, daß man unhöflich oder gedankenlos war. Nicht so mein Wohnungsnachbar; der ist anders. (Und natürlich muß ausgerechnet er mein Wohnungsnachbar sein.)

Ich hatte meine Familie eingeladen, mich dieses Jahr zu Weihnachten zu besuchen und meine Kochkünste zu genießen. (Ich kann vier großartige Menus kochen, und vier Tage wollten sie bleiben.) Am Abend bevor sie kamen, fragte mich mein

Nachbar, ob ich ihm mein Kochbuch leihen könne – ausgerechnet. Mir war diese Bitte unangenehm; ich habe ihm das auch gesagt; aber gut, wenn er mir das Buch noch am gleichen Abend zurückbrächte, könne er's haben. Er brachte es nicht zurück. Am nächsten Tag – es waren nur noch Stunden, bis meine Gäste eintreffen sollten – ging ich mit schlecht verhohlenem Ärger (nein, es war schon Wut) zu ihm hinüber, um es zu holen. „Könnte ich, bitte, mein Kochbuch wiederhaben? Ich hatte Sie gebeten, es mir gestern abend zurückzugeben."

„Natürlich. Aber ich dachte, daß Sie es sich schon holen würden, wenn Sie es brauchten. Sie wissen, meine Tür ist immer offen."

„Wenn ich etwas verleihe, erwarte ich, daß man es mir zurückbringt, und nicht, daß ich es mir selber holen muß."

Das saß. Er bekam einen roten Kopf. Aber noch explodierte er nicht; er ließ seine Wut erst eine Zeitlang kochen. Als wir das nächste Mal aneinander gerieten, schrie er schon wie eine Putzfrau. Seitdem spricht er nicht mehr mit mir. Ich habe ihm zugelächelt (wirklich) – auf der Straße, im Hausflur, im Supermarkt: keinerlei Reaktion. Er sieht durch mich durch, über mich hinweg; ich weiß, er wird mir nie verzeihen.

An sich wäre mir das egal, aber ich habe einen Garten, und darin wächst Gras. Es wächst so üppig, wie ich es mir in meinen kühnsten Träumen nicht vorgestellt habe. Ich brauche einen Rasenmäher, und mein Nachbar hat einen. Ich müßte mir seinen Rasenmäher leihen und kann es nicht. Da habe ich mir von meinem Juwelier kurzerhand aus Gold das folgende ägyptische Symbol arbeiten lassen, das einen vor Feinden beschützt:

Ein Talisman, der Sie gesund hält

Was tun Sie, wenn Ihnen alles über den Kopf wächst? Entweder, Sie sind der Typ, der das Handtuch wirft, sich hinlegt und sich ausweint, oder Sie gehören zu denen, die dann noch mehr aufdrehen, bis sie schließlich total überdreht sind. Gehören Sie zu diesen, interessieren Sie mich. Ich bin anders als Sie, darum beobachte ich Ihren Typ genau. Sie sind so beschäftigt damit, einen Termin nach dem anderen wahrzunehmen, daß Sie beim Verlassen des Büros nach links gehen, obwohl Sie nach rechts wollten, statt einem Taxi einem Bus winken, kurz, sich in einem Zustand völliger Verwirrung befinden.

Wenn Sie nur wüßten, daß das alles gar nicht zu sein braucht. Es gibt durchaus vernünftige Methoden, selber das Tempo zu bestimmen. Die Engländer zum Beispiel machen um vier Uhr eine Teepause. Vier, das ist ungefähr der Punkt, wo Stimmung und Arbeitslust rapide sinken. Ich kenne eine vielbeschäftigte Dame, die jeden Nachmittag um halb vier, ganz gleich, was anliegt und wie das Wetter ist, das Haus verläßt und einmal um den Block geht. Ich habe sie zuerst für verrückt gehalten;

dann hatte ich eine Woche lang selber soviel zu tun wie sie und begriff.

Wenn Sie wissen, daß hektische Wochen oder Monate auf Sie zukommen, machen Sie es wie die alten Hexen: tragen Sie stets etwas Wermutkraut bei sich, und wenn Ihr Magen rebelliert, Ihr Herz klopft oder sonst Ihre Empfindlichkeit zunimmt, holen Sie das Wermutkraut hervor und betrachten es.

Wenn Sie aber überhaupt keine Ruhe mehr finden und fürchten müssen, an einem offenen Magengeschwür zugrunde zu gehen, dann wickeln Sie einen Wurm um die Wermutkräuter. Das ist ein Talisman gegen Magenbeschwerden aller Art.

Vergangenen Winter war ich in Florida und auf den Karribischen Inseln, um für ein Reisejournal einen Artikel über die neuen, ultra-schicken Freizeit-Clubs zu schreiben. Das sind die Clubs, wohin die Reichen an Winterwochenenden flüchten, um dem scheußlichen New Yorker Wetter und den Belästigungen durch Steuerfahnder und gegnerische Rechtsanwälte zu entgehen. Man begegnet dort auf palmenbestandenen Sonnenterrassen Whitneys, Roosevelts und Fords und kann sich an der Bar neben Joe Namath oder Hugh O'Brien zu einem Drink niederlassen (wie aufregend).

An einem der Abende wollte ich zu einem Wohltätigkeitsdinner im Palm Bay Club, dem exklusivsten von Miami. Ich hatte dafür genau das richtige Kleid mit – ein Donald Brooks-Modell aus rosa Seide – und wußte, daß ich fabelhaft darin aussehen würde. Ich fühlte mich großartig, als ich auf mein Zimmer ging, um mich umzuziehen, da ich an der Bar mit einem umwerfenden Schauspieler (der aber namenlos bleiben soll; ich geniere mich sonst) ein paar Drinks und eine interessante Unterhaltung gehabt hatte. Ich war dadurch zum Mittelpunkt der Aufmerksamkeit geworden. Insbesondere eine Gruppe junger Gesellschaftslöwinnen schoß haßerfüllte Blicke auf mich ab, daß ich es wagte, neben ihrem speziellen Spielzeug zu sitzen, während sie allein dasaßen und mit langen lackierten Fingernägeln auf der Bartheke herumspielten.

Vielleicht waren ihre Haßgefühle daran schuld – eine Art von kollektivem bösem Blick –, jedenfalls drehte sich mir der Magen um, als ich gerade in die Wanne steigen wollte. Er rumorte, und dann kam Montezumas Rache über mich. Eine scheußliche Situation. Grün im Gesicht und von Schmerzen gequält, lag ich auf dem Bett und konnte mich nicht rühren. Der Gedanke an die Party ging mir durch den Kopf. Ich weinte. Als mein Magen lang genug zu grollen aufhörte, daß ich mich bis zum Schreibtisch schleppen konnte, tat ich folgendes:

Auf ein Stück Papier, das ich mir dann an einer Kette um den Hals hängte (man sollte immer eine Kette bei sich haben auf Reisen) schrieb ich nachstehenden Talisman:

Wende dich von mir, böser Blick,
Fall auf meinen Feind zurück.

Das ist ein gutes, altes arabisches Gegenmittel. Als ich mein Kleid anzog, war mir wieder ganz danach, in den Festsaal zu rauschen und aus meinem Auftritt eine kleine Sensation zu machen. Was ich dann auch tat.

Ein Talisman, die Hoffnung zu bewahren

Ich bin, wie bereits erwähnt, alles andere als eine Fürsprecherin der Ehe. Aber eine Frau, deren ganzes Wesen sie dazu bestimmt, einen Mann und Kinder zu haben, und die dieser Bestimmung nachkommt, hat meine volle Bewunderung. Ich hoffe, daß sie den richtigen Mann findet, und überlasse sie ihrem Schicksal.

Das Mädchen, das ich kenne und das in meinen Augen der Typ der idealen Ehefrau ist – die Frau nach Maß, sozusagen –, stammt von einer Farm im Mittleren Westen und lebt in Chikago. (Ein Mann, der eine niemals nörgelnde, altmodische Frau sucht, sollte schleunigst nach Chikago ziehen. Dort gibt es Hunderte solcher Mädchen – die Stadt ist eine Art Sammelplatz für sie, genauso wie Greenwich Village für die Intellektuellen.)

Dieses Mädchen kam dann nach New York, war aber vom Anblick der grandios aufgemachten, halbseidenen Fotomodelle, Sekretärinnen und erfolgssüchtigen Schauspielerinnen so überwältigt, daß sie schon nach zwei Monaten wieder nach Chikago zurückging. Mit den New Yorker Frauen, die auf Kreuzfahrten mit einer Luxusjacht und auf Wochenenden mit reichen Männern auf den Bahamas aus sind, verband sie nichts. Sie war hier völlig isoliert. Nicht einmal unterhalten konnte sie sich mit jemand. Ihr Ziel ist ein bescheidenes Haus, ein Mann mit mittlerem Einkommen und Kinder, deren Schulzeugnisse für die Universität reichen. Über solche schlichten Hoffnungen aber mit einer diamantenbeladenen Blondine zu sprechen, ist schwierig.

Außerdem sah dieser Ehefrau-Typ auch noch ganz und gar so aus. Nicht die geringste Aussicht, daß aus ihr je eine jener funkensprühenden Frauen würde, die es auch ohne eigene Mittel zu teurem Schmuck bringen. Sie war ein bißchen mollig und im übrigen süß und lieb. Als sie von New York wieder wegging, war sie mit ihrem Selbstgefühl so ziemlich am Ende. Sie hatte alle Hoffnung aufgegeben, je den richtigen Mann zu finden. Die bloße Vorstellung, daß dieses Mädchen ohne Mann bleiben sollte, war mir so schrecklich, daß ich ihr folgenden Talisman gab:

Stecken Sie ein Büschel goldener Oliven an Ihr Kleid, und Sie werden nie die Hoffnung aufgeben.

Ein Talisman, sich Skandale fernzuhalten

Zu den schlimmsten Dingen, die ein Mensch einem anderen antun kann, gehört es, über ihn ein Gerücht in Umlauf zu setzen. Daß das Leben heute freier und ungezwungener erscheint; daß man über gelegentliche Seitensprünge kaum noch spricht und fragwürdige Finanzmanöver für beinah selbstverständlich nimmt, darf Sie nicht glauben machen, daß ein richtiger Skandal einem nichts mehr anhaben kann.

Denken Sie nur an den Fall der armen Mandy Rice-Davies, die wegen der Profumo-Affäre ihren Status als gesuchtes Party-Girl einbüßte (wirklich unangenehm für sie). Denken Sie weiter an den Skandal, in den Ted Kennedy verwickelt war und der ihn noch lange verfolgen wird (für jeden Politiker ein wahrer Albtraum).

Wenn man im Licht der Öffentlichkeit steht, muß man damit rechnen, früher oder später Stoff für ein Gerücht zu liefern. Auch wenn Sie sich noch so einwandfrei verhalten – die Leute werden es nicht glauben und Ihnen irgendwas anhängen.

Nehmen wir einmal an, Sie wären – wie neulich eine gute Freundin von mir – mit allen möglichen bekannten und wichtigen Leuten auf einer Party. Es war so gegen drei, sagt sie, als der Ärger begann. Ein ziemlich angetrunkener Mann kam aus dem Schlafzimmer auf die Terrasse gestürzt und öffnete mit dramatischem Schwung das Laken, das er um seinen nackten, fetten Körper geschlungen hatte. Alles lachte, und ein paar andere Männer hielten die Sache offenbar für witzig und zogen sich ebenfalls aus. Die Party artete zu einem Tumult aus, und die Polizei kam. Die Zeitungen haben nie in Einzelheiten darüber berichtet, aber noch wochenlang wurde in der Gesellschaft darüber geklatscht. Das Schlimmste war, daß einer der ausgezogenen Männer der Begleiter meiner Freundin war und ihr, weil er es amüsant fand, wenn auch sie nackt wäre, vorne das Kleid aufriß, von oben bis unten. Ihre interessante Figur war noch Monate ein beliebtes Gesprächsthema. Sie traute sich kaum mehr aus dem Haus.

Wenn Sie sich vor übler Nachrede, Skandalen und dergleichen bewahren wollen, tun Sie folgendes, und Sie werden gefeit sein:

Tragen Sie immer ein Beutelchen aus schwarzer Seide bei sich, in das Sie ein Schweinsknöchelchen, ein Myrtenblatt, eine weiße Feder und einen verknäulten schwarzen Faden getan haben.

Ein Talisman für Liebeskraft

Haben Sie in letzter Zeit öfter untätig und unlustig auf der Couch gelegen und sich gefragt, wie man diesem Zustand abhelfen kann? Überlegen Sie einmal, ob Ihre Unzufriedenheit nicht vielleicht daher kommt, daß in letzter Zeit Ihr Gefühl zu wenig beschäftigt war.

Sind Sie, wie sonst, auf Partys gewesen, haben dort aber niemand Interessantes getroffen? Wann hat das letzte Mal Ihr Herz ausgesetzt, weil ein gutaussehender Unbekannter ins Zimmer kam? Liegt es daran, daß es keine gutaussehenden Unbekannten mehr gibt, oder daran, daß Sie abgeschaltet haben und sie einfach nicht bemerken? (Ist Ihnen schon in den Sinn gekommen, daß Sie möglicherweise auch von jemand behext sind? Denken Sie besser drüber nach.)

Wenn Sie in bezug auf Männer nichts mehr fühlen, fühlen Sie wahrscheinlich auch sonst nicht viel. Wenn Ihre Libido stillgelegt ist, sind Sie selber es auch. Sie können draußen sein und an Kirschblüten riechen: wenn Ihre sexuellen Gefühle nicht mitmachen, können Sie genausogut zu Haus sitzen und lesen. Der Duft der Blüten und das Streicheln des Windes in Ihrem Nackenhaar machen Sie nicht froh. Ihre Empfindungen, die Sie elektrisieren und beschwingen sollten, sprechen nicht darauf an.

Sie sollten gegen diesen unerfreulichen Zustand so schnell wie möglich etwas unternehmen. Machen Sie einen Mann ausfindig, der auf die Jagd geht, und bitten Sie ihn, falls er einen Hasen schießt, Ihnen eine Pfote mitzubringen. Lassen Sie sie einfassen und tragen Sie sie an einer Kette um die Taille (direkt auf der Haut). Die Hasenpfote ist der Schutztalisman für die Liebeskraft, und einen solchen brauchen Sie offenbar.

Sie können sich auch das zwar widerliche, aber sehr wirksame Elixier zur Erhaltung der Liebeskraft zubereiten, das ich im Kapitel über Aphrodisiaka beschrieben habe. Seien Sie aber vorsichtig, wenn Sie es in Verbindung mit Ihrem Talisman brauchen: Sie drehen sonst so auf, daß Sie nicht mehr zu halten sind.

Ein Talisman, der Reichtum bringt

Haben Sie je in einer Wohnung gelebt, in der die Badewanne in der Küche steht und vor Farbspritzern und tief eingefressenem Schmutz so unappetitlich aussieht, daß Sie sich kaum überwinden können, sie zu benutzen? Wissen Sie, was es bedeutet, in einem von Dreck starrenden schäbigen Zimmer zu leben, in dem nackte Glühbirnen hängen und dessen Dekoration aus bizarr geformten Löchern im Verputz besteht? Haben Sie je dem nächtlichen Geräusch von Tieren in den Wänden gelauscht oder geträumt, eine Küchenschabe laufe Ihnen über den Mund, und als Sie erwachten, saß sie tatsächlich noch da? Sind Sie je, nachdem Sie Insektenspray verwendet haben, über tote Wanzen gegangen, die unter Ihren Schritten knirschten, so daß Ihnen dämmerte, warum Ihre Nachbarn kein Spray verwenden?

Sie hatten vielleicht Ihren Toaster angestellt, und als es so komisch roch und Sie nachsahen, entdeckten Sie eine angesengte junge Ratte darin. Oder Sie haben Ihren Backofen aufgemacht, und ein ausgewachsenes Riesenexemplar von Ratte stürzte davon. Vielleicht haben Sie längst die Hoffnung aufgegeben, je mit dem Getier, dem Schmutz, den bröckelnden Wänden und dem ewigen Tropfen von der Zimmerdecke fertigzuwerden. Sie sollten sich nur darüber klar sein, daß viele Menschen so leben und die Hoffnung aufgegeben haben.

Meine Zeitgenossen halten im Augenblick nicht viel von Geld, besonders die nicht, die immer welches hatten und denen jede Erfahrung mit Slums fehlt. Für sie ist Geld nichts Begehrenswertes mehr, und auf materielle Annehmlichkeiten sollte man besser verzichten. Sieh doch bloß, welch fatale Auswirkungen Geld hat, sagen sie. Die Menschen wohnen in schachtelartigen Häusern, haben Autos und Fernseher, und sonntags pflegen sie ihr kleines Stückchen Rasen. Sie sind alle gleich, führen alle das gleiche Leben.

Aber auch die Menschen in den Armenvierteln führen alle das gleiche Leben, und ich wünsche ihnen von Herzen die Bequemlichkeiten dieser gleichförmigen Häuser, die Autos, die Fernseher, das Stückchen Rasen, das gute Essen und sogar die Kinder, die darüber mäkeln.

Wenn Sie sich nach Wohlstand sehnen, tragen Sie als Talisman sieben goldene Ringe an einer goldenen Kette, und er wird Ihnen zuteil werden.

Ein Talisman zur Erfüllung Ihrer Wünsche

Was wünschen Sie sich mehr als alles andere auf der Welt? Ist Ihr Leben unvollständig, wenn Sie nicht die sieben Meere befahren und in entfernten Erdteilen gelebt haben? (Auf Sansibar, oder den Freundschaftsinseln, oder Sumatra, oder Ceylon.)

Würden Sie zugrunde gehen, wenn Sie nicht wenigstens einmal im Leben die Leidenschaft eines Mannes kennenlernten, der vor Liebe zu Ihnen vergeht und dessen Gefühl Sie uneingeschränkt erwidern?

Wünschen Sie sich ein ruhiges Leben auf dem Lande, mit dem Blick auf Berge und Meer, wo Sie Rosen züchten und im Frühling den Duft der Maiglöckchen genießen können?

Oder wären Sie nur in einem Penthouse mit Dachgarten in der Park Avenue glücklich, mit Personal, das Sie bedient, und kostbaren Gemälden und Antiquitäten? Träumen Sie davon, sich bei der Pariser Haute Couture einzukleiden, zweimal im

Jahr eine Schönheitskur zu machen und alle paar Monate in einem anderen Ihrer zahlreichen Häuser zu wohnen?

Wünschen Sie sich heimlich, für immer auf einer kleinen Insel im Pazifik zu verschwinden? Hätten Sie Freude an einem Robinson-Leben, mit einer Schilfhütte am Strand, morgens schwimmen, mittags fischen und sonst nichts zu tun als einen Mann, die Dschungelblumen, die schlanken Palmen und die salzige Luft lieben?

Es gibt eine Möglichkeit, Ihren Traum wahr werden zu lassen. Das ESAUE genannte magische Quadrat wird Ihnen, wenn Sie es richtig benutzen, alles bescheren, was Sie von ihm erbitten. Schreiben Sie, mit Blut aus Ihrer linken Hand, die folgenden Buchstaben:

```
ESAUE
S   S
A   A
U   U
ESAUE
```

Stellen Sie sich dabei Ihren Wunsch genau vor, und Ihr Traum wird sich erfüllen.

Ein Talisman, sich Ihre Jugend zu bewahren

Soweit ich es beurteilen kann, haben die meisten Männer keine Ahnung vom Verliebtsein. Sie sind so damit beschäftigt, sich vor den angeblichen Tricks der Frauen zu schützen, die es – ihrer Meinung nach – nur auf ihr Geld oder auf ihren Körper oder auch auf alles beides abgesehen haben, daß sie sich einem wirklichen Liebesglück gar nicht hingeben können. Wie schade für sie!

Frauen sind zweifellos ziemlich aufs Heiraten versessen. Ein Mädchen, das ich kenne, drückte es einmal so aus: „Wenn ich mit Dreißig nicht verheiratet bin, werden alle denken, daß irgendwas mit mir nicht stimmt." Und davon ist sie ehrlich überzeugt. Schlimm, daß Frauen diese Angst vor dem, was die Leute denken werden, nicht endlich einmal überwinden können. Wenn sie es könnten, würde es weniger viele unausgefüllte Ehen und dafür mehr genußreiches Verliebtsein geben – für beide Geschlechter.

Sie wissen doch, wie es anfängt, wenn ein Mann Sie besonders interessiert. Ihr Herz schlägt Ihnen bis zum Hals, und Sie stimmen sich mit jedem Ihrer Gedanken und jedem Ihrer Worte auf seine Wünsche ein. Je mehr Sie von ihm entdecken, desto schwerer fällt es Ihnen, mit Ihren Gefühlen hinter dem Berg zu halten. Sie müssen sich schon zusammennehmen, um ihm nicht zu sagen, daß Sie ihn lieben. Wenn Sie es nicht länger aushalten können und ihm schließlich doch sagen, besteht große Aussicht, daß er sich verkrampft und nervös wird. Dabei kann er durchaus das gleiche für Sie empfinden wie Sie für ihn; er wird nur mit seinem Gefühl nicht fertig.

Ein sehr kluger Mann, den ich kenne und der, wenn er sich verliebt, alle Vorsicht in den Wind schreibt und seinem Verliebtsein freien Lauf läßt, erzählte mir einmal, er habe lieben gelernt dadurch, daß er viel durch Liebe gelitten habe. Er ist oft verletzt worden; aber anstatt dadurch bitter geworden zu sein, hält er sich jedem Gefühl offen. Er ist ganz wunderbar: ein Mann, der sich die Schwärmerei und Leidenschaft der ersten Jugend bewahrt hat – ein ziemlich seltener Fall.

Tragen Sie, um sich immer Ihre Jugend, Ihre Lebenskraft und Ihren Mut zu bewahren, als Talisman eine Sarsaparillwurzel an einer Kette auf der Haut.

Amulette, die Ihr allgemeines Wohlbefinden fördern

Es gibt verschiedene Arten, sich heute mit Hexerei abzugeben. Die erste – mir selber die liebste, weil sie einem die meiste Bewegungsfreiheit läßt und einem erlaubt, sich seine Freunde nach Belieben auszusuchen, besteht darin, daß Sie für sich allein Hexerei treiben. Sie können dann hexen, wann Sie wollen und wo Sie wollen; das heißt, Sie brauchen sich nicht erst kalte Füße zu holen, bis sich in jemandes feuchtem Keller der Hexensabbath versammelt hat (abgesehen davon, daß es sich im Keller nie gut arbeitet); vor allem können Sie, wenn Ihnen danach ist, jederzeit Ihre Künste sein lassen und ein völlig normales Leben führen (vorausgesetzt natürlich, Sie laufen nicht herum und binden jedem auf die Nase, daß Sie sich mit Hexerei abgeben. Tun Sie's schon deshalb nicht, weil die Leute Sie sonst mit Fragen totquälen).

Die zweite Art ist die, sich mit einer kleinen Gruppe anderer Hexen zu verbinden. Wenn Sie eine sehr gesellige Person sind, die gern Kränzchen besucht und für Erfrischungen sorgt, ist das in Ordnung. Sie müssen nur daran denken, daß es in solchen Kränzchen immer jemand gibt, der gern einen Kaffee möchte, und unweigerlich findet das jemand anders eine gute Idee, und ja bitte, mit Milch, und in der Tat, der Hunger zwickt, wie wär's mit einem leckeren Sandwich? Unversehens werden Sie alle Hände voll zu tun haben, diesen Wünschen nachzukommen.

Die dritte Art, sich auf Hexerei einzulassen, ist die, einfach jeden in Ihrer Stadt, der sich damit abgibt, zu kennen; das bedeutet aber nicht nur, daß Sie dauernd unterwegs sind, um mit dem oder jenem gemeinsam etwas zu unternehmen, sondern daß Sie auch niemand anders mehr kennen, schon weil

Sie gar keine Zeit haben. Diese Art ist die gefährlichste, denn wer weiß, ob sich nicht Verrückte in die Gemeinschaft eingeschlichen haben? Schließlich ist bekannt, daß psychopathische Mörder Hexerei als Vorwand für die Befriedigung ihrer krankhaften Triebe benutzt haben.

Aber gleichviel, auf welche Art Sie Hexerei treiben, tragen Sie als Amulett immer ein Kreuz. Es ist das älteste Amulett der Menschheit, und seine Macht über Teufel (die vor ihm zittern) wird Sie in der Stunde der Not beschützen.

Vor einer Woche etwa wurde das Leben für mich zu einer solchen Last, daß ich zu meinem wirksamsten Glücksamulett Zuflucht nehmen mußte, was ich nur unter verzweifelten Umständen tue. Die Umstände waren tatsächlich verzweifelt. Mein jüngerer Bruder und seine Frau erwarten ein Kind und haben sich ein hübsches neues Haus gekauft; das wurde für meine Familie zum Anlaß, mich einem strengen Verhör über meine eigenen Pläne in dieser Richtung zu unterwerfen. Sie meinen vielleicht, daß, wenn Sie einmal verheiratet sind, die Leute Sie in Ruhe lassen werden, weil Sie damit ja doch der Konvention genügt haben. Aber das ist keineswegs so. Die Quälerei geht bis zum ersten, manchmal sogar bis zum zweiten Kind lustig weiter.

Außerdem kam noch anderer gewichtiger Ärger hinzu. Wir mußten unsere uns von Freunden überlassene Wohnung räumen, da diese sie, von einem mißglückten Auslandsaufenthalt zurückkehrend, selber wieder brauchten. All das elende Pakken und dann wieder Auspacken! Dann ließ auch noch meine Gesundheit zu wünschen übrig. Ich war fest davon überzeugt, daß mich jemand behext hatte, und meinen Mann auch; er war neuerdings dauernd schlechter Laune.

Also trat mein Glücksamulett in Aktion. Es kostete mich Wochen, die einzelnen Bestandteile zu besorgen, aber die Sache war die Mühe und die Kosten wert. Das Amulett wendet alle bitteren Schicksalsschläge zum Guten.

Tun Sie in ein weißes Beutelchen, das Sie an einer Kette um den Hals tragen, folgende Dinge: das Auge eines Fasans (bestellen Sie es beim nächstgelegenen Tierpräparator); eine weiße Feder (bitten Sie einen Hühnerhalter, Ihnen welche aufzuheben – am besten hält man sich natürlich einen eigenen Vorrat); eine Goldmünze; ein Stück Kohle; ein Stück Bergkristall (kleine Jungs, die Steine sammeln, haben immer wenigstens ein Stück Bergkristall); etwas Staub von einem Altar (ich holte meinen aus der St. Patrick's Cathedral), und Ihr Unglück wird sich ebenso rasch wenden wie meins.

Eine der New Yorker Hexen, mit denen ich oft zusammen bin, hat als Sekretärin ein erstaunliches Mädchen namens Gail. Sie ist Millionärin, aber völlig in Ordnung – eine Kombination, die man nicht oft antrifft. Übrigens wußte meine Freundin von der finanziellen Seite gar nichts, bis die Schwester ihrer Sekretärin sie anrief und um einen Rat bat. Gail hatte in Kürze Geburtstag, und da Gail vorher sie mit einer Überraschungsparty für zweihundert Gäste gefeiert hatte, wollte sie sich jetzt revanchieren.

Meine Hexenfreundin schlug vor, ihr ebenfalls eine Überraschungsparty zu geben, der größeren Überraschung wegen aber erst vier Tage nach ihrem Geburtstag. Dieser Vorschlag leuchtete ein, und die Schwester versprach meiner Freundin, ihr in ein oder zwei Tagen endgültig Bescheid zu geben, ob die Sache laufe. Sie lief.

Es muß unbeschreiblich gewesen sein. Als erstes: die Schwester wohnt in einer Eigentumswohnung am Sutton Place. Sie ist zweiundzwanzig und besitzt eine Eigentumswohnung und noch dazu am Sutton Place! Es war eine Party für fünfzig Gäste, mit einem von einem Traiteur gelieferten Essen, bei dem chinesische Kellner servierten. Nach dem Essen fing Gail an, ihre Geschenkpakete zu öffnen. Als sie den Deckel von dem größten abhob, sprang ihr Bruder heraus, der eigens dazu von Denver herübergeflogen war.

Den ganzen Abend über hatten alle ein tolles Plakat bewundert, das in einem der Durchgänge hing. Ein plötzlicher Riß, und durch das Plakat trat Gails ehemalige Zimmergenossin aus dem College, die jetzt verheiratet ist, in Alabama lebt und – auf Kosten der Schwester natürlich – von dort herübergeflogen war. Zum Tanz spielte eine Rock-Gruppe auf, und es gab Ströme von Champagner.

Meine Hexenfreundin, die bereits mit allerlei Aufwand gerechnet hatte, aber doch nicht mit solchem, hatte sich den Kopf zerbrochen, was sie Gail zum Geburtstag wohl schenken könne. Ihr Geschenk stellte sich als genau richtig heraus. Ein Strauß Weidenkätzchen, den man jemand schenkt – unter englischen Bauern ein herkömmliches Angebinde –, bringt dem Betreffenden Glück.

Wenn Sie je eine Fahrt ins Hinterland der Philippinen planen sollten, beherzigen Sie diese Warnung: Halten Sie die Augen offen, was die dort wuchernden exotischen Formen von Leben angeht, und nehmen Sie zu Ihrem Schutz alle Amulette mit, die Sie besitzen, oder es wird Ihnen gehen wie einem mir bekannten Reporter, der dort mehrere Monate war.

Die erste Nacht verbrachte er, meilenweit von den Annehmlichkeiten Manilas entfernt, in einem winzigen Hotel (das eher einem Privathaus ähnelte, in dem Fremdenzimmer vermietet werden). Er hatte gerade ausgepackt und sich für das Abendessen zurechtgemacht, als er aus dem offenen Fenster in die einfallende Dunkelheit hinaussah. Der Baum da hat sich doch gerade bewegt, dachte er. Ich kann mir das doch nicht eingebildet haben. Ich habe gesehen, wie sich der Stamm der Palme schlangenförmig bewegte.

Ein anderes Land weckt die Neugierde, und diese Neugierde mußte befriedigt werden. Er ging die Treppe hinunter nach draußen, wo seiner Schätzung nach die Palme, die er gesehen hatte, stehen mußte. Als sich seine Augen an die Dunkelheit gewöhnt hatten, stellte er fest, daß er einer riesigen grünen Schlange gegenüberstand.

Wie er erzählt, lief es ihm kalt über den Rücken und der Schweiß brach ihm aus. Er machte zwei Schritte zurück, drehte sich um und ging langsam auf sein Zimmer zurück. Dort legte er sich aufs Bett, und als nächstes sah er über sich eine riesige Spinne, die sich von der Decke bis knapp über sein Kopfkissen herabgelassen hatte und nun über seiner Stirn hin- und herschaukelte. Es gelang ihm, sich zur Seite und aus dem Bett zu rollen, aber da sah er sich dem ebenso riesigen und unheimlichen Spinnenweibchen gegenüber. Diesmal schrie er, wie er erzählte. Er stürzte die Treppe hinunter in den Speisesaal, wo er aufgeregt von seinen Erlebnissen berichtete. Natürlich lachten alle. Der Reporter hat sich von den Philippinen nie wieder ganz erholt, wie er sagt, und tatsächlich machte er fast einen Satz durchs Zimmer, als ich ihm wenig später auf die Schulter tippte, um ihm einen neuen Drink zu geben.

Tragen Sie, um sowohl zu Haus wie unterwegs alle Ihnen drohenden Schrecken abzuwenden, das nachstehend abgebildete ägyptische Auge des Horus, das als Hieroglyphe „heil, gesund, wohlhabend“ bedeutet.

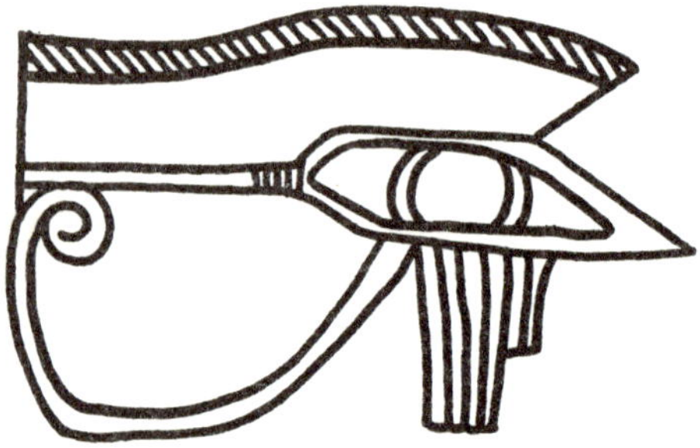

Noch nie hat eine Generation es fertiggebracht, anscheinend ohne Mittel so viel zu unternehmen und so viel zu reisen wie die heutige. Ich kenne wer weiß wie viele Leute, die, offenbar ohne alles Geld, nur zu ihrem Vergnügen dauernd zu Wasser und zu Land herumziehen. Alles Sybariten, die ich insgeheim im Verdacht habe, mit Drogen zu handeln oder – fast genauso schlimm – von Dividenden zu leben oder sich von ihren Angehörigen Geld geben zu lassen. Wie sonst sollten sie's fertigbringen, nach Zamboanga zu kommen? Nicht jeder hat das Talent zum blinden Passagier.

Natürlich koche ich vor Neid. Auch ich möchte ein angenehmes Leben führen; ich füttere mein Sparschwein, drehe jeden Pfennig dreimal um, schnorre, wo immer sich schnorren läßt, und kann mir noch immer keine weiten Reisen leisten. Unterdes geben sich Freunde, die total pleite sind (aber natürlich in die teuersten Wildlederjacken und -hosen und sonstige Luxuskleidung gehüllt sind), dem schrankenlosen peripatetischen Leben hin, das mein Ideal wäre. Und sie arbeiten nicht von neun bis fünf. Sie arbeiten überhaupt nicht, Punktum. Sie kommen und gehen, ganz wie es ihnen paßt.

Sie machen Pläne und lassen sich nicht von Details abschrek-ken, sondern verwirklichen ihre Pläne so, wie neulich eine Freundin, die zuerst ihre Wohnung untervermietete, dann per Anhalter nach Kalifornien fuhr und sich dann einen kosten-losen Flug auf einer leer zurückfliegenden Maschine nach Ja-pan verschaffte. Wieviel Geld braucht man eigentlich dazu? Fünfzig Dollar, falls man einmal versäumt, jemand aufzutrei-ben, der einen einlädt. Weiter natürlich braucht man Aben-teuerlust und Glück. Tragen Sie, um sich das letztere zu sichern, das aus Jugoslawien stammende Amulett, das aus einer Me-tallscheibe mit sechs kreisförmig angeordneten Sternen und drei weiteren in der Mitte besteht, die ein Dreieck bilden.

Haben Sie schon einmal Leute kennengelernt, die ständig vom Unglück verfolgt werden, und zwar im Ausmaß der klassischen griechischen Tragödie? Abgesehen von den Ken-nedys natürlich. Immer passiert ihnen etwas Gräßliches, und alles bei ihnen gerät außer Kontrolle.

Ich habe gerade von einer Familie gehört, der so viele un-glaubliche Dinge passiert sind, daß man an Karma glauben möchte, denn welchen anderen Grund könnte es für solchen ein Leben lang währenden Schrecken geben?

Das erste Unglück war eine inzestuöse Liebesaffäre zwischen Sohn und Tochter, in deren Folge das Mädchen, als sie fünf-zehn war, Zwillinge zur Welt brachte, die beide starben.

Als nächstes fuhr der Sohn an einem Sommerabend mit Freunden auf einer Durchgangsstraße. Der Fahrer verlor die Kontrolle über den Wagen, durchbrach die Leitplanke in der Mitte und stieß frontal mit zwei entgegenkommenden Wagen zusammen. Niemand wurde verletzt, nur der Sohn, der leben-digen Leibes in der Flammenglut verbrannte.

Ein paar Jahre später wollte die Tochter ihren Vater von seinem Mittagsschlaf wecken und entdeckte, daß er Selbstmord begangen hatte. Das Trauma überwältigte sie so, daß sie anfing, den Verstand zu verlieren.

Mittlerweile hatte sich die Mutter dem Trunk ergeben und war verrückt geworden. Bevor das Mädchen nach New York kam, brachte sie ihre Mutter in einer Klinik unter, wo sie noch heute ist.

Einmal in New York, entdeckte das durch alle diese Tragödien aus der Bahn geworfene Mädchen die Verlockungen des Rauschgifts und gab sich ihnen rückhaltlos hin. Es ist ein sehr hübsches Mädchen (das heißt, heute müßte man vielleicht schon sagen, war); jetzt geht sie wahrscheinlich in Harlem auf den Strich.

Rezitieren Sie, um sich alles Unheil fernzuhalten, das Sie in Gestalt von Krankheit oder übelwollenden Geistern befallen könnte, regelmäßig die nachstehende hebräische Formel (aus der Sie sich auch ein Amulett machen lassen können):

Abyar Abyar Abyar Abyar Abyar Abyar Abyar Abyar Abyar
Haga Haga Haga Haga Haga Haga Haga Haga Haga
Ye Ye Ye Ye Ye Ye Ye Ye Ye
A A A A A A A A A

Als ich zuerst nach New York kam, ging es mit meiner Gesundheit schon bald bergab. Ich bin nicht die einzige, die darüber zu klagen hat; praktisch zeigt jeder, der hierherkommt, am Anfang die gleichen Symptome.

Schlaffe Haut. Sie können sich nicht vorstellen, wie abstoßend schlaffe Haut sein kann. Sie haben Angst davor, daß die

Leute Sie ansehen könnten, und hüllen sich in Kopftücher, tragen nur dunkle Farben und verwenden reichlich Make-up. Das Schlimme dabei ist nur, daß Ihr Make-up nachmittags gegen drei ins Orange changiert und Ihre schlaffe Haut dann endgültig schlaff aussieht. Große Sonnenbrillen hinterlassen tiefe Einkerbungen auf Ihrer Nase, die nicht mehr weggehen, und Kopftücher machen Ihr Haar binnen zwei Tagen fettig. Aber schlaffe Haut zu bekommen, ist das Schicksal aller Mädchen in ihrem ersten Jahr in New York. Es kommt davon, daß sie vier Abende in der Woche bis um drei oder vier Uhr morgens ausbleiben und daneben einen Job zu behalten versuchen, bei dem man schief angesehen wird, wenn man fünf Minuten zu spät kommt. Es kommt weiter vom schlechten Essen.

Ich habe mich beinah umgebracht damit, daß ich eine Zeitlang nicht richtig gegessen habe. Ich war psychologisch ein völliges Wrack und unfähig, mich wie ein normaler Mensch zu benehmen. Sechs Monate lang schob ich jeden Abend, wenn ich zu Haus war, wie in einer Art Zwangshandlung eine Hühnerpastete in den Backofen. Können Sie sich das vorstellen: sechs Monate lang Hühnerpastete? Aber damals hielt ich das für eine ordentliche Mahlzeit. Sie wissen doch: Fleisch, Stärke und Gemüse (im gelierten Hühnersaft finden sich immer eine oder zwei Erbsen). Auch auf Fruchteis mit heißer Schokoladensauce war ich damals versessen. Mindestens dreimal in der Woche aß ich abends Fruchteis mit heißer Schokoladensauce. Der Eisladen an der Ecke hat Hunderte an mir verdient.

Das Leben in New York ist dem in jeder anderen Stadt so unähnlich (aufregend, gehetzt), daß die meisten Mädchen lange Zeit brauchen, einen angemessenen Rhythmus zu finden. Schließlich hält es kein Mensch aus, tagsüber zu arbeiten und abends zu jeder Premiere, jeder Vernissage und jeder neu eröffneten schicken Bar zu laufen, kaum daß sie eröffnet ist. Es gibt einfach zu viel gleichzeitig zu tun und zu sehn. Es ist ungesund. Die Quittung dafür heißt: schlaffe Haut.

Wenn Sie unbedingt nach New York kommen und dort leben müssen, rate ich Ihnen als erstes, jeden Tag eine gehörige Portion Vitamine zu nehmen, und als zweites, ordentlich zu essen. Genug Schlaf werden Sie im ersten Jahr ohnehin nicht kriegen. Weiter rate ich Ihnen, als Amulett die ägyptische Hieroglyphe zu tragen, die „Leben, Wohlstand, Gesundheit" bedeutet. Lassen Sie sie in ein Goldplättchen graben oder ätzen und tragen Sie sie um den Hals.

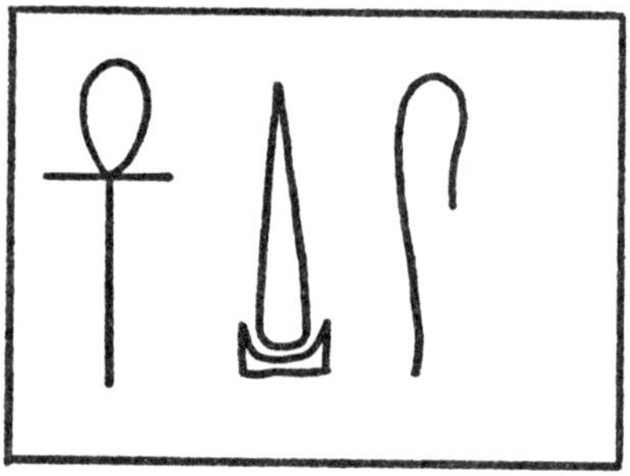

Ich selber habe nie zu den glücklichen Leuten gehört, die einfach durchs Leben gehen und denen immer nur so Wunderbares in den Schoß fällt, daß sie ihr Glück für selbstverständlich halten. Es sind Leute, denen niemals die Kartoffeln in Silberfolie im Backofen explodieren und die bei Regenwetter kein vorbeifahrendes Auto je bespritzt und die, schlimmer noch, niemals an gebrochenem Herzen leiden, weil kein Liebhaber sie je verläßt. Wenn bei diesen glücklichen Personen eine Liebesgeschichte zu Ende geht, so darum, weil die glückliche Person sie beendet.

Nein, diese Art von Glück habe ich nie gekannt, und wenn ich jemand begegne, der so glücklich ist, daß es beinah weh tut, schöpfe ich Verdacht, halte es nicht für wahr, die Person für nicht echt und nahezu mit Sicherheit für einen regelrechten Schwindler. Ich fange an, nach den schwachen Stellen zu suchen.

Die hauptsächliche schwache Stelle glaube ich inzwischen entdeckt zu haben. Ich habe so viele scheinbar glückliche Leute kennengelernt, daß ich fast sicher bin, ihnen auf die Schliche gekommen zu sein: sie machen sich selber etwas vor. Sie bilden sich ein, glücklich zu sein, und wenn ihnen etwas nicht so Glückliches zustößt, sehen sie einfach darüber hinweg.

Beispielsweise erzählte mir ein Mädchen, daß sie noch nie in ihrem Leben eine Affäre mit einem Mann gehabt habe, der ihr den Laufpaß gegeben hätte. Ich ließ mir von ihr die Geschichte ihrer diversen Liebesaffären erzählen, und bei mindestens zweien davon wurde die Sache unklar. Ich nagelte sie fest. Im einen Fall handelte es sich um einen Mann, der ihr gesagt hatte, daß er nach Europa auswandere und sie deshalb nicht mehr sehen könne. „Ist er wirklich nach Europa ausgewandert?“ fragte ich. „Ich weiß nicht“, war die Antwort. „Ich habe es nie nachgeprüft.“ Aha! Der zweite Fall war ein Schauspieler, der sie nicht mehr sehen konnte, weil er zuviel mit seiner neuen Rolle zu tun hatte. Genau das, was ich mir dachte. Sie gab sich vor sich selber einfach nicht zu, daß diese beiden Männer mit ihr gebrochen hatten. Glückliche Leute sind gar nicht immer glücklich; sie verbergen ihr Unglück nur vor sich selber.

Wenn Sie auf Glück erpicht sind, sollten Sie die nachstehend abgebildete, Nefer genannte ägyptische Hieroglyphe in Gold gearbeitet tragen (am besten gleich mehrfach an einer Kette um den Hals).

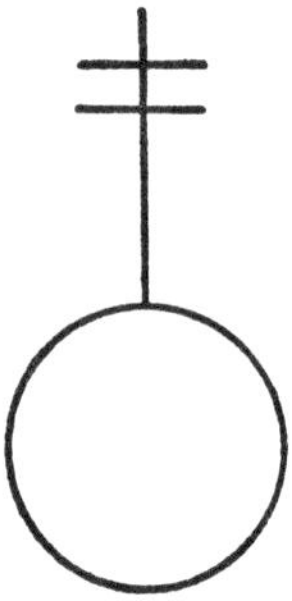

Der böse Blick ist eine teuflische Sache. Sie sitzen zum Beispiel in Ihrem Büro, arbeiten und kümmern sich um sonst nichts, da kommt ein Mädchen herein und sagt: „Haben Sie aber ein hübsches neues Kleid an!" Das heißt, sie sagt nicht nur das. Sie möchte selber Ihr neues Kleid haben. In Gedanken setzt sie hinzu: „Wie kommst du mieses Stück zu so einem schönen Kleid, das mir viel besser stehen würde!" Sie hat Sie mit dem bösen Blick belegt, während sie Ihnen schmeichelte, weil die Ausstrahlungen ihrer Augen dabei böse waren. Wenn Sie in der Mittagspause zum Essen gehen, werden Sie sich wahrscheinlich Kaffee über das Kleid schütten.

Viel schlimmer noch: Sie sitzen in einer Bar und trinken etwas mit dem reizenden neuen Mann, den Sie kennengelernt haben. Sie sitzen nur da, schwätzen, versuchen nett zu sein, und dann blicken Sie auf, und neben Ihnen sitzt eine Blondine, die hinter Ihrem Rücken mit ihm flirtet, und Sie sehen sie an, und sie lächelt freundlich. Nur die Strahlen: reiner Haß. „Wie kommst du miese Ziege zu einem so netten Mann, der von Rechts wegen mir gehören sollte?" Stehen Sie jetzt ja nicht auf, um zum Telefon oder auf die Toilette zu gehen; bis Sie zurückkommen, wird er ihr verfallen sein.

Es gibt die verschiedensten Methoden – zahllose in der

Tat –, mit dem bösen Blick fertigzuwerden. Wenn Sie tapfer sind, können Sie zum Beispiel der Person, die Sie zu Ihrem neuen Kleid beglückwünscht, entgegentreten und sagen: „Nein. Sie finden das Kleid zwar hübsch, meinen aber, daß es an mir lächerlich aussieht. Machen Sie, daß Sie wegkommen." Ihre Feindin wird Sie wahrscheinlich für eine Paranoikerin halten und überall herumerzählen, daß Sie verrückt sind, aber der Zauber wenigstens ist gebrochen. Sie können auch die widerliche Blondine vertreiben, indem Sie ihr Ihren Drink übers Kleid schütten. Aber der sicherste Weg, das uns ständig verfolgende Übel des bösen Blicks abzuwehren, ist der, ein Amulett dagegen zu tragen. Die ägyptische Hieroglyphe Shen stellt die allmächtige und alles besiegende Sonne dar; als Amulett wird sie gewöhnlich aus Karneol gefertigt.

Das erste schöne Wetter im Mai gibt Ihnen das Gefühl, laut schreien und wie wild hinausrennen zu müssen. In seiner dunklen Wohnung in seine vier Wände eingesperrt zu sein, wird zur totalen Frustration. Sorgen Sie also dafür, daß Sie herauskommen, wenn der erste schöne Morgen dämmert. Rufen Sie einen Freund oder einen Liebhaber an, besorgen Sie sich einen Wagen und fahren Sie ins Freie, wo es frische Wiesen und sanft vom Wind bewegte saubere Luft gibt.

Nachdem Sie eine Zeitlang auf dem Platz, den Sie sich ausgesucht haben, herumgetollt sind, lassen Sie sich nieder und laben sich an gebratenem Huhn und Wein oder Kaviar und Wodka sowie an dem Lächeln auf dem Gesicht Ihres Begleiters (ich nehme nämlich an, Sie haben keinen Freund mitgenommen, sondern einen Liebhaber). Wenn Sie danach, satt und glücklich, in der Sonne liegen, fahren Sie mit den Händen durch das Gras neben sich und sehen Sie zu, ob Sie nicht ein vierblättriges Kleeblatt finden.

Daß ein vierblättriges Kleeblatt Glück bringt, ist allgemein bekannt; nur wenige indes wissen, daß es noch glückbringender ist, ein Kleeblatt mit mehr als vier Blättern zu finden. Für den Fall, daß Ihnen das gelingt, gebe ich Ihnen hier – links vom Stengel beginnend – die Bedeutungen:

Das erste Blatt bedeutet Glück.
Das zweite Blatt bringt Gesundheit.
Das dritte Blatt verheißt Wohlstand.
Das vierte Blatt bedeutet Liebe.
Das fünfte Blatt verspricht langes Leben.
Das sechste Blatt bedeutet unermeßlichen Reichtum.
Das siebte Blatt verspricht, daß Sie immer glücklich sein werden.

Wenn Sie eines mit sieben Blättern finden, so verdienen Sie wahrhaftig, auf ewig glücklich zu werden.

Achtes Kapitel

Glückssteine und was sie bewirken

Amulette und Talismane zu tragen – insbesondere in Form von Ringen – ist ein uralter Brauch, der sich bis heute erhalten hat. Viele Juweliere heute bieten Goldringe mit Tierkreiszeichen an, wie man sie im vergangenen Jahrhundert für reiche europäische Damen anfertigte.

Die Leute im Orient tragen noch immer Siegelringe, einmal um damit Kontrakte und dergleichen zu unterzeichnen, sodann ihres Amulettcharakters wegen. Das Metall und die Steine für diese Ringe werden, um einen glücklichen Einfluß zu sichern, von Astrologen sorgfältig ausgesucht.

Im mittelalterlichen Europa war das Tragen von Ringen mit Glückssteinen beliebt und verbreitet. Auch Ringe mit kurzen Sprüchen darin spielten eine Rolle; aus dieser alten Überlieferung stammt unsere heutige Ringmode. So leiten sich zum Beispiel unsre Trauringe vermutlich von alten englischen Ringen her, die einem ähnlichen Zweck dienten.

Auch die Frage, an welchem Finger man Ringe tragen sollte, hat eine lange und wechselvolle Geschichte. In alten Zeiten trug man Amulett- und Talismanringe für gewöhnlich am kleinen Finger. Später änderte sich das, und man fing an, Ringe am Zeigefinger zu tragen. Dann änderte sich das noch einmal, und man trug seine Ringe wieder am kleinen Finger. Das geschah, weil jemand das Gerücht ausstreute, daß es am kleinen Finger einen Nerv gebe, der direkt mit dem Herzen in Verbindung stehe. Zur gleichen Zeit wurden Trauringe am Ringfinger getragen (auch von ihm behauptete ein Gerücht, das eines Tages irgendwer in die Welt setzte, eine mystische Verbindung mit dem Herzen, an die wir noch heute allgemein glauben). Auf Bildern des 16. Jahrhunderts kann man Damen sehen, die Ringe am Daumen tragen: es sind Amulettringe. Dann ließen die Damen des Hofes alle Vorsicht fahren und trugen an allen Fingern Ringe – bis zu zehn und mehr –, ganz so, wie es bei uns unlängst Mode war.

Konstant geblieben ist die Bedeutung der Steine, die man zu Ringen mit Amulett- oder Talismanwirkung verarbeitet. Ich lasse eine Beschreibung dessen, was die einzelnen Steine bewirken, folgen.

Gegen den bösen Blick

Mehr als von allen anderen Glückssteinen halte ich, seiner Wirkungsbreite wegen, vom Türkis. Mein eigenes Amulett, das ich immer trage (nur im Bett nicht, weil ich mich da vor unfreundlichen Schicksalsschlägen einigermaßen sicher fühle), ist ein großer Klumpen blau-grüner Türkis in der Farbe des Karibischen Meers. Ich trage ihn – in einer breiten handgearbeiteten Silberfassung – an einer Kette (und da er ziemlich schwer ist, werde ich mit Dreißig wohl einen Buckel haben). Er stammt aus Rajastan in Indien, wo man etwas von Amuletten versteht.

Der Überlieferung nach besitzt der Türkis die verschiedensten Tugenden. Einer Legende zufolge ist der, der einen Türkis trägt, wilden Tieren gegenüber unbesiegbar. Wie es scheint, wird die Aufmerksamkeit des Tieres in einer Art von Hypnose auf den Stein gelenkt (so daß sein Träger sich davonmachen kann). Weiter sagt man dem Türkis nach, daß er vor dem Biß von Giftschlangen schützt (keine große Gefahr in New York, dennoch sollten Sie über diese Tugend nicht lachen, denn Sie könnten sehr wohl im wüsten, schlangenreichen Arizona mit einer Panne liegenbleiben).

Er schützt seinen Träger auch vor vergiftetem Essen und vergifteten Getränken. Falls Sie sich fragen sollten, warum die Menschen früher so darauf aus waren, sich vor Gift zu schützen, brauchen Sie nur einen Augenblick an die Borgias zu denken; Giftringe waren damals so verbreitet, daß noch heute jedes Antiquitätengeschäft einen auf Lager hat. Selbst als mittelalterliche Hexe wären Sie nicht sehr geschätzt gewesen, wenn Sie sich nicht mit Giften und mit der Applizierung von Giften ausgekannt hätten. Heutzutage spielt Gift keine große Rolle mehr. Trotzdem, wenn Sie sich mit Hexerei abgeben, können Sie nicht vorsichtig genug sein.

Eine andere Eigenschaft des Türkis besteht darin, daß er seinen Träger vor dem Erblinden schützt (wichtig für Träger von Kontaktlinsen, die nicht sicher sind, davon nicht bedroht zu sein, wenn sie die Dinger erst einmal fünfundzwanzig Jahre lang getragen haben). Araber tragen den Stein gegen den bösen Blick und als Glücksbringer überhaupt. Angeblich warnt der Türkis seinen Träger auch vor Krankheit, indem er seine Farbe verändert. Ich selber trage meinen Türkis einfach, damit er mir Glück bringt, schädliche Vibrationen von mir abwehrt und mich bei gesundem Verstand erhält – was mehr als genug für ein einziges Amulett ist.

Gegen schlimme Männer

Während bestimmte Frauen nur häßliche, oder umgekehrt, nur hübsche Männer anziehen, fallen andere ständig schlimmen Männern zum Opfer. Das Schlimme an schlimmen Männern ist, daß man ihnen immer erst auf die Schliche kommt, wenn es zu spät ist. Bei einem häßlichen oder einem hübschen Mann weiß man wenigstens, woran man ist. Auch sentimentale Männer sind auf Anhieb zu erkennen: ihre Kinnbacken sind schlaff, ihre Gesichtsfarbe ist grau – oder irgend sonst was. Aber ein schlimmer Mann verrät sich nicht einmal durch etwas Tückisches in seinem Blick.

Ein schlimmer Mann ist ein Mann, der einer Frau erzählt, wie sehr er sie liebt und braucht, ohne daß auch nur ein Wort davon wahr ist. Er will nur, daß sie auf ihn hereinfällt, ihm Geld leiht (das sie nie wiedersieht), ihm die Wäsche wäscht, die Knöpfe annäht und für ihn kocht, was Sklavenarbeit erster Ordnung ist (all diese heißen Öfen). In Wirklichkeit ist es ihm um eine billige Hilfe zu tun. Er kann oder will sich kein Dienstmädchen leisten.

Wie schlimm dieser schlimme Mann ist (sie sind fast immer großartige Schauspieler), wird eine verliebte Frau im allgemeinen erst dann entdecken, wenn er plötzlich feststellt, daß sie eine schlechte Köchin oder Wirtschafterin oder tatsächlich in Sachen Etat unfähig ist. Wenn sie ihn dann verwundert fragt, warum er sie plötzlich vor die Tür setzt, wird er ihr das genau erklären. Dann weiß sie endlich, daß sie sich mit einem schlimmen Mann eingelassen hat.

Der Tradition nach bewahrt ein Diamant seine Trägerin vor fleischlichen Versuchungen. Er bewahrt sie weiter vor Behexung, bösen Geistern und Wahnsinn. Vor allem aber wird ein Mädchen, das an seinem linken Fußknöchel als Amulett einen Diamanten trägt, niemals einem skrupellosen Mann oder Hochstapler zum Opfer fallen.

Zur Abwendung von Gefahr

Menschen, die anfällig für Unfälle sind, haben es schwer im Leben. Es ist schon schlimm genug, mit den Traumas des Alltags in einer Großstadt fertigzuwerden, aber wenn Sie anfällig für Unfälle sind, sind Sie vollauf beschäftigt: Risse im Bürgersteig, tückische Bordsteine, glitschige Straßen – überall lauert Gefahr. Wenn Ihnen dann noch der Sinn für den Rhythmus im Verkehr abgeht – auf Straße wie Gehsteig –, sind Sie ernsthaft bedroht. Sie hören es nicht, wenn ein Taxi um die Ecke karriolt und auf den Fußgängerstreifen zubraust, den Sie gerade betreten haben.

Ich kannte einmal eine Reiseredakteurin, die von Unfällen geradezu verfolgt war. Sie startete zu einer Reise auf die Karibischen Inseln, und als sie die Treppe zum Flugzeug hinaufstieg, stolperte sie, brach sich ein Bein und humpelte monatelang an Stöcken herum. Ihr nächster Auftrag führte sie nach Ägypten. Sie fiel von einem Kamel und brach sich den Arm. Das ist aber noch nicht alles. Sie war der einzige Passagier, der bei der Jungfernfahrt der *Queen Elizabeth* mit einem Verband um den Kopf herumlaufen mußte. Sie hatte offenbar ungehindert einen Kopfsprung in das flache Ende des Schwimmbeckens gemacht.

Meine einzige persönliche Erfahrung mit Unfallanfälligkeit bringt mich zu dem Glauben, daß dabei Suggestionskraft im Spiel ist. Ich zog mit ein paar Leuten in Maine herum, und wir fuhren hinten auf einem Lastwagen. Der Lastwagen hatte in Kopfhöhe eine Metallstange, über die man eine Segeltuchplane ziehen konnte. Das erste, was einer meiner Reisegefährten tat, war natürlich, sich beinah den Schädel einzurennen, als er aufstand, um die Aussicht zu bewundern. Wir ermahnten uns gegenseitig, aufzupassen, aber noch keine Stunde später passierte mir dasselbe dämliche Mißgeschick. Die einzige Erklärung, die ich dafür habe, ist die, daß mir die Suggestionskraft eine Falle stellte.

Wenn Sie sich ständig in durch Sie selber verursachter Gefahr fühlen, tragen Sie als Talisman ein Stück Glimmer in der Tasche. Wenn Ihnen Gefahr droht und Sie ihn anfassen, wird er Ihnen einen Stich versetzen.

Gegen Feigheit

Auszumachen, ob ein Mann feige ist, ist nicht allzu schwer. Der Trennungsstrich zwischen „Vorsicht ist der bessere Teil der Tapferkeit“ und der Weigerung, für seine Ehre einzustehen, ist völlig klar. Wenn Sie mit einem Mann ausgehen und auf der Straße ein Kerl daherkommt und Ihnen Ihre Schultertasche abreißt und Ihr Begleiter nur mit einem dummen Gesicht dabeisteht, würde ich an Ihrer Stelle nicht wieder mit ihm ausgehen. Mit einem solchen Trottel kann doch niemand glücklich werden.

Oder Sie sitzen mit einem Mann in einer Bar und trinken etwas, und da kommt so ein angetrunkener Kerl und sabbert Ihnen vor, wie wundervoll Sie sind, und versucht, Sie abzuküssen, und Ihr Begleiter, anstatt ihn beim Kragen zu nehmen und vor die Tür zu setzen, sitzt kopfnickend da und lächelt.

Ich würde diesen Mann nicht wiedersehen wollen. Stellen Sie sich vor, jemand versuchte Ihnen auf der Straße die Handtasche wegzunehmen?

Eine feige Frau ist weit schwieriger zu identifizieren. Frauen brauchen sich selber nicht körperlich zu verteidigen; ihre Männer besorgen das für sie (trotzdem erscheint es heute ratsam, Unterricht in Karate zu nehmen). Feigheit bei einer Frau ist etwas Subtileres. Ich glaube, man kann eine Frau feige nennen, die, wenn man sie mit Worten angreift, nicht ihre Meinung sagt und widerspricht. Auch eine Frau, die Kinder hat und damit nicht fertig wird und die Kinder sich selbst überläßt, darf man wohl für feige halten. Wenn sie tapfer wäre, würde sie dafür sorgen, daß sie in irgendeiner Form eine Hilfe bekäme. Tragen Sie, um sich vor Furcht und Zittern zu schützen, einen Talisman mit einem Katzenauge. (Nebenbei, wenn Sie sich in Gedanken auf einen Feind konzentrieren und dabei ein Katzenauge in der linken Hand halten, können Sie ihn mit dem bösen Blick belegen.)

Ärger bereiten

Wenn Sie schüchtern sind und schlecht unfreundlich sein können, besonders Leuten gegenüber, die Sie gut kennen, ist der nachstehende Talisman etwas für Sie.

Nehmen wir an, Sie wohnen seit etwa einem Jahr mit einem anderen Mädchen zusammen, und sie hat Ihnen jetzt schon zum drittenmal – also einmal zuviel – Ihre Pläne vermasselt. Sie haben Ihren Liebhaber zum Essen eingeladen, und weil Ihre Wohnungsgenossin an dem Abend nichts vorhatte, haben Sie sie netterweise aufgefordert, mitzuessen. „Aber nur du, niemand sonst", haben Sie gesagt, weil Ihnen einfiel, daß sie das letztemal Susie und Joanie mitgebracht hatte, so daß Sie für fünf kochen mußten. Sie hätten sich das nicht träumen lassen nach dem Krach, den es schon beim erstenmal gegeben hatte. Heute abend nun – Sie decken gerade für drei – ruft Ihre Freundin an und sagt, sie würde Roxane mitbringen. „Du bist mir doch nicht böse deswegen? Ich möchte nur auch gerne jemand haben, mit dem ich mich nach dem Essen unterhalten kann."

Ihretwegen müssen Sie also kurz vor Ladenschluß noch einmal hinausstürzen und die zusätzlichen Kosten für ein weiteres Steak, Frühkartoffeln und mehr Tomaten für den Salat auf sich nehmen. Für wen hält sie Sie eigentlich? Für Jackie Onassis, der es nichts ausmacht, eine ganze Armee zu beköstigen? Oder für eine hochbezahlte Köchin, der es in ihrer dampfigen Küche gefällt? Sie wollten hübsch sein, wenn Ihr Liebhaber kam, und alles so weit vorbereitet haben, daß Sie noch Zeit für einen Apéritif hätten und es dann rasch ginge mit dem Essen.

Sie beschließen also, daß Ihre Wohnungsgenossin ausziehen muß. Kein Krach erst mehr, nur raus mit ihr. Schenken Sie ihr einfach einen Talisman aus schwarzem Onyx (Sie können ihr ja sagen, daß es ein Glücksstein sei). Schwarzer Onyx als Geschenk bringt unweigerlich Unglück. Die Ihre Wohnungsgenossin umgebenden Vibrationen werden so unerträglich werden, daß sie ihre Sachen packen und ausziehen wird (und natürlich die schlechten Vibrationen mitnehmen; aber das geht Sie nichts an).

Es regnen lassen

Gelegentlich gerät die Natur in Unordnung. So gibt es Lawinen, die ganze Städte unter sich begraben, Waldbrände, die ganze Gemeinden verwüsten, und Springfluten, die ganze Landstriche kahlfegen. Was, fragen wir uns dann, hat die uns übergeordneten Mächte dazu gebracht, an uns derart ihre Wut auszulassen? Wenn wir die Elemente doch nur unter unsere Kontrolle bringen könnten!

Wie unsere frühesten Ahnen, haben auch wir noch immer das Gefühl, daß für Naturkatastrophen eine Supermacht verantwortlich ist. Wir spüren in der Natur eine Rachsucht, die in ihrer Bösartigkeit beinah menschlich anmutet. Tatsächlich geraten wir gelegentlich über das Wetter aus dem Häuschen.

Haben Sie schon einmal für den wundervollen neuen Mann in Ihrem Leben ein Picknick geplant und es dann absagen müssen, weil es regnete (nicht der Nieselregen, der für gewöhnlich mittags aufhört, sondern der Landregen, der den ganzen Tag dauert)? Das bringt Sie auf den Gedanken, daß die Parzen in Wirklichkeit Hexen sind. Oder was war mit dem Schi-Wochenende im Winter, für das Sie den ganzen Sommer über gespart, das Sie sogar in den Mittelpunkt Ihrer Ferien gerückt hatten? Die Luft war lau und verwandelte den Packschnee in eine Eisschicht, so daß man nicht einmal spazierengehen konnte, von Schilaufen ganz zu schweigen. Ich weiß genau, daß es an dem Tag, an dem ich mir die Haare machen lasse, regnen wird, oder daß, wenn ich zu einer offiziellen Veranstaltung eingeladen bin, ein plötzlicher Windstoß mir Dreck in mein sorgfältiges Make-up bläst.

Magier haben seit je das Wetter unter Kontrolle gehabt. Regenmacher und Regentänze sind sprichwörtlich, und ich habe mehr Zutrauen zu ihnen als zu unserer modernen Wolkenbeschußtechnik. Der noch heute bei allen möglichen Südseevölkern gebrauchte, unweigerlich Regen anziehende Zauberstein ist Lava. Wenn ein Feind von Ihnen an einem Sonntag eine Gartenparty geben will, tragen Sie an dem Tag ein Stück Lava auf der Handfläche und denken Sie an Regen.

Zum Schutz vor der Sonne

Es war einer jener regungslosen Sommertage auf den Bahamas, an denen die Sonne rotglühend aus dem Meer taucht und erst mit Einbruch der Dunkelheit eine leichte Brise aufkommt. Wir waren mit der Sonne in Nassau aufgestanden und befanden uns nun, nach einem kurzen Flug, auf Andros, einer der noch unberührten Inseln dieser Gruppe, die voller Mangrovensümpfe und dschungelartigem Unterholz ist.

Wir waren zu dritt und mieteten ein Boot mit einem robusten Außenbordmotor und einem zuverlässig aussehenden Jungen und machten uns auf die Suche nach einer idyllischen Bucht, wo wir den Tag verbringen wollten.

Wir fuhren langsam an der Küste entlang, hielten ab und zu, um zu fischen oder zu schwimmen, und waren etwa eine Stunde von der nächsten Ansiedlung entfernt, als plötzlich Flammen aus dem Motor schlugen. Wir waren so überrascht, daß keiner von uns an die Gefahr dachte, in der wir schwebten (denn wenn der Benzintank Feuer gefangen hätte, wären wir in die Luft geflogen). Unser junger Bootsführer kramte einen Feuerlöscher hervor, war aber derart in Panik, daß er ihn nicht bedienen konnte. Einer der Männer riß ihn ihm weg, zog an dem richtigen Ring, und ebenso rasch, wie das Feuer begonnen hatte, war es gelöscht.

Wir ruderten ans Ufer und zogen das Boot auf den Strand. Erst dann dachten wir daran, wie weit wir wohl von der nächsten Ansiedlung entfernt sein mochten. Sehr weit, wie sich herausstellte.

Es war wie eine Szene aus einem Dschungelfilm. Bis über die Knöchel im Schlamm, wateten wir durch einen endlosen Sumpf (ich wagte nicht hinunterzuschauen, um zu sehen, was da für Getier lauern mochte) und überquerten einen gefährlich reißenden Fluß (schließen Sie die Augen, holen Sie tief Luft, werfen Sie einen schnellen Blick auf den nächsten Halt für Ihren Fuß und dann los). Unmengen von Stechmücken stürzten sich auf uns. Die Sonne brannte uns auf den Kopf, bohrte sich in uns hinein, bis wir in eine Art Trance gerieten. Als wir endlich in die Zivilisation zurückgefunden hatten, hatten die beiden anderen einen Sonnenstich, ich nicht. Ich hatte meinen Karneol bei mir gehabt, der seinen Träger vor dem Zorn des Sonnengottes schützt.

Für den grünen Daumen

Wenn Sie die materielle Befriedigung, den Konkurrenzkampf und die staubigen Straßenschluchten der Stadt hinter sich gelassen haben und nun ruhige Tage in einer Kommune in Vermont verbringen, wo Sie Ketten aus Gänseblümchen winden, müßten Sie inzwischen etwas von Landwirtschaft verstehen.

Selbst in einer Kommune ist das Leben nicht nur Liebe und Spiel. Im Gegenteil, dieses Leben erfordert eine gehörige Portion Anstrengung. Statt in die totale Freiheit zu gelangen, sind Sie in die totale Arbeit geraten. Das, was Sie zum Beispiel an Nahrung brauchen, von Grund auf selber herstellen (das Getreide ernten, es mahlen, den Teig kneten, das Brot formen), gibt Ihnen einen guten Anschauungsunterricht, wie es früher einmal war. In einer Kommune aber ist es noch heute so. („Ich muß ein neues Zelt bauen. Bei dem alten ist das Dach undicht.“)

Dann der Gemüsegarten. Gemüsegärten sind immer Frauensache. Die leckere, bald reife Tomate zum Beispiel, die Ihnen das Wasser im Mund zusammenlaufen läßt – haben Sie schon einmal daran gedacht, daß auch Schädlinge Tomaten lecker finden? Wahrscheinlich nicht. Dann die Bohnen – haben Sie eine Vorstellung, wieviel Zeit es kostet und wie mühsam es ist, in gebückter Stellung Bohnen zu pflücken?

Wenn Sie gut in Bäumen sind, will sagen im Bäumeklettern, können Sie sich natürlich auch als Apfel-, Kirschen- und Pfirsichpflückerin betätigen und darin Ihr Glück finden. Es gibt schlimmere Arbeiten als diese. Sie können sich auch freiwillig zum Kartoffelausmachen melden.

Aber wie dem auch sei, wenn Sie statt eines grünen immer nur einen schwarzen Daumen gehabt haben, sollten Sie nicht eher dort aushelfen, bis Sie sich einen Talisman aus Jade besorgt haben. Jade läßt Gärten gedeihen, das Gras sprießen und Kirsch- und Apfelbäume reiche, süße Frucht tragen. Wenn Sie Jade tragen, werden Sie Ihre Tage damit verbringen, in Ruhe und Frieden Ihren Garten zu bauen.

Die Traurigkeit vertreiben

Wenn die ersten warmen Tage im Jahr kommen und selbst in der Stadt ein Ruch von Erde in der Luft hängt, verfällt man leicht in Melancholie. Sie möchten draußen sein, in einem Straßencafé sitzen und etwas trinken, oder auf dem Dach des höchsten Gebäudes stehen und die Aussicht genießen, oder im Park umherschlendern und unter Ihren nackten Füßen das kühle, frische Gras spüren, oder in einem Segelboot sitzen und sanft über das Wasser gleiten. Aber Sie können nirgendwo hin, Sie haben Verpflichtungen und müssen, wie alle Tage, ins Büro. Das stimmt Sie melancholisch.

Sie erinnern sich an die Zeit, als Sie noch ein Kind waren und den ganzen Tag spielen konnten. Sie hatten eine Schaukel, spielten Verstecken, Seilspringen, Boule und Krockett und schweiften durch die Wälder. Nur noch wehmütige Erinnerung heute.

Wenn Sie einen Samstag am Strand verbringen oder auf einem Berg, wo außer Ihnen niemand ist, picknicken können, ist es nicht so schlimm. Wenn Sie eine oder zwei Stunden unter einem blühenden Baum sitzen, werden sich Ihre Lebensgeister schon bald wieder regen. Wenn Sie dagegen mit dem Frühlingsfieber in Ihrem Blut und Ihrer Melancholie eingeschlossen bleiben, werden Sie sich schon bald unruhig und frustriert fühlen, und niemand kann Ihnen da heraushelfen.

Wenn Ihnen verzweifelt zumut ist, ist das beste, ins Kino zu gehen. Das ist zwar kein Allheilmittel, aber ein gut klimatisiertes Kino und eine Tüte Popcorn können Sie ablenken und Ihnen wenigstens für kurze Zeit Erleichterung verschaffen. Tragen Sie in dieser schwierigen Jahreszeit aber auch immer einen Talisman aus Perlmutt. Er hebt Ihre Lebensgeister, kuriert von krankhaften Phantasien und stärkt, wenn Sie ihn im rechten Ohr tragen, das Erinnerungsvermögen. (Tragen Sie ihn jetzt also besser nicht dort. Wer will schon Erinnerungen?)

Gegen Pickel

Angesichts der reichen Auswahl köstlicher Gerichte, an denen man sich heute delektieren kann, wie dicke saftige Steaks, gebackene Kartoffeln, in denen langsam Butterflöckchen schmelzen, knusprige Salate aus Radieschen, spanischen Zwiebeln, Eissalat und Tomaten, muß man schon ziemlich verrückt sein, sich auf wertlose Näschereien zu verlegen. Aber viele von uns sind's.

Was gibt es Angenehmeres, als einen Sonntagnachmittag mit der Lektüre eines Krimis zu verbringen (nachdem man die *New York Times* gelesen hat) und dabei eine große Tüte Chips oder Salzbrezeln oder Puffmais in sich hineinzustopfen? Salzig oder süß, jedenfalls köstlich. Man kann einfach nicht aufhören. Natürlich können Sie dann nicht mehr abendessen, oder die Waage wird am Montag zwei Pfund mehr anzeigen als am Sonntag.

Und dann die französischen gebratenen Zwiebelringe! Allerdings recht schwierig, wirklich gute zu finden. Wenn Sie Kenner sind, klappern Sie alle Würstchen- und sonstigen Buden Ihrer Gegend ab, bis Sie endlich finden, was Sie suchen: leichte, lockere Ringe, deren Teig den genauen Grad von Bräune und Knusprigkeit hat. Wenn der Koch die Stelle wechselt, versuchen Sie rauszukriegen, wo er hingegangen ist.

Auch mit Eiscreme kann es schwierig sein. Wenn Sie keinen Howard Johnson's oder Schrafft's oder eine Eisdiele in der

Nähe haben, die ihn selber herstellt, müssen Sie sich möglicherweise mit etwas so Fadem wie Borden's abfinden. Ein Jammer! Immerhin bleibt möglich, sich mit Cool'n'Creamy zu trösten.

Welchen Leckereien Sie aber auch den Vorzug geben, das Resultat wird immer ein Gesicht voller Pickel sein. Auch wenn man bereits Ende Zwanzig ist, kriegt man noch Pickel (Schluchzer). Der Talisman, den Sie dagegen tragen müssen, ist die Koralle, der Stein von der Farbe von Campbells Tomatensuppe, der Ihnen eine Haut ohne die häßlichen roten Pusteln beschert. (Eine wohltätige Nebenwirkung der Koralle ist, daß sie Sie vor dem Ertrinken bewahrt, wenn Sie im Wasser sind.)

Gegen hohes Fieber

Wenn Sie heute morgen, als Sie aufstehen wollten, so schwach waren, daß Sie kaum den Kopf vom Kissen hochkriegten, überlegen Sie lieber gleich, wen Sie in der letzten Zeit beleidigt haben könnten. Wenn Sie sich so müde und schlapp fühlen, daß nicht einmal mehr ein Feuer, das in Ihrem Schlafzimmer ausbräche, Sie zum Verlassen der Horizontalen bewegen könnte, leiden Sie entweder an Mononukleosis, oder jemand hat Sie behext.

Wenn Sie sich selber mit Hexerei abgeben, sind die Chancen, daß jemand Sie behext, genauso groß wie die, daß Sie jemand behexen. Ein Lieblingszauber von Hexen aber ist der, das Opfer nicht zu töten, ihm nur alle Kraft zu rauben.

Ist die Hexe tüchtig in ihrer Kunst, werden Sie außer Ihrer allgemeinen Schwäche noch andere Symptome feststellen. Eine bei Hexen beliebte Extratortur besteht darin, ihr Opfer sich erbrechen zu lassen. Ich meine hier nicht die Spielart, die einen einmal oder zweimal ins Badezimmer treibt, sondern die Marathon-Variante, bei der man sich am besten gleich häuslich neben der Toilette einrichtet (es strapaziert die schwachen Beine weniger). Eine andere Tortur besteht in der Übermittlung rasender, migräneartiger Kopfschmerzen; sie ist besonders qualvoll und furchteinflößend bei Opfern, die für gewöhnlich nicht unter Migräne leiden, weil ihnen der Schmerz nicht vertraut ist.

Eine in ihrer Kunst hervorragende Hexe kann der allgemeinen Erschöpfung, dem Brechreiz und den Kopfschmerzen noch hohes Fieber hinzufügen. Der Arzt wird nicht herauskriegen, woher das Fieber kommt, und auch Eisbeutel werden nichts helfen. Das Fieber, das Sie haben, wird immer schlimmer werden, bis Sie zu halluzinieren anfangen und grüngesichtige Ungeheuer und gehörnte Teufel sehen. Wenn Sie einen Rubin besitzen, halten Sie ihn in der Hand. In ein paar Stunden wird das Fieber sinken, der Brechreiz nachlassen und das Kopfweh aufhören. Ohne Rubin kann das Delirium den ganzen Tag anhalten. Ich an Ihrer Stelle würde mich nicht aufs Hexen verlegen, ohne als Schutz wenigstens einen kleinen Rubin zur Hand zu haben.

Ende

Sach- und Namenregister